KB105721

역사로 보는
화폐의 미래

역사로 보는 화폐의 미래

초판 1쇄 인쇄일 2022년 6월 2일 • 초판 1쇄 발행일 2022년 6월 10일
지은이 한나 할라부르다, 미클로스 사배리, 기욤 해링거 • 옮긴이 백승기
펴낸곳 도서출판 예문 • 펴낸이 이주현
기획 정도준 • 편집 최희윤
등록번호 제307-2009-48호 • 등록일 1995년 3월 22일 • 전화 02-765-2306
팩스 02-765-9306 • 홈페이지 www.yemun.co.kr
주소 서울시 강북구 솔샘로67길 62(미아동, 코리아나빌딩) 904호

ISBN 978-89-5659-444-6 03320

물물교환에서
가상화폐까지

돈의
어제
오늘
내일

역사로 보는
화폐의 미래

한나 할라부르다, 미클로스 사배리, 기욤 해링거 지음 | 백숭기 옮김

예문
yemun

PROLOGUE

본서는 2014년으로 거슬러 올라가는 꼬리에 꼬리는 무는 대화, 그러니까 공동저자인 한나와 미클로스 간의 끝없는 논의에서 비롯되었다. 그때 당시만 하더라도 '암호화폐'라는 말은 '비트코인'을 의미했고, 금융의 디지털화 과정에 있어 한 쪽 귀퉁이에 남을지도 모르겠다는 생각이 들었다. 그 대신 선두주자는 대형 플랫폼들이었는데, 그들은 고객을 더 끌어올리기 위해 중앙집중화된 디지털 화폐들을 실험하기 시작했다. 본서의 제목은 플랫폼들이 앞다투어 내놓은 중앙집중화된 화폐가 금융의 미래에 지배적인 역할을 할 가능성이 높다는 당시 우리의 예측을 반영하고 있다. 이후 몇 년 동안 암호화폐는 다양성과 더불어 자산 계층이나 지불 시스템 등 전례 없는 혁신을 겪었다. 이러한 주요 변화는 이 책에 대한 새로운 관심을 불러일으켰고, 편집자는 우리에게 글을 써달라고 요청했다.

다양한 혁신이 암호화폐 지형을 완전히 바꿔놨기 때문에 이번 집필 작업은 대대적인 업그레이드가 필요하다는 것이 분명해졌다. 특히 ICO와 스마트 컨트랙트 같은 새롭고 중요한 발전상이 다루어져야 했다. 게다가 암호화폐에 대한 학술 연구는 지난 5년 동안 폭발적으로 증가했다. 우리에게 이에 걸맞은 새로운 선문성이 필요했고 이 부분에서 기욤이 합류해 다행이었다. 그는 암호화폐 산업에 대한 새로운 시각과 관련 학문 연구에 대한 깊은 지식을 가져왔다. 대부분의 토론이 코로나19라는 전대미문의 팬데믹 기간 동안 줌을 통해 진행되었지만 대화의 깊이와 밀도를 잃지 않았다.

암호화폐 세계는 안정적이고 정착된 상태와는 거리가 멀다. 한편으로 우리 모두는 세계의 금융 배관을 보완하거나 심지어 갱신하는 데 있어서 암호화폐의 중요성과 미래의 잠재력을 깨닫고 있다. 다른 한편으로는 누구라도 암호화폐가 세계 경제에 대해 대표할 수 있는 구조적 위험을 무시할 수 없다. 이러한 위험은 전 세계 각국 정부들의 관심을 피해 가지 못했다. 전 세계 규제 당국은 금융 안정의 필요성과 추가적인 혁신 가능성 사이의 균형을 이루는 프레임워크를 구현하기 위해 노력하고 있다. 이러한 특별한 맥락에서, 본 책은 독자들이 디지털 화폐의 경제성을 더 잘 이해하도록 도울 수 있다고 믿는다.

한나 할라부르다
미클로스 사배리
기욤 해링거

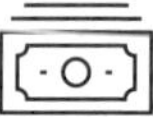

INTRO

20여 년 동안 스마트폰 혁명과 맞물려 인터넷은 국경과 시차, 지리적 거리를 뛰어넘어 영속적으로 연결된 세계를 창조해냈다. 이와 같은 방식으로 인터넷은 우리의 경제 활동, 즉 일과 소비, 상거래 등에 있어서뿐만 아니라 우리 대부분의 활동과 커뮤니케이션 그리고 엔터테인먼트에 있어서도 핵심이 되었다.

기술적 진보는 우리가 돈을 저장하고 필요한 재화와 서비스를 구매하는 방식에 영향을 미쳤다. 사람들은 점점 현금은 덜 쓰고 신용카드나 은행 송금을 통해 거래를 처리하거나 페이팔, 벤모와 같은 결제 서비스를 사용하기도 한다. 이러한 변화는 돈에 대한 우리의 인식에 영향을 미쳤다. 우리는 20년 동안 이전의 인류 역사에선 보지 못했던 유형의 화폐를 가지고 실험을 하고 있다. 이러한 디지털 통화는 인터넷이라는 가상의 세계에서만 존재하며 종종 익숙하지 않은 규칙의 지배를 받기에 우리가 그것을 이용하려 한다면 새로운 습관을 체득할 필요가 있다. 우리에게 꽤나 익숙한 쟁점, 이를테면 페이스북 같은 SNS나 아마존 같은 상거래 플랫폼에서 일부 디지털 화폐가 출현한다. 디지털 화폐들은 암호화폐라는 호기심어린 집단에 속해 있다. 암호화폐는 발행하는 주체도 기관도 없고 규제하는 당국도 없이 분산된 P2P 네트워크를 통해 작동하는 디지털 화폐다.

사람들이 디지털 통화에 관심을 갖게 된 원동력은 단연 암호화폐다. 암호화폐는 기술 혁신 자체만으로도 주목할 만하다. 비트코인은 오랜 난제를 해결할 수 있는 정교한 알고리즘을 포함하며, 분산 네트워크 내에서 별도의 허가를 거치지 않는 합의를 보장한다.

이것에 대해 생소할지라도, 나카모토 사토시라는 신원미상의 수수께끼 인물이 2008년 선보인 최초의 운영 솔루션 비트코인에 대해서는 대부분 들어봤을 것이다. 비트코인은 이를 제어하거나 관리하는 발행자(혹은 기관) 없이 악의적인 침투 시도를 견딜 수 있는 충분한 보안을 갖춘 분산 네트워크에서 작동하는 결제 시스템과 통화의 가능성을 제공한다. 이 혁신은 국경 간 송금 방식에서부터 소액 결제를 경제적으로 지속 가능하게 만들고, 나아가 여타 다른 방법보다 개인 정보를 더 잘 보호하는 온라인 거래 방식을 제공하는 데에 이르기까지 경제를 의미 있게 변화시킬 수 있는 잠재력을 지니고 있다. 비트코인이 가져온 이 혁신은 대중의 관심을 끌기에 충분했다.

비슷한 시기, 세계는 근대 역사를 통틀어 최대의 글로벌 금융위기를 경험하고 있었다. 이 위기로 인해 일부 사람들은 국가 통화와 관련 기관들, 특히 금융 부문과 정부 관련 기관들의 관리 정책에 의문을 갖기 시작했다. 많은 사람들이 안전하고 글로벌 경제 작용에 실용적이며, 무엇보다 기존의 대형 금융기관 및 정부부처들로부터 독립된 지불 시스템을 만들어야 할 때가 왔다고 느꼈다. 이러한 독립을 통해 정부의 감시에 내해 늘어나는 우려를 불식시켜줄 수 있을 것이라 판단했다. (일부는 단순히 정부의 감시에서 벗어난 지불 시스템에 대한 필요성을 느꼈다.) 실제로, 좋든 나쁘든 간에, 지난 20년 동안 전 세계 거의 모든 곳에서 시민에 대한 정부의 통제가 전반적으로 증가해 왔다. 이는 경제활동을 포함한 시민들의 활동을 보다 엄격하게 감시하고, 보나 엄격한 규제에서 활동을 제한하는 데에서 잘 드러난다.

이러한 독립의 필요성 외에도, 대체 지불 수단을 수용하는 경제적 이유도 있었다. 은행 이체, 특히 국제간 이체는 비싸고 융통성이 없어 개인과 기업에 터무니없는 비용을 부과하고 있다. 이러한 비효율성에 대한 큰 책임 역시 금융기관과 규제에 있다. 인터넷에 모든 사람들의 접근이 가능하게 된 이후, 몇몇 사람들은 인터넷이 가지고 있는 편재성과 정부로부터 인프라의 유사 독립성을 새로운 분산형 인프라를 도입하는 데 필요한 이상적인 기술의 조합으로 보았고, 지금도 여전히 그렇게 보고 있다. 암호화폐와 블록체인 기반의 스마트 컨트랙트가 이 목표를 달성하기 위해 잃어버린 기술의 한 부분을 제공할 수도 있다.

비트코인의 설계는 매우 독창적이어서 초기에는 실제로 작동될 거라고 믿는 열성팬들이 거의 없었다. 그러나 비트코인이 수십 년 동안 실패 없이 기능해왔다는 사실이 새로운 설계의 타당성과 회의적 시각을 반박하는 증거로 여겨지면서, 비트코인의 설계 원리에 대한 점증적인 열광을 불러일으켰다. 이러한 폭넓은 열광으로 인해 지난 10년간 디지털 화폐와 블록체인 기술 분야에서 지속적인 혁신의 흐름이 이어지고 있다.

먼저 암호화폐 공간은 비슷한 설계의 암호화폐가 대거 도입된 경험이 있다. 이후 개발은 블록체인이 '스마트 컨트랙트'라고 불리는 단일 프로그램 실행에 초점을 맞춘 다음 이러한 스마트 컨트랙트 기반의 탈중앙화된 애플리케이션, 어쩌면 전체 탈중앙화된 조직을 실행하는 데 초점을 맞추면서 더 복잡한 방향으로 진행되었다. 이러한 복잡한 설계를 허용한 최초의 블록체인은 '이더리움'이었고, 이후 이더리움 위에 세워진 탈중앙화 구조에는 유니스왑 같은 거래 시스템이나 더다오 같은 투자

펀드 등이 있다.

여느 신기술과 마찬가지로 모든 기술에는 성공과 실패가 있다. 그럼에도 불구하고, 이 분야의 발전은 계속되고 있다. 개발은 완전한 탈중앙화와 전통적인 인프라로부터의 독립에 국한되지 않는다. 블록체인 기술은 IBM과 머스크Maersk, 월마트와 같은 기성 대기업의 이익에도 잘 적응해 왔다. 이들 블록체인은 비트코인과 확연히 다르다. 비트코인이 완전히 개방된 블록체인이라면, 기업 블록체인은 폐쇄적이다. 이는 독립기업들이 정보와 프로세스를 자동으로 조정하고 통일할 수 있는 구조이다. 여러 차이점에도 불구하고 기업 블록체인의 개발 역시 비트코인의 인기 덕분이다.

디지털 화폐의 세계도 암호화폐의 세계를 넘어, 보다 전통적인 산업의 세계로 진출하고 있다. 실제로 비트코인, 암호화폐와 병행하여 전혀 새로운 디지털 화폐 군이 등장했다. 이러한 통화의 등장은 인터넷의 광범위한 채택과도 밀접한 관련이 있다. 그러나 비트코인의 자유주의적 동기와 대조적으로, 플랫폼 기반 디지털 화폐의 창조는 아마존이나 페이스북, 텐센트 등 새로운 종류의 대형 인터넷 비즈니스의 필요에 의해 생겨났다. 인터넷이 제공하는 영구적이고 편재적인 연결성은 정교한 방식으로 상호 교류하는, 무수히 많은 사람들을 활용하는 새로운 비즈니스 모델을 탄생시켰다.

소셜 네트워크, 전자상거래 플랫폼, 온라인게임 플랫폼 또는 가상세계는 소위 '거래 플랫폼'이다. 이 플랫폼은 종종 서로 다른 소비자 그룹들구매자나 판매자, 광고주 또는 개발자을 대표하는 구성원 간의 상호 교류를 촉진함으로써 가치를 창출해낸다. 거래소의 성격, 즉 거래소가 사회적/상업적 성격인지, 엔터테인먼트 목적인지, 또는 특정 직업/비즈니스 목적인지에 따라 종종 플랫폼의 비즈니스 모델이 정의되는 경우가 많다. 비즈니스의 가치 제안과 수익 모델은 거래 플랫폼마다 상당히 다르지만, 당연히 그들 대부분은 구성원들 간의, 그리고 이들 구성원들과 플랫폼 자체 간의 경제적 교환 가능성을 제공하고 있다.

이는 플랫폼의 특별한 요구에 맞춘 본질적으로 효율적인 결제 시스템인 교환 매개의 필요성에 대한 의문을 제기하고 있다. 많은 플랫폼 기업들이 특별 화폐의 도입을 검토해왔다. 항상 분산형 화폐를 만드는 것이 목표였던 암호화폐와 달리, 플랫폼 기반 화폐는 정의상 플랫폼이 화폐의 사용을 통제하는, 즉 규칙을 제어하는 중앙집중식 화폐다. 플랫폼 기반 화폐는 비트코인이 그랬던 것처럼 주기적으로 대중의 상상력을 사로잡았는데, 이는 의심할 여지없이 이러한 플랫폼의 순전한 규모와 국제적 성격 때문이었다.

예를 들어, 페이스북이 2011년 페이스북 크레딧을 추진할 때, 논평가들은 페이스북 크레딧을 전통 화폐에 대한 위협으로 보았다. 매튜 이글레시아스Matthew Yglesias는 "페이스북처럼 거대한 비주권 세력이 언젠가 달러와 유로, 엔화 등과 경쟁하는 진짜 화폐를 출시할 수 있을까?"라고 썼다. 이와 비슷하게, 저명한 결제 경제학자인 데이비드 에번스David Evans는 다음과 같이 썼다. "소셜 게임 회사들은 페이스북 크레딧으로 전 세계 개발자들에게 돈을 지불할 수 있고, 소상공인들은 자신이 필요한 것들을 사거나 그것으로 고객들에게 보상해줄 수 있기 때문에 페이스북 크레딧을 받아줄 것이다. 일부 국가, 특히 GDP보다 큰 부채를 안고 있는 국가에서는 페이스북 크레딧이 국가 통화보다 안전한 화폐가 될 수 있다."

아마존이 2013년 아마존 코인을 선보였을 때도 비슷한 우려가 표출됐다. <월

스트리트저널>은 다음과 같은 글을 실었다. "그러나 장기적으로 중앙은행이 가장 걱정해야 할 것은 화폐 발행에 대한 독점권을 잃는 것이다. 새로운 종류의 가상화폐가 등장하기 시작하면서 아마존과 같은 웹 산업의 거대 기업들 중 일부가 이 시장에 발을 들여놓고 있다."

현재 우리가 알고 있는 바와 같이, 이러한 우려의 대부분은 과장된 것이었다. 당시에는 기술이 어떻게 작동하는지, 도입 목적은 무엇인지에 대한 이해가 부족했기 때문에 이러한 우려가 대두될 수밖에 없었다. 플랫폼 기반 화폐를 도입하는 핵심 쟁점은 암호화폐의 쟁점과는 큰 차이가 있다. 후자의 경우, 전통적인 법정화폐를 대체할 완전한 기능의 화폐를 만드는 것이 목표였지만, 플랫폼 기반 화폐는 특정한 '목적'을 염두에 두고 의도적으로 결제 시스템을 설계한다. 이것은 (언제나 그런 건 아니지만)보통 화폐의 기능성 중 일부를 제한하는 것으로 귀결된다.

이 책의 목표는 디지털 화폐와 블록체인 기술이 우리 경제에 미치는 기원과 의미를 이해하기 위해 블록체인이라는 젊고 역동적인 세계를 탐구하는 것이다. 우리는 경제학자의 관점에서 이러한 현상에 접근하여 그들이 소비자와 상인의 필요를 충족시키는 과정과 그들이 이용자를 위해 창출하는 인센티브, 그리고 그들이 경쟁하는 방식을 분석하고자 한다. 또한 컴퓨터 과학과 암호학 등에 대한 경험이나 지식이 부족한 대중에게 쉽게 읽힐 수 있는 책이 되도록 할 것이다. 간혹 기술적 측면에 대해 이야기할 수도 있으나, 비트코인과 같은 암호화폐의 기초가 되는 알고리즘에 대해 논의하 정도이다. 전문적인 내용을 설명해야 할 경우에도 가능한 한 이해하기 쉬운 방법으로 풀어내려고 노력할 것이다. 기술 매뉴얼을 만들기보다는 디지털 통화와 블록체인 기술의 진화를 지배하는 경제력에 대해 설명할 것이다.

목표는 왜 특정 설계가 다른 설계에 비해 성공하는 것처럼 보이는지 그리고 주어진 경제적 맥락 또는 비즈니스 맥락에서 어떤 설계상 특징이나 규제가 적합한지 이해하는 것이다.

이를 위해 1장에서는 인간 사회가 어떻게 돈을 발명했는지, 돈은 어떻게 거래를 용이하게 했는지, 화폐 설계의 약점이 어떻게 인간의 지불 방식에 혁신과 개선을 이끌었는지 설명할 것이다. 돈에 대한 역사, 심지어 선사시대까지 거슬러 올라가 디지털 화폐에 관한 논의를 시작하는 방식이 독자들에게는 일견 놀라워 보일 수 있다. 그러나 이러한 역사적 개관은 '돈'의 사용을 촉진했던 핵심 경제 세력들을 식별하고, 돈이 제공하는 구체적인 필요를 강조하며, 돈이 가져야 할 주요 속성들을 설명할 수 있게 해준다. 이러한 필요와 속성은 눈에 띌 정도로 보편적이며, 그것들은 수 세기 전에 그랬던 것처럼 오늘날에도 여전히 중요하다. 돈의 분석은 디지털 화폐에 대한 우리의 후속 논의를 위한 토대가 될 것이고, 분석틀을 우리에게 제공해 줄 것이다. 그러한 틀은 매우 중요하다. 그것이 없다면, 디지털 화폐 세계에서 정확히 무슨 일이 일어나고 있는지 이해하기 어려울 수 있다. 디지털 화폐를 둘러싼 많은 이야기들은 약간 선정적이다. 이는 의심의 여지없이 디지털 화폐의 도입을 둘러싼 떠들썩한 사건들과 비트코인의 눈부신 발전에 영향받은 것이다. 이후 비트코인은 엄청난 인기를 얻었지만, 비트코인의 역사는 실크로드의 폐쇄나 마운트곡스 거래소의 폐쇄 같은 별로 낙관적이지 않은 사건들로 점철되어 있다.

경제적 틀을 가지고 논의를 출발하는 것은 혼란을 뚫고 우리 경제를 변화시킬 수 있는 디지털 화폐 현상과 그 잠재력을 더 잘 이해하는 데 도움을 줄 것이다. 2장에서는 이러한 자금 속성의 틀을 사용하여 이를 도입한 기업이 중앙에서 관리하는 플랫폼 기반 디지털 화폐의 세계를 살펴볼 것이다. 우리는 아마존이 아마존 코인을 발행하거나 페이스북이 페이스북 크레딧을 발행하는 것을 매력적으로 만들었던 경제 세력과 그 회사들이 왜 얼마 안 가서 자사 화폐들을 폐쇄하기로 결정했는지에 대해 토론할 것이다. 여기서 또한 플랫폼이 개인 화폐에 특정 설계 기능을 선택하도록 유도하는 것이 무엇인지 알아볼 것이다.

본서의 이 부분에서 필자들이 전달하고픈 주요 메시지 중 하나는 플랫폼 기반 디지털 화폐가 넓은 의미에서 화폐로서의 기능을 거의 할 수 없다는 것이다. 이유는 그 화폐가 내재적인 결함이 있어서가 아니라, 화폐를 발행한 플랫폼들이 널리 수용된 화폐라면 반드시 있어야 할 주요 기능들을 고심 끝에 불구로 만들었기 때문이다. 곧 보게 되겠지만, 이런 조처는 그리 놀랄만한 것이 아니다. 이러한 제한은 도리어 플랫폼이 표방하는 비즈니스 모델과 잘 맞아떨어지며 해당 화폐가 플랫폼에 더 높은 수익을 가져다주는 데 더 유용하게 사용된다. 동시에 플랫폼은 영역을 확장하여 주요 플랫폼 기능성을 넘어 암호화폐를 구현하는 새로운 비즈니스 모델로 눈을 돌릴 수 있다.

암호화폐에 대한 폭넓은 채택, 심지어 전통적인 화폐를 밀어내는 상황은 탈중앙화된 디지털 화폐, 즉 비트코인과 같은 암호화폐의 맥락에서 종종 논의되는 주제다. 우리는 3장에서 이러한 혁신에 대해 논의한다. 좀 더 경제적으로 의미 있는 부분에 초점을 맞추면서 암호화폐가 존재하는 생태계에 대해서도 살펴본다. 그리고 비트코인 설계의 독창성은 인정하면서도 비트코인 프로토콜이 낳은 인센티브의 의도하지 않은 결과에 대해서도 자세히 다룬다.

4장은 경제력의 맥락에서 암호화폐의 진화에 할애된다. 비트코인과 직접적인 경쟁 화폐들이 P2P 전자 화폐를 제공한다는 독특한 목적을 갖고 있었지만, 혁신 시장은 암호화폐가 제공할 수 있는 기능성 측면에서 빠르게 차별화 쪽으로 전환했다. 암호화폐에 대한 수요는 설계의 품질에 의한 게 아니라, 암호화폐가 어디에서 어떻게 사용될 수 있는지에 의해 주도되었다. 이더리움의 개발은 스마트 컨트랙트와 암호화폐 토큰을 암호화폐의 영역으로 가져와 새로운 코인 발행을 쉽고 저렴하게 만드는 등 속칭 '게임 체인저'가 되었다. 이더리움은 블록체인이 단순히 암호화폐를 관리하는 데 그치지 않고 스마트 컨트랙트를 통해 다른 코인토큰이나 애플리케이션도 호스팅할 수 있는 플랫폼으로써의 새로운 패러다임을 도입했다.

5장은 이더리움이 탄생하게 된 동기와 이더리움 설계가 비트코인 설계와 어떻게 다른지 강조하며, 이더리움을 세심하게 소개하는 데 먼저 지면을 할애하고 있다. 그런 다음 스마트 컨트랙트, 탈중앙화된 애플리케이션, 특히 암호화폐 토큰이 어떻게 새로운 경쟁 기회를 창출하고 심지어 새로운 시장을 창출하는지 논의한다. 기업 및 기타 기관은 분산 데이터, 즉 서로 다른 당사자가 공유하고 유지·관리하는 데이터를 처리해야 하는 경우가 많다. 따라서 기업들은 블록체인 설계가 매력적이라고 여길 수 있다.

6장에서는 기업용 블록체인의 장단점과 허가권 사용이 블록체인의 설계 제약에 어떤 영향을 미칠 수 있는지 논의한다. 특히 허가형 블록체인이 일정 수준의 신뢰를 가진 네트워크에서 사용될 경우 광범위한 문제를 해결하는 도구가 될 수 있는 방법에 대해 설명한다. 그러한 논의는 종종 미래에 대한 추측으로 변하는데, 우리는 유혹을 뿌리치지 못하고 블록체인의 미래를 추측할 수밖에 없었다. 아직 진행 중인 광범위한 실험을 고려할 때 미래에 대한 정확한 그림을 그리는 건 시기상조라는 것을 우리는 분명히 인식하고 있다. 더욱 중요한 부분은 정부가 디지털 통화와 블록체인 기술 적용과 관련해서 어떻게 대응할지에 대해 아직 불확실하기 때문에 정확한 예측이 특히 어려울 수밖에 없다는 점이다. 이런 점에서 본서는 중앙은행이나 통화 규제에 관한 정책적 부분을 다루는 것보다는 이러한 신기술의 출현과 효율적인 사용을 촉진하는 경제력에 대해 분석하고자 한다.

CONTENTS

4장

암호화폐의 풍요로운 풍경

5장

스마트 컨트랙트와 블록체인

6장

기업 블록체인

1장

교환의 수단 :
상존하는 경쟁

디지털 통화는 최근 일어난 혁신으로, 지불에 널리 쓰이는 건 여전히 미래의 일에 더 가깝다. 암호화폐를 말하기에 앞서, 과거를 들여다보면서 우리의 논의를 시작해 보려 한다. 디지털 시대 훨씬 이전, 실제로 돈이 만들어지기 이전의 시기 이야기부터 말이다. 그렇다고 여기서 돈의 역사에 대한 포괄적인 개요를 제공할 마음은 없다. 그보다는 다양한 통화가 갖는 특성과 돈이 제공하는 다양한 경제적 요구에 초점을 맞출 것이다.

역사적 관점에서 우리는 경제적 요구를 충족시키는 데 몇몇 교환 수단이 다른 수단보다 더 성공적이었던 경쟁적 원동력을 확인할 수 있다. 우리는 나중에 디지털 화폐가 이미 사용하고 있는 전통적인 화폐들보다 낫거나 최소한 비슷한 수준에서 그러한 필요들을 충족시킬 때만이 성공할 수 있다는 사실을 보게 될 것이다. 또한 우리는 금전적인 역할, 더 넓게는 다양한 교환 수단으로 기능하는 다양한 사물들과 기술에 대해서도 개괄할 것이다. 미래에는 다양한 종류의 통화들이 공존하는 사례, 그러니까 디지털 화폐가 다른 디지털 화폐와 함께 공존할 뿐만 아니라, 기존의 화폐와도 나란히 쓰일 수 있다는 최소한의 가능성을 제시하는 사례들을 보게 될 것이다. 우리는 또한 언제 그러한 가능성이 존재할지 확인할 수 있다.

마지막으로 통화 간 경쟁에 대해서도 논의할 것이다. 다시 말하지만, 이 논의는 나중에 유용한 통찰력을 줄 것이다. 예를 들어, 디지털 화폐는 기존 화폐와 함께 도입되고 있으며, 그렇기에 필연적으로 경쟁해야 한다. 결국 디지털 화폐가 더 널리 채택된다면, 우리는 이러한 주장을 뒤집어서 디지털 화폐가 존재하는 상황에서 장기적으로 기존 화폐가 살아남을 수 있는지에 대해 논의할 때 이 주장을 활용할 필요가 있을 것이다. 이 로드맵을 유념하면서 간략한 인류 무역의 역사부터 이야기를 시작해보자.

교환의 매개 : 역사적 개관

만약 당신이 친구들에게 오늘날 경제에 돈이 왜 필요한지 묻는다면, 그들은 대부분 "물건을 사려고."라고 답할 것이다. 무역을 가능하게 하는 데 돈이 필요한 건 분명하지만, 인류 역사상 돈 한 푼 없이 거래가 일어났던 때가 있었다. 당신은 아마 물물교환, 즉 재화나 서비스를 (돈을 사용하지 않고)직접 다른 재화와 교환하는 방식에 대해 들어 본 적이 있을 것이다. 그러나 경제적으로 최초의 거래는 시기상 그보다 더 앞서 있다. 본질상 그 거래는 '신뢰'에 기반을 두고 있다.

농업 이전의 수렵 채집 집단 내에서는 돈이 필요 없었다. 그들의 집단적 기억은 일종의 장부帳簿로써 선사시대의 은행 계좌와 비슷한 역할을 했다. 이 단순하지만 기발한 암묵적 약속이 지니는 부수적인 이점은 신용이었다. 즉, 집단이 어떤 거래에 대해 기억하고 있는 한 해당 구성원이 향후 선행을 통해 보답하기를 기대했다. 만약 그들이 그렇게 하지 않으면, 그 집단은 그 구성원이 앞으로 시스템에 참여하는 것을 허락하지 않는 방식으로 징계했다. 물론 집단적 기억에 의존하는 일은 그 집단이 상대적으로 작은 규모일 때만 가능하다. 집단이 점차 커짐에 따라 사람들은 개인의 기여도를 일일이 가늠할 수 없었다. 게다가 서로 다른 집단들이 상호간 거래를 시작하면서 이전의 기여도를 알 수 없는 덜 알려진 사람들, 장차 물건을 대갚음하도록 요구할 수 없는 사람들과 거래를 할 필요가 대두되었다.

집단 기억과 집단이 부과한 규율의 도움이 사라지자, 거래는 당장 위험해졌다. 더 이상 자신과 거래하는 사람들이 미래에 자신에게 값을 지불할 것이라는 확신을 가질 수 없게 되었다. 그럼에도 불구하고 무역에는 분명한 이득이 있었고, 사람들은 어떻게든 무역을 성사시킬 방법을 찾아냈다. 그 방법이란 거래를 완전히 중단하는 것이 아닌 물건과 물건을 즉각적으로 교환하는 것에 기초하는 '물물교환'이었다. 물물교환은 자신이 원하는 것을 제공하는 판매자를 찾는 동시에 판매자가 원하는 것을 자신이 갖고 있는 한 매우 근사하게 작동했다.

그러나 실제로 이러한 '욕구의 중복 일치'는 흔히 발생하지 않는다. 이 사실은 무역을 제한하는 중요한 문제가 된다. 만약 당신이 특정한 물건을 얻고자 한다면, 그 물건을 제공할 누군가를 찾는 것부터 어려울뿐더러, 혹여 있다 하더라도 당신이 그 사람이 대가로 원하는 것을 가지고 있을 가능성은 훨씬 더 드물다. 물물교환이 갖는 단점이 하나 더 있다. 바로 타이밍을 맞춰야 한다는 점이다. 예를 들어, 많은 물건들은 특정 계절에만 얻어지기 때문에 장기간 보관이 어렵다. 가을에 얻을 수 있는 열매들을 겨울에 고기와 교환하면 좋겠지만, 겨울이 되려면 아직 몇 달이나 남았기 때문에 순수한 의미의 물물교환으로는 열매를 바꿀 수 없을 것이다. 그래서 물물교환 거래에서 양측은 그들 각자의 물건을 필요로 할 뿐만 아니라 동시에 이용 가능하도록 가지고 있어야 한다.

사회가 점점 커지고 다양한 집단들 간에 새로운 무역의 기회가 생겨나면서, 이러한 마찰과 무역의 이익은 증가했다. 결국 '돈'이 가지는 잠재적 이득이 더 이상 무시할 수 없을 정도로 커졌을지도 모른다. 이런 상황은 대부분의 사람들에게 직관적으로 돈이 갖는 주요 기능, 즉 돈이 무역을 촉진하고, 중복 일치와 타이밍의 문제를 극복하며, 우리가 필요로 하는 재화와 서비스를 얻을 수 있게 해주는 기능을 분명히 보여준다.

증표나 중간재 사용에 협력한 초기 사회들은 더 많은 무역의 기회를 가졌다. 사실상 순수한 형태의 물물교환을 했다고 기록된 대규모 사회는 문헌에 등장하지 않는다. 반면 중간재를 무역에 사용한 건 최소한 기원전 3,000년 전으로 거슬러 올라간다.

중간재들의 초기 종류는 보리와 같은 식품과 관련이 있었다. 인기 있는 식품을 돈으로 사용하는 것은 첫 번째 문제인 욕구의 일치를 완화하는 데 도움이 되었다. 한 사회 속의 모든 사람들이 유사한 식품을 먹었기 때문에 모든 사회 구성원들에게 매력적인 상품이 되었다. 물론 사람들이 자기가 먹기 위한 식품뿐만 아니라 미래의 다른 거래에도 사용할 수 있다는 기대감에서 보리를 받아들였다는 사실이 혁신적이었다. 이러한 혁신은 통치자에 의해 선언된 것이 아니라 다른 조건들과 유기적으로 얽혀 일어났을 가능성이 높다. 어느 경우든 간에 오늘날 우리가 전형적으로 말하는 것처럼 돈이 탄생했다. 이 초창기 화폐가 음식이라는 또 다른 유용한 역할을 했다는 사실만 제외하고는 말이다.

무역을 촉진하기 위해 쓰인 식품은 사회마다 달랐다. 아마도 최초의 역사적 사례로 여겨지는 보리는 고대 메소포타미아에서 사용되었고, 소금은 13세기에 중국에서, 16세기부터 20세기까지는 에티오피아에서 사용되었다. 이 모든 사례들은 몇 가지 중요한 특징들을 공유한다. 첫째, 그것들은 비교적 균일했고 나누기 쉬웠다. 보리의 경우, 무게나 부피로 크고 작은 단위를 만들 수 있었다. 소금의 경우에는 크고 작은 조각으로 쪼개서, 카카오 열매의 경우에는 크고 작은 양을 모아서 각기 단위를 만들 수 있었다. 어떤 한 컵을 써서 보리를 재면 그 컵에는 올해와 다음 해에도, 집이나 이웃 마을에서도 비슷한 양의 식품 화폐가 담겼다.

기원전 1,200년경에 혁신이 일어났다. 음식과 상관없는 증표를 기반으로 한 화폐가 등장한 것이다. 아마도 그러한 증표들 중 가장 잘 알려진 것은 수백 년 동안 아프리카에서 널리 사용된 개오지 조개껍질일 것이다. 그러나 그러한 화폐가 쓰인 범위는 훨씬 더 넓었다. 여기서 두 가지 더 다채로운 사례를 들자면, 애드미럴티 군도Admiralty Islands에서는 20세기까지 개 이빨이 돈으로 쓰였고, 피지에서는 19세기까지 고래 이빨이 같은 역할을 담당했다.

이 증표 기반의 화폐는 식료품에 비해 분명한 이점을 갖고 있었다. 썩거나 상할 염려가 없기에 한 철 이상 보관할 수 있었고, 더 먼 거리로 운반하거나 저장하기 용이했다. 증표 기반 통화의 중요한 특징은 증표가 음식보다 내재가치가 적기 때문에 보리나 카카오보다 더 '추상적이고 상징적인 방식'으로 가치를 나타낸다는 점이다. 보통 그러한 물건들은 문화적으로 의미가 있었고 장식용으로 사용되었다. (흥미롭게도 이들이 화폐로 발전한 것이 문화적으로 의미가 있어서였는지, 아니면 교환에 쓰일 수 있어서 의미를 확보했고, 이에 더 많은 가치를 나타냈기 때문인지는 명확하지 않다.)

몇 가지 뚜렷한 단점도 있었다. 화폐로 사용되던 식료품들은 비교적 균일한 반면, 화폐로 사용되던 증표들은 모양과 크기, 색깔 등에 있어 매우 다양했다. 조개껍질, 치아 등에서 자연적으로 발생하는 이러한 차이점 때문에 화폐를 사용하는 사람들은 그들이 어떤 '가격'을 나타내는지에 대해 동의하기가 더 어려워졌다. 예를 들어, 물고기 한 마리가 개 이빨 세 개 정도의 가치가 있을 수 있지만, 만약 이빨이 유별나게 작다면 판매자는 대신 네 개의 이빨을 요구할 수도 있다.

증표 화폐 중에서 특정한 유형은 금속 조각이었다. 우리가 알고 있는 금속을 화폐로 처음 사용한 사례는 기원전 2500년 고대 메소포타미아이다. 금속은 조개껍데기나 이빨보다 훨씬 더 내구성이 있다는 것이 증명되었다. 그것은 또한 더 작은 단위로 쉽게 나눌 수 있었고, 이 단위들은 무게에 따라 가격을 직접 비교할 수 있었다. 자연적으로 발생하는 조개껍데기나 동물 이빨의 단점이 개선된 것이다. 그럼에도 불구하고 금속은 균일하지 못한 단위의 문제를 깔끔히 해결하지는 못했다. 금속 조각의 무게를 재는 일은 쉬웠지만, 구리와 은, 그리고 금과 같이 일반적으로 사용되는 금속 중에도 여러 종류가 있었다. 게다가 한 종류의 금속이라도 순도가 제각각일 수 있었다. 이러한 차이점들은 특히 금속 화폐에 대한 전문적인 지식이 없는 사람들이 사용하기에 어려움과 위험을 안겨주었다. 수취한 대금의 가치를 둘러싼 위험으로 인해 일부 판매자는 주의를 기울여야 했으며, 자신에게 이익이 될 수 있었을 거래를 놓치기도 했다.

단위가 균일하지 않다는 문제는 다음 혁신으로 가는 유력한 동인이 되었다. 바로 금속 기반의 동전이 출현한 것이다. 이 균일한 금속 조각은 무게와 순도를 간접적으로 인증하는 인장이 찍혀 균일한 단위임을 나타낸다. 같은 인장이 박힌 두 개의 동전은 동등한 가치를 갖는다고 여겨졌으며, 서로 다른 인장은 동전의 무게나 금속의 종류를 나타내는 지표로 쉽게 인식되었다. 이것은 거래, 즉 금속과 물건의 교환을 훨씬 더 용이하게 만들었다. 저울이 꼭 있어야 하거나 그것을 어떻게 사용하는지 알아야 하거나, 금속의 순도를 판단할 수 있는 전문지식이 있어야 할 필요도 없었다. 누구든 가치를 나타내는 지표로서 동전에 찍힌 인장에 의존할 수 있었다. 이런 상황은 물론 사람들이 그 인장을 신뢰할 때 잘 작동했다. 일반적으로 조폐국이 국왕에 의해 직간접적으로 통제되는 이유가 여기에 있다. 당시 동전으로 거둘 수 있는 이익은 통치자의 권위와 청렴성에 대한 사람들의 신뢰에 달려 있었다. 그 인장을 믿지 못하게 되었을 때, 사람들은 금속의 무게를 재고 순도를 확인하는 보다 고전적인 방법으로 되돌아갈 수밖에 없었다.

이러한 형태를 지닌 최초의 동전은 기원전 7세기에 리디아 왕국에서 도입되었다. 금과 은의 천연 혼합물인 일렉트룸electrum으로 주조되었지만, 은화와 금화가 곧 그 뒤를 이었다. 이들이 이룬 흥미로운 혁신은 리디아 왕국의 동전이 다른 것들보다 상대적으로 작아서 저장하고 운반하기 더 쉬웠다는 점이다. 리디아의 이 발명품은 빠르게 지중해 전역으로 퍼져나갔고, 르네상스 시대까지 서구 세계에서 무역의 주요 도구가 되었다. 현재까지도 이 기본 형태에는 변함이 없다. 동전은 여전히 원형의 금속 재질이며, 전통적으로 금속의 순도와 무게뿐 아니라 가치를 증명해주는 인장이 그 위에 찍혀 있다. 물론 시간이 지남에 따라 일부 개선이 되었다. 예를 들어, 닳는 것을 막기 위해 동전 가장자리에 인장을 찍거나 테두리를 둘러 (동전 조각이 부러지는 등)무게와 가치가 바뀌었는지 사용자가 쉽게 확인할 수 있도록 했다.

화폐에서 다음으로 일어난 중요한 혁신은 지폐였다. 역사적으로 지폐는 8세기 중국에서 처음 도입되었다. 어쩌면 지폐에 대한 아이디어는 마르코 폴로Marco Polo에 의해 유럽으로 전해졌을 가능성이 있다. 유럽에서 지폐는 르네상스 시대에 이탈리아의 은행가들이 신용장을 도입하면서 본격적으로 대중화되었다. 중국과 유럽에서는 종이가 금속을 대체했는데, 그 이유는 종이가 더 싸고, 사용하기 쉽고,

운송하기에 안전했기 때문이다. 지폐를 들고 다니는 사람은 귀금속이 든 마차보다 사람들의 눈에 덜 띄었다. 고로 지폐를 들고 다니는 사람들이 도로에서 날치기 등 공격을 받을 가능성이 그만큼 적었다. 공격 위험이 상대적으로 낮고 마차가 아닌 지폐를 든 당사자만 경호가 필요했기 때문에, 사람들은 동일한 가치의 금속을 운반할 때보다 안전한 이동을 위해 더 적은 수의 경비원만 고용하면 되었다.

수 세기 동안 지폐는 금속 화폐에 대한 권리를 대표했다. 그것은 여러 종류의 약속 어음을 통해 이루어졌다. 예금을 하고 받은 영수증은 그 중에서 가장 단순한 종류일 것이다. 어떤 이가 르네상스 시대의 금세공인 은행가에게 금을 맡길 때, 그는 보통 영수증을 받았다. 이 영수증을 들고 나중에 원할 때 금세공인에게서 금을 인출할 수 있었다. 원래 영수증은 개인의 것이었지만, 나중에 영수증을 소지하고 있는 사람에게 지불하게 되었다. 그것은 곧바로 양도성을 허용했고, 영수증은 금 대신에 거래에 사용될 수 있었다.

나중에 은행들이 지폐를 발행하기 시작했을 때, 조지아의 아우구스타 은행Bank of Augusta이 발행한 1달러 지폐는 아우구스타 은행이 어느 때고 이를 특정 화폐인 금화나 은화로 상환해 줄 것임을 의미했다. 1970년대 금본위제가 폐지되기 전까지 말이다. 금본위제가 폐지된 후, 지폐는 더 이상 금속이나 다른 상품에 대한 청구권이 되지 못했다. 지폐는 법정화폐, 즉 명목화폐가 되었다. 국가들은 세금과 부채를 지불하는 매개로 받아들인다는 의미에서 그것을 법적인 통화로 삼았다. 사실, 지폐에 사용한 종이를 재활용하여 얻는 가치를 매기지 않는 한, 지폐 그 자체에는 본질적인 가치가 없다. 그들이 표방하는 가치는 순전히 상징적이다.

이 사실은 물론 지폐에만 적용되는 건 아니다. 금속이 종이보다 더 본질적인 가치를 지니고 있는 것처럼 보이지만, 현대 동전의 가치는 전적으로 동전에 찍힌 숫자로부터 유래한다. 동전은 더 이상 금과 은으로 만들지 않고 구리와 니켈과 같은 가치가 낮은 금속을 써서 주조한다. 대부분의 동전은 금속의 가치보다 더 큰 상징적 가치를 띤다.

오늘날 우리는 지폐를 가장 흔한 통화 형태 중 하나로 받아들이지만, 역사적으로는 그렇지 않았다. 대중이 지폐를 금속 동전과 같이 믿을 만한 것으로 여기지 않았고, 있을지 모를 과다 발행을 두려워했기 때문에 지폐를 도입하는 데 문제가 발생했다. 실제로, 당시 유럽 국가들은 지폐에 대한 강제 집행을 강력히 하지 않았고 지폐의 가치를 보장하지도 않았다. 또한 정부가 지폐를 과다 발행하여 나중에 약속된 가치로 상환되지 못한 사례가 몇발생하기도 했다. 이런 사태는 지폐에 대한 불신을 만들어 냈고 지폐의 광범위한 수용을 방해하는 걸림돌이 되었다.

우리를 현시대로 이끄는 마지막 발전은 전자화폐이다. 사람들은 전자화폐를 생각할 때 대부분 신용카드를 떠올린다. 그러나 신용카드는 전자적인 방식으로 시작하지 않았다. 심지어는 플라스틱으로 시작하지도 않았다. 신용카드는 1950년대에 종이 재질의 카드보드지로 시작했다. 신용카드 시스템은 장부에 그 기반을 둔다. 거래내역이 기록되어 대장부와 계정을 보유하고 있는 금융기관에 보고된다. 보통 은행인 이 기관은 사용자가 쓰려는 자금이 계정에 있는지 확인하고, 계좌 주인에게 청구서를 발행하기 위해 거래를 한데 묶으며, 보통 신용 서비스를 제공해 지급을 미래로 일정 기간 미룰 수 있다. 신용카드는 계좌와 해당 시스템에 대한 정보를 제공한다. 디지털 기술의 도입은 거래의 전자 보고서를 가능하게 했고, 허가 과정을 가속화하며 사기 지출을 줄였다.

동전과 지폐, 그리고 점점 더 전자화폐와 같은 보다 현대적인 형태의 화폐가 널리 채택되고 있는 이유는 이전 형태에 비해 각기 이점이 있기 때문이다. 아래의 표 2.1은 우리가 논의했던 다양한 종류의 돈을 요약하고 각기 장단점을 간략하게 보여준다.

화폐의 역사에서 일어난 주요 혁신들의 간략한 개관

돈	시간	긍정적 속성	부정적 속성
소금, 보리, 카카오	기원전 5000년	(무게를 재서) 쉽게 분할 가능한 단위	운반의 어려움, 동물이 먹어서 사라짐
조개껍질, 개나 고래 이빨	기원전 1200년	내구성과 저장 용이성	통일되지 않은 단위
금속	기원전 3000년	내구성과 저장 용이성, (무게를 재서) 쉽게 분할 가능한 단위	다양한 순도로 인한 통일되지 않은 단위, 무거움
동전	기원전 7세기	통일된 단위(두 동전이 똑같음), 내구성	무거움
지폐	8세기	통일된 단위, 단위 분할성을 흉내냄 휴대성	위조의 용이함
전자화폐	20세기	통일된 단위, 단위 분할성, 뛰어난 휴대성	복사의 용이함

화폐의 역할

돈의 핵심 역할은 무역을 촉진하는 것이다. 자발적 무역은 각 당사자가 원래 가지고 있던 상품을 보유하는 것보다 상대방의 상품을 가지는 걸 선호한다는 의미이다. 그러므로 그러한 거래는 거래하는 당사자들의 복지를 향상시킨다. 그러나 우리의 앞선 역사적 개요에서 보았듯이, 무역을 제한하거나 무역을 어렵게 만드는 주된 마찰들이 있다. 돈은 그러한 마찰들을 완화한다는 점에서 중요한 혁신이다. 주어진 유형의 화폐를 채택하는 문제는 해당 화폐의 속성이 소비자의 경제적 요구를 얼마나 잘 충족시키느냐에 달려 있다.

앞서 화폐의 분할성과 저장 및 전송 용이성 같은 속성들에 대해 설명했다. 우리는 이제 그것들을 좀 더 체계적으로 논의하고자 한다.

경제학자들은 보통 화폐를 다음처럼 세 부분으로 나누어 정의한다. ①계정의 단위, ②교환의 매개, ③가치의 저장이 그것이다. 이 정의는 두 사람이 돈의 관점에서 상품의 가치가 어느 정도인지 동의할 수 있음을 의미한다①번 정의. 사람들은 상품을 팔고 돈을 받는다. 왜냐하면 그들은 사고 싶은 상품과 돈을 교환할 때 다른 곳에서 그 돈을 받아줄 것이라고 믿기 때문이다②번 정의. 그리고 돈을 받고 그 돈을 다른 상품을 사는 데 쓰는 동안 돈의 가치가 급격하게 떨어지지도 않는다③번 정의. 이 세 가지 특성은 화폐를 통한 거래를 용이하게 만든다. 이 세 가지 차원은 각기 매우 중요하다. 하나라도 빠지면, 우리는 아마도 거래에서 그 돈을 받지 않을 게 뻔하다.

그러나 세 정의에는 몇 가지 쟁점들이 있다. 우선 이 정의들은 다소 순환적이다.

본질적으로 "돈은 돈으로 쓰이는 어떤 것"이라고 말하는 격이다. 즉, 같은 말을 표현할 뿐이다. 세 정의는 고등어 통조림이나 짐바브웨 달러가 돈인지 우리에게 말해주지 못한다. 게다가 이 세 정의는 각각 세 개의 '예' 또는 '아니오'로 들리며, 만약 당신이 각 정의에 '예'라고 말하면 당신이 평가하는 것이 돈이라는 것을 암시한다. 그런데 그건 사실이 아니다. 예를 들어, 모든 거래에서 교환의 매개가 될 수 있는 것은 없으며 가치를 잠재적으로 영원히 저장할 수 있는 것 또한 없다. 이러한 극단적인 해석을 끝까지 밀어붙인다면, 그 어떤 완벽하게 훌륭한 통화라도 결국엔 그 정의를 충족하지 못하게 될 것이다. 유로화나 스웨덴의 크로나, 폴란드의 즐로티를 예로 들어보자. 그 화폐들이 향후 300년 동안 가치 있는 저장 수단으로 남아있을 수 있을까? 그럴 수 있을지 의심스럽다. 마찬가지로 남부 연합 달러는 당시 세 가지 정의를 충족하는 매우 좋은 돈이었지만, 남북전쟁 이후 훌륭한 가치 저장 수단이 아니라는 사실이 입증되었다. 화폐는 화폐를 받는 사람이 소비할 수 있다고 합리적으로 믿을 수 있을 만큼 충분히 오랫동안 가치를 저장해야 한다. 그렇지 않으면 그것은 좋은 교환 수단이 되지 못할 것이다.

게다가 정의들은 지리적 영역과 같은 특정 환경에 맞추도록 의도되어 있다. 예를 들어, 스웨덴 크로나를 생각해 보자. 크로나가 돈이라는 것을 부정하는 사람은 아마 거의 없을 것이다. 크로나는 계정의 단위, 가치의 저장 및 교환의 수단으로써 교과서적인 정의를 확실히 충족한다. 문제는 스웨덴에서는 크로나로 쉽게 거래할 수 있지만 다른 곳에서는 일반적으로 받아들여지지 않는다는 점이다. 당신이 몇 푼의 크로나를 가졌다고 해서, 미국의 한 동네 구멍가게에서 그것을 사용할 수 없다는 말이다.

여기서 우리는 돈에 대한 교과서적인 정의가 중요한 단점을 가지고 있음을 알 수 있다. 즉, 경계를 명시하지 않고 그것이 적용되어야 하는 환경을 정의하지 않고 있다는 점이다. 우리는 그런 교과서적인 정의를 보편적으로 적용할 수 없다. 그러면 정의가 공허해지기 때문이다. 이를테면, 우리가 가지고 있는 지구상에서 가장 세계적인 통화로 꼽히는 미국 달러조차 어디에서나 통용되지 않는다. 해외에 나가서 현지 통화로 환전할 수 있을지는 몰라도 모든 상점과 기관이 미국 달러를 직접 결제 수단으로 받지는 않기 때문이다.

따라서 이 정의가 얼마나 폭넓게 혹은 좁게 적용되는지 전체 스펙트럼을 알 수 있다. 사실 일부 혁신은 그 범위가 몇몇 특정한 거래 유형으로 제한되더라도 화폐라고 부를 자격이 있다고 우리는 주장할 것이다. 우리가 앞으로 보게 될 것처럼 많은 디지털 화폐는 특정한 유형의 디지털 환경과 그 환경에서 거래하거나 사용할 수 있는 몇몇 특정 상품, 예를 들어 멀티플레이어 온라인 게임 월드오브워크래프트에서 아바타를 위한 검에만 제한적으로 작용한다. 순수주의자들은 이 사실 때문에 디지털 화폐가 화폐로 부적합하다고 주장할 것이다. 결국 그것들은 모든 거래 또는 심지어 대부분의 거래에서 일반적으로 받아들여지는 교환의 수단이 아니라는 것이다. 그런데 그게 스웨덴 크로나와 뭐가 다른가?

돈은 거래를 용이하게 해야 한다. 돈은 일부 지리적 영역에서 또는 특정한 종류의 거래만을 촉진할 수 있다. 돈이 촉진하는 거래가 제한적일수록 그 돈은 더 제한될 수밖에 없다. 어느 시점에서는 돈이 너무 제한적이어서 더 이상 화폐가 아니라고 말할 수 있다. 불행하게도 그 지점이 어딘지를 결정하는 건 디지털 화폐의 영역에서 단지 말장난에 불과할 수도 있다. 지리적 한계나 거래 유형의 한계 등 화폐의 교과서적 정의에 대한 한계를 고려할 때, 어떻게 여러 종류의 화폐가 동시에 공존할 수 있는지 우리는 쉽게 알 수 있다.

훌륭한 화폐의 조건

중요한 건 이러한 제한이 정의의 유용성을 훼손하지 않는다는 사실이다. 경제학자들이 이 정의를 가지고 연구하고 돈의 특성들을 분석하여 어떻게 어떤 상품들이 다른 상품들보다 돈으로 쓰이기에 더 적합한지를 설명해왔다. 예를 들어, 보리는 자유롭게 분할할 수 있기 때문에 훌륭한 회계의 단위가 되었다. 그러나 내구성이 빵점이고 거래 과정에서 감가 상각될 수 있으므로 가치의 저장에 있어서는 그리 좋은 화폐라 할 수 없다. 집은 여러 가지 이유로 사용하기 불편한 돈이다. 내구성은 뛰어나지만 나눌 수 없고, 다른 것과 비교가 쉽지 않기 때문에 형편없는 회계 단위로 전락한다. 집의 소유권을 교환하는 것 또한 번거롭다. 최소한 금속 한 조각을 건네는 것보다 훨씬 어렵다. 그래서 부동산은 형편없는 교환 수단이다. 휴대할 수 있을 만큼 작고 다른 사람에게 전해질 수 있는 편리한 물건들이 화폐의 기능을 더 잘 수행할 수밖에 없는 이유다.

우리는 서로 다른 유형의 화폐들이 갖는 서로 다른 속성들이 각기 세 가지 돈의 기능을 수행하는 정도와 어떻게 연관되는지 설명했다. 단위가 균일한지 균일하지 않은 지의 특성은 회계의 기능에 큰 영향을 미친다. 생선값이 개 이빨 세 개인지 네 개인지 그 이빨의 품질이 불확실하기 때문에 다른 제품의 가치를 체계적으로 평가하고 비교하는 게 매우 어려워진다. 이런 상황으로 협상의 필요성이 증가하고, 거래에 더 많은 시간이 소모될 수밖에 없다. 이런 차원에서는 보리가 개 이빨보다 나을 수 있다. 물론 보리 또한 품질이 조금씩 다를 수 있기 때문에, 오늘날 우리가 사용하는 동전과 지폐가 보리보다 더 좋다.

이와 유사하게, 다른 속성들은 잠재적 통화가 가치의 저장소로 얼마나 잘 기능하는지에 영향을 미친다. 오래가고 저장하기 쉬운 상품들이 통화로써의 가치가 더 높다.

다른 속성들은 물건이 교환의 매개로써 담당하는 역할에 영향을 미친다. 분명히 교환의 매개로써 제 기능을 다 하려면 물건을 쉽게 분할할 수 있어야 한다. 이때 액면가가 충분하지 않다면 거래 자체가 불가능할 수도 있다. 가볍고 휴대하기 쉬운 상품은 교환 수단으로써 유리하다. 무겁고 다루기 힘든 금속 조각을 들고 다니는 건 불편하기 때문에 집에 놔두고 싶어지며 결국 그 때문에 많은 거래의 기회를 놓치게 된다.

또한 좋은 교환 수단이 되려면 부정행위에 너무 취약해서는 안 된다. 즉, 위조하거나 복제하는 게 어려워야 한다. 돈의 희소성은 교환의 매개와 가치의 저장에 모두 중요하다. 돈이 희소해지려면 채굴과 수집, 또는 재배를 통한 생산 비용이 많이 들어야 한다. 예를 들어, 금·은과 같이 돈으로써의 역할을 잘 수행하는 귀금속의 내구성은 보다 안정적인 통화 공급을 제공했다. 불안정한 공급즉, 변화하고 관리되지 않는 공급은 가격 변동성에 큰 영향을 미친다. 그러한 변동성은 불확실성을 심화시켜 결국 거래에 마찰을 일으킨다. 이런 이유로 더 안정적인 공급이 가능한 금속이 보리에 비해 더 선호되는 화폐가 된다. 물론 금속 화폐 공급도 큰 변동을 겪을 수 있다. 주된 예는 유럽 경제에 많은 양의 금과 은을 가져온 아메리카 대륙의 발견이다.

화폐 역사의 대부분에서 사람들은 돈을 생산할지 아니면 돈으로 교환할 수 있는 재화와 서비스를 생산할지 선택할 수 있었다. 보리를 재배하거나, 금속을 채굴하거나, 아니면 조개껍질을 찾는 것이 돈을 직접 생산하는 방법이다. 그러나 이를 위해서는 소를 방목하는 대신 보리를 더 심거나 캘리포니아 강에서 금을 찾기 위해 농장을 포기해야 했다. 그러나 지폐의 도입으로 더 이상 이런 선택도 불가능해졌다. 지폐는 생산 비용이 저렴했다. 지폐의 희소성은 누가 얼마나 돈을 생산할 수 있는지 주 정부가 강력한 규제의 형태로 틀어쥐면서 비롯되었다. 따라서 지폐의 희소성은 인위적으로 부과된 반면, 초기 화폐의 희소성은 생산 비용에서 비롯되었다.

나중에 알게 되겠지만, 디지털 화폐는 때때로 '마우스 클릭 한 번'으로 만들어질 수 있기 때문에 해당 화폐 체계에 있어서 희소성의 문제는 매우 중요하다. 이 문제는 특히 분산형 디지털 화폐 체계에서 어려운 도전적인 문제였다.

아래 표는 이러한 주장을 요약하여 돈의 세 가지 역할을 뒷받침하는 다양한 속성들을 강조한다. 우리가 제시한 돈의 역사적 개요에서 우리는 이러한 역할과 속성이 돈의 진화에 어떻게 영향을 미쳤는지 보았고, 우리가 돈을 갖고 거래하는 방식을 점진적으로 개선시켰다.

돈의 결정적인 역할과 그 속성들

돈의 역할	역할을 뒷받침하는 속성들
회계의 단위	통일된 균일한 단위
가치의 저장	내구성, 저장용이성, 희소성
교환의 매개	분할가능성, 통일된 단위, 이동용이성, 신뢰성, 희소성

거래비용

돈이 갖는 세 가지 중요한 역할과 그것을 뒷받침하는 속성은 거래 비용과 관련이 있다. 개략적으로 말해서, 돈은 바로 이 비용을 낮춤으로써 거래를 용이하게 한다. 그리고 돈이 바로 이 세 가지 역할을 잘 충족시킬 때 더 많은 거래 비용을 극복할 수 있다.

모든 거래에는 비용의 요소가 늘 내재되어 있다. 아마도 가장 확실한 비용은 거래를 하는 데 필요한 시간일 것이다. 우리는 이미 초기 인류 공동체에서 시간의 중요성을 깨달았다. 왜냐하면 시간이야말로 물물교환에 있어 가장 중요한 비용 중 하나였기 때문이다. 당신은 자신이 가진 것을 원하는 것과 기꺼이 바꿀 누군가를 찾기 위해 오랜 시간을 투자해야 할 수도 있다. 이러한 시간 비용은 금속 조각을(우리가 흔히 알고 있는 형태의)돈보다도 열등하게 만들었다. 금속 조각의 무게를 재거나 더 작은 조각들로 나누는 데 그만큼 시간을 할애해야 했기 때문이다.

또 다른 유형의 비용은 교환 수단의 소유권을 바꾸려는 노력과 관련이 있다. 예를 들어, 특별히 무겁거나 운반하기 어려운 돈은 판매자에게 인도하는 데 그만큼 비용이 많이 들기 때문이다.

그 밖의 다른 필수 비용은 정신적 비용이다. 이를테면 여러 다른 통화 단위센트, 달러 등나 복수의 다른 화폐달러, 유로 등를 사용하는 거래를 완료하기 위해 상대적으로 더 복잡한 계산을 수행해야 하는 비용 말이다.

이러한 비용 외에도 보다 간접적인 거래 비용이 존재한다. 거래가 완료된 후, 판매자는 방금 받은 돈을 저장해야 하는데, 이는 돈의 종류에 따라 추가 비용이 더

들 수 있다. 확실한 예로는 도둑질로부터 돈을 지키는 일이다. 이를테면 돈을 송금할 때 경비원을 고용하고, 귀금속을 보관할 금고를 건설하는 것과 같은 일이다. 상품 기반의 화폐와 더 관련한 예로는 비바람과 해충으로부터 상품보리을 보호해야 할 필요성, 또는 돈보리을 보관하기 위해 대형 창고를 건설해야 할 필요성이 존재한다.

마지막으로 놓친 기회, 즉 일어나지 않은 거래는 또 다른 유형의 비용이다. 세 가지 역할을 잘 수행하지 못하는 돈은 그만큼 많은 거래를 수행하지 못하며, 일어나지 않는 거래 하나하나가 잠재적 구매자와 판매자, 그리고 경제 전반에 손실이 된다. 화폐로서 기능하는 물건의 속성들은 거래 손실에 기여할 수 있다.

거래는 화폐의 단위가 충분히 분할되지 않은 경우에도 손실될 수 있다. 예를 들어, 특정 생선이 판매자에게 개 이빨 4.25개, 구매자에게는 4.75개의 값어치가 있다면, 양쪽 모두 만족스럽더라도 개 이빨이 분할되지 않기 때문에 이들의 거래는 결렬될 수밖에 없다. 어느 쪽이든 거래 당사자 중 한 명이 거래를 아예 진행하지 않는 것보다 거래 이후 밑질 수 있다면 거래는 일어나지 않을 것이다.

이러한 거래 비용 논쟁은 왜 금이 금융 분야에서 오랫동안 승자가 되어왔는지를 이해하는데 도움을 준다. 금은 내구성이 강하고 분할 가능하다. 그래서 균일한 회계 단위에 가중치를 부여할 수 있다. 게다가 금은 시간이 지나도 외관을 바꾸지 않기 때문에 비록 문화적일지라도 가치가 충분히 있다.

신뢰와 위조

금은 디지털 화폐의 등장으로 점점 중요해지고 있는 돈의 특정한 속성을 명확히 해준다. 그건 바로 돈의 '신뢰성'이다. 돈은 훌륭한 가치의 저장소가 되어야 하며, 희소성은 시간이 지남에 따라 그 가치를 보장하는 속성으로 여겨진다. 또한 상대적으로 위조하기가 더 어려우며, 적어도 시금석과 같은 도구들이 금의 순도를 확인하기 위해 개발되었다.

취급하는 화폐가 진짜라는 믿음은 양자가 거래를 트기 위한 중요한 전제 조건이다. 오늘날 우리는 보통 지폐의 맥락에서 위조를 생각하지만, 이 흉악한 절차는 그것보다 훨씬 더 오래되었다. 예를 들어 금속 동전의 경우, 무게를 줄이기 위해 일부를 '깎았다'. 동전이 훼손되는 것을 막기 위해 가장자리에 인장을 찍거나 테두리를 둘러서 사용자가 동전의 무게와 가치를 쉽게 파악할 수 있도록 한 것이다. 오늘날 동전의 가치는 더 이상 무게에서 나오지 않는다. 그럼에도 불구하고, 많은 동전은 이런 내막 때문에 여전히 가장자리에 인장이 둘러져 있다.

또 다른 종류의 위조 행위로는 금속 동전이나 주조되지 않은 금속 조각들 속에 가치가 낮은 금속을 넣는 것이다. 바깥에는 정확한 금속에 쌓여있기 때문에 잘라 보지 않고서는 알 수가 없다. 예를 들어, 은화를 흉내내기 위해 은 코팅으로 덮인 구리 덩이를 상상해보자. 인간의 독창성은 무한하다. 심지어 상품에 기반을 둔 돈도 위조되었다. 아즈텍제국에서 돈으로 사용되었던 카카오가 대표적이다. 위조범들은 빈 카카오 껍질에 진흙을 채우고 봉인함으로써 화폐처럼 위조했다.

화폐 위조범들이 고려하는 사항들은 디지털 통화의 맥락에서 특히 중요하다. 디지털 기술은 파일과 코드, 암호, 주소와 같은 디지털로 저장된 정보의 완벽한 사본을 매우 쉽고 저렴하게 만들어준다. 특히 음악 산업에서 디지털 기술은 대규모 해적 행위를 야기했고, 이는 이 산업이 운영되는 방식 자체를 바꾸어버렸다. 돈의 맥락에서, 그것은 소위 이중지불 문제를 낳는다.

다음 장에서 우리는 디지털 화폐의 맥락에서 화폐의 다양한 역할들을 분석할 것이다. 그런 다음 우리는 화폐가 지닌 많은 속성들이 전통적인 물리적 화폐와 디지털 화폐에 그만큼 중요하다는 것을 알게 될 것이다. 우리는 디지털 화폐가 거래를 촉진하는 측면에서 더 저렴하고 빠른 거래로 상당한 이점을 가질 수 있다는 사실을 알게 될 것이다. 우리는 또한 사기, 즉 신뢰의 부족이 디지털 세계에서 돈을 창출하려는 시도에 있어 특별한 도전이었다는 사실도 알게 될 것이다.

경쟁하는 화폐

우리들 대부분은 미 달러처럼 한 가지 특정한 돈에 익숙하다. 우리는 그 '돈'이 원래부터 그냥 거기에 있는 걸로 생각한다. 이러한 인식에는 아무런 문제가 없다. 왜냐하면 대부분의 장소와 시간에 오직 하나의 특정 화폐만 사용되어왔기 때문이다. 하지만 다른 상품과 마찬가지로, 돈 역시 다른 돈과 경쟁한다. 자세히 보면, 우리는 이 경쟁을 늘 볼 수 있다. 역사적으로 은은 보리와, 금속으로 주조된 동전은 그렇지 않은 금속과, 지폐는 금과 경쟁했다. 흥미롭게도, 비록 잠시 동안이라 할지라도 여러 경쟁 통화들이 공존한 적도 있었다. 베네치아의 두카트와 피렌체의 플로린은 중세 유럽 전역에서 다른 동전들과 경쟁했고, 현재는 유로와 달러가 국제 거래에서 서로 경쟁하고 있다. 신규 화폐나 새로운 형태의 화폐가 일반적으로 이미 현존하는 화폐를 가진 경제에 도입되기 때문에 경쟁이 없다면 변화도 없을 것이다. 새로운 혁신은 현존하는 것들과 성공적으로 경쟁할 수 있을 때에만 살아남을 수 있고, 널리 채택될 수 있다. 그렇다면 무엇이 그러한 경쟁의 결과를 결정지을까?

공존의 대가는 크다

하나의 경제권 내에 여러 개의 통화를 보유하는 데는 분명한 비용이 발생한다. 우리는 이러한 비용을 '인지 비용'과 '교환 비용'이라는 두 가지 광범위한 범주로 나눌 수 있다.

인지 비용은 여러 개의 통화에서 인용된 가격과 가치를 서로 비교해야 하는 정신적인 어려움 때문에 발생한다. 구매 여부를 결정할 때 서로 다른 통화의 단위를 비교해야 할 뿐만 아니라 구매에 어떤 지폐와 동전을 지불해야 할지, 구매 이후 거스름돈은 얼마를 받아야 할지 암산을 수행할 필요가 있다. 이런 복잡성은 거래 당사자 간의 갈등을 일으킨다. 기술은 이러한 인지 비용을 아예 없애지는 못한다 할지라도 어느 정도 줄이는 데 도움이 될 수 있다. 예를 들어, 인터넷 검색을 통해 외화 가격을 국내 통화로 쉽게 환산 할 수 있는 것이 그러하다.

그러나 이것도 비용의 두 번째 범주인 교환 비용을 막진 못한다. 여러 개의 다른 통화를 사용하는 경제권에서 사람들은 하나의 통화를 다른 통화로 교환해야 하는 비용을 부담하고 있다. 이 비용은 전체 경제 수준에서 피할 수 있는 게 아니다. 심지어 한 종류의 통화만 받고 쓰기로 결정하더라도, 당신이 거래하는 당사자 중 일부는 당신이 선호하는 통화를 다른 고객이나 공급자가 선택한 통화로 교환할 필요가 있다.

하나의 경제권에서 유통되는 여러 통화의 발생 비용을 보다 잘 설명하기 위해, 1786년에서 1863년 사이의 미국의 주립은행 시대를 한 번 생각해보자. 나라를 건국하던 초창기에 미국 정부는 동전을 주조했지만 지폐는 따로 발행하지 않았다. 이런 결정의 이면에는 독립전쟁 당시 컨티넨탈미국이 독립전쟁을 위해 1775년부터 1779년까지 발행한 불환지폐(不換紙幣)의 과도한 발행으로 정부 발행의 화폐들이 논란의 대상이 되었던 이유가 있었다. 이렇게 미국 정부가 지폐 발행을 자제했음에도 민간은행들이 자체 지폐를 찍어내면서 결국 시장에는 다양한 지폐들이 돌아다니게 되었다. (민간은행은 각 주의 법률을 바탕으로 설립되었기에 사실상 모든 민간은행이 자체 지폐를 발행했다.) 그러나 이 모든 지폐가 동등하게 취급되지는 않았다. 한 은행이 발행한 5달러 지폐가 다른 은행이 발행한 5달러 지폐보다 가치가 낮은 상황이 발생했으며, 이로 인해 지폐의 교환과 무역에 더 많은 비용이 들었다. 지폐의 평가가 서로 달랐던 이유는 종종 특정 지폐가 성공적으로 상환되지 못할 위험성을 갖고 있었기 때문이다. 지폐를 상환하기 위해서는 지폐를 발행한 은행에 가야만 했는데, 은행의 파산 위험이 높으면 지폐 환매 가능성이 불투명해졌다.

지폐가 지닌 가치에 대한 불확실성은 또 다른 현상과 긴밀히 엮여 있다. 바로 위조 문제다. 당시엔 위조가 만연했다. 다양한 지폐 디자인 때문에 특정 은행의 진짜 지폐가 어떻게 생겼는지 확인하기가 어려웠다.

이렇게 다양한 종류의 지폐들을 보유하는 비용은 비쌌다. 인지 비용과 경제적 비용을 모두 들여야 했기 때문이다. 이러한 비용을 회피하려는 욕구는 통화 간 경쟁을 촉발하는 중요 요인으로 작용했다. 결국 경제권이 일반적으로 하나의 통화를 채택하도록 밀어붙였다. 여기에는 동일한 방향으로 작동하는 또 다른 강력한 인센티브가 있다. 그것은 바로 네트워크 효과다.

네트워크 효과

화폐들 간의 경쟁은 대부분 상품들 간의 경쟁과는 다르다. 돈은 경제학에서 '네트워크 효과network effects'라고 불리는 것을 보여준다. 네트워크 효과는 1980년대에 경제학에서 처음 인식되기 시작했다. 즉, 다른 사람들이 모두 물건을 돈으로 사용한다면, 해당 물건은 더 유용한 돈으로 거듭난다는 것이다. 이는 전화 네트워크를 생각해보면 이해가 쉽다. 전화기가 세상에 한 대만 있다면 그 전화기는 가지고 있을 필요가 없을 것이다. 전화기의 가치는 더 많은 사람들이 전화기를 구매할수록, 즉 네트워크에 더 많은 전화기가 접속해 있을수록 증가한다.

네트워크 효과의 논리는 돈에도 쉽게 적용된다. 당신이 새로운 형태의 돈을 도입하고 싶다고 가정해보자. 처음에는 당신만이 그 돈을 인식하고 받아들이기 때문에 다른 사람에게도 그 돈을 선택하도록 설득하는 일이 매우 어려울 것이다. 결국 그가 당신의 설득으로 그 돈을 받아들인다면, 그는 당신과 거래할 수 있는 유일한 사람이 될 것이다. 희망컨대, 해당 화폐를 사용할 준비가 되어 있는 잠재적 구매자와 판매자 모두를 포함하여 이미 사회에 더 많은 이들이 존재하고 있다면, 이런 상황은 훨씬 더 쉬워질 것이다.

네트워크 효과와 함께 우리는 종종 '승자독식'의 역학을 보게 된다. 유사한 두 개의 네트워크라 하더라도, 규모가 더 큰 것이 신규 사용자들에게는 더 매력적으로 느껴질 것이다. 소규모 네트워크의 사용자도 대규모 네트워크로 갈아타는 걸 선호할 수 있다. 큰 건 훨씬 더 크게 성장하는 반면, 작은 건 쪼그라들다가 심지어 사라질 수도 있다. 결국 승자가 시장 전체를 차지한다. 종종 그러한 시장은 효율적이다. 왜냐하면 동일한 네트워크에 있는 모든 사람들에게 접근하여 이익을 얻으므로 모든 사용자들이 네트워크 효과를 최대로 이용할 수 있기 때문이다. 경제학 연구는 네트워크 효과를 발생시키는 동일한 기술을 우리 모두가 사용할 때 사회적으로 최적의 이익을 낸다는 이러한 사실을 확인했다.

우리는 승자가 돈의 맥락에서 모든 역학을 이용하는 것을 자주 본다. 네트워크 효과를 내는 다른 기술들과 마찬가지로, 다수의 사람들이 받아들인 돈이 소수의 사람들이 사용하는 돈보다 더 유용하다. 그리고 화폐는 더 많은 사람들이 받아들일수록 유용하기 때문에, 모든 사람들이 같은 통화를 사용할 때 그 혜택 또한 극대화된다.

앞서 역사적 개요에서, 우리는 기원전 7세기에 리디아에서 금화가 출현한 역사적 사실에 대해 논의했다. 동전이 주조되지 않은 금속 덩어리보다 더 뛰어난 기술일 수밖에 없는 데에는 나름의 이유가 있다. 예를 들어, 같은 표식을 가진 동전들은 가치가 균일했고, 사용하는 모두가 그 가치를 알고 있었다. 리디아의 동전들은 무게를 재는 수고와 시간을 줄이고 상대방을 속이는 부정행위의 확률을 현격히 낮춰주었다. 따라서 두 무역 당사자가 동전이나 금속을 둘다 사용할 수 있다면, 둘다 금속보다는 동전 사용을 선호했을 것이다. 게다가 판매자는 미래의 거래에서도 금속보다는 동전을 사용하는 게 더 쉬울 것이라는 사실을 알았기 때문에 그 동전을 기꺼이 받아줬을 것이다. 이러한 이유로 더 많은 사람들이 동전을 사용하면서, 금속을 돈으로 사용하기 원하는 이들은 더 적어졌을 것이다. 즉, 동전이 인기를 끌게 되면서 동전의 매력은 점차 커졌고, 그에 맞춰 동전의 인기는 다시 높아졌다. 시간이 흐르면서 대부분의 거래에서 동전이 이런 식으로 시장을 장악했다. 주조되지 않은 금속 덩어리는 동전을 구할 수 없거나 거래의 단가가 매우 높아서 한 무더기의 동전보다 금속 한 조각을 들고 가는 게 더 수월할 때에나 제한적으로 사용될 뿐이었다.

르네상스 시대는 승자가 돈의 역학을 제대로 이용할 줄 안다는 또 다른 사례를 보여준다. 르네상스 시대에 이탈리아 은행, 특히 피렌체와 베네치아의 은행들은 유럽 전역으로 퍼져나갔고, 피렌체의 플로린과 베네치아의 통화는 이탈리아로부터 멀리 떨어진 곳에서도 선호하는 통화로 자리 잡았다. 이러한 이탈리아 은행들의 신용으로 많은 거래가 그 통화로 이루어졌고 사람들은 점점 더 그것들에 친숙해졌다. 상인들은 플로린과 두카트 또는 다른 동전들을 함께 거래할 기회가 있을 때 당연히 플로린과 두카트를 선호했다. 따라서 플로린과 두카트는 사람들 사이에서 인기를 얻게 되었고, 유럽의 지배적인 통화로 자리 잡았으며, 점차 다른 통화들을 시장에서 밀어냈다.

네트워크 효과가 경제를 단일 화폐로 밀어붙이는 가운데, 우리는 왜 여러 화폐가 사용되는, 앞서 설명한 미국의 주립은행의 시대에 다수의 지폐가 사용되는 장황한 에피소드를 들여다보고 있을까? 은행 시대의 경우, 규제가 부과하는 외부 한도가 그 이유였다. 시장을 석권한 주화는, 그게 플로린이든 두카트든, 시장에서 공급과 수요가 일치할 때까지 주조되었다. 이와는 대조적으로 주립은행법에 따라 미국의 은행들은 소규모로 유지되었고, 서로 합병할 수 없었으며, 발행할 수 있는 지폐의 가치에도 제한을 받았다. 은행의 자본에 의거하여 발행량이 제한되었고, 은행의 자본은 다시 법에 의해 제한되었다. 인구가 적거나 드문 일부 지역의 경우, 은행 한 곳이 발행하여 공급한 지폐량은 수요를 충족하기에 충분했다. 그러나 대부분의 도시 지역에서는 지폐에 대한 수요가 은행이 법적으로 제공할 수 있는 것보다 훨씬 더 컸다. 이러한 규제와 그로 인해 발생한 상황은 경제 전반에 악영향을 미쳤으며, 이로 인해 어느 정도의 표준화가 필요했다. 아래에서 볼 수 있듯이, 이 문제를 해결한 것은 다름 아닌 중앙기관과 본질적으로 새로 신설된 규정이었다. 즉 미국 정부는 모든 은행과 시민들이 미 달러를 사용하도록 강요했던 것이다.

신규 화폐 도입의 어려움 : 과도한 관성

우리는 전도유망한 새로운 기술 혁신이 (그보다 덜 효율적인 기술을 제공하는)기존 시장의 점유율을 빼앗기 위해 고군분투하는 상황을 종종 본다. 네트워크 경제학은 인기와 사용의 용이성 사이의 이러한 줄다리기를 더 잘 이해할 수 있게 해준다. 종종 우리는 신기술에 적응하는 데 많은 시간이 걸리며 어려움을 느끼고, 그래서 그렇게 하는 것이 유익했을 텐데도 아예 채택하지 못하는 경우가 있다. 경제학자들은 이를 '과도한 관성'이라고 부른다.

역사적으로 우리는 어떠한 혁신이 경제에 원활하게 도입되어 결국 시장에서 광범위한 인기를 얻는 상황들을 보였다. 대표적으로 동전이 그러하다. 빠르게 채택되었고 결국 기존의 금속 조각들을 밀어냈다. 하지만 다른 혁신들은 채택이 더디거나 채택이 불가능해지는 중대한 마찰에 직면했다.

지폐의 경우, 시장 도입의 마찰이 존재했다. 지폐는 운송이 더 수월하다는 편리성 측면에서 금속 화폐보다 더 나은 기술임이 분명하다. 그럼에도 서구 세계가 지폐를 받아들이기까지는 상당히 오랜 시간이 걸렸다.

마찬가지로 신용카드 또한 (특히 고액 거래의 경우)현금보다 사용이 편리하고 가볍고 안전하며 마모를 걱정할 필요가 없기 때문에 혁신적이었음에도 고객과 달리 가맹점에는 다소 제한적일 수밖에 없다. 그 이유는 이용자의 신용카드를 받으려면 추가 수수료를 내야 하기 때문이다. 그럼에도 불구하고, 큰 가치 거래의 경우 신용카드를 사용하므로 보안을 강화하는 이익이 추가 수수료에 들어가는 비용보다 클 수 있다. 왜냐하면 이렇게 함으로써 가맹점이 은행에 많은 양의 현금을 가져가는 걸 피할 수 있기 때문이다. 더욱이 가맹점은 신용카드를 받음으로써 고객이 당장 충분한 현금을 보유하고 있지 않기 때문에 거래가 결렬될 위험을 피할 수 있다. 실제로 신용카드는 최소한 이번 세기에 들어서면서 매우 대중화되었다. 하지만 초기만 하더라도 카드를 사용하려는 움직임은 그리 활발하지 않았다. 신용카드가 갖고 있던 여러 기술의 장점에도 불구하고, 고객들이 신용카드를 선택했다기보다는 카드사들이 강요했던 측면이 강했다. 고객 측에서도 가맹점 측에서도 신용카드에 대한 불신이 컸다. 이러한 관성에 맞서며 카드사들은 사람들을 교육하고 신용카드 시스템의 사용을 장려하는 데 많은 노력을 기울였다. 그들은 포인트와 같이 카드 사용에 대한 일정한 보상을 주고, 사기 방지 계획들을 광고로 떠벌였다.

정리해보자면, 동전처럼 사용 편의성이 지배적인 힘이 되어 신기술이 원활하게 채택되는 경우도 있다. 반면 지폐나 신용카드의 사례처럼 과도한 관성 때문에 시장에서 저항과 마찰을 겪으며 천천히 채택되기도 한다. 심지어 아예 채택되지 않을 수도 있다.

다양한 통화의 공존

승자독식의 역학과 과도한 관성에도 불구하고, 때로는 다른 형태의 화폐, 다른 통화들이 시장에 공존할 수 있다. 다른 화폐들이 서로 다른 용도로 사용될 때 그렇다.

우리는 고대 메소포타미아에서 은銀이 화폐로 사용된 최초의 기록을 찾을 수 있다. 메소포타미아의 은은 그보다 오래된 화폐였던 보리를 대신했다. 은 같은 금속은 보리보다 높은 가치를 지녔는데, 은 한 조각이 동일한 부피의 보리보다 비쌌다. 그렇기 때문에 은은 배의 적하량처럼 큰 가치나 원거리 무역을 해야 할 때 훨씬 편리했다. 이보다 더 작은 가치의 일상적인 지역 거래에 있어서는 금속이 너무 비싸 적당하지 않았다. 이러한 소규모 거래는 여전히 보리를 통해 이루어졌다. 그러므로 금속이 더 소지가 간편하고 메소포타미아 전역에서 통용되었지만, 승자독식의 역학은 금속 화폐가 더 오래된 보리 화폐를 시장에서 완전히 밀어내도록 이끌지는 못했다.

이와 마찬가지로 동전 역시 거래에서 주조되지 않은 금속의 사용을 완전히 없애지는 못했다. 많은 수의 표준화된 동전을 들고 가는 게 편리하지 않았던 고부가가치 거래에서 특히 그랬다. 거래마다 필요가 다르기 때문에 이처럼 서로 다른 필요를 더 잘 충족시킨다면 서로 다른 화폐들도 공존할 수 있다. 나란히 존재하는 화폐의 비용보리를 금속과 교환하거나 그 반대로 금속을 보리와 교환하는 비용이 여전히 존재하지만, 기능과 수요를 일치시키는 이점은 비용 대비 가치가 있을 수 있다. 시장에서 두 종류의 돈이 통용되는 것이 한 가지 종류만 가지고 있는 것보다 각자의 목적에 더 잘 부합하기 때문이다.

오늘날 지폐와 동전은 서로 다른 목적을 가지고 있기 때문에 공존하고 있는 두 가지 다른 종류의 화폐라고 할 수 있다. 우리는 지폐와 동전을 다른 종류의 거래에 사용하는 경향이 있다. 일반적으로 소액거래는 동전을, 고액거래는 지폐를 사용한다. 물론 겹치는 부분이 있지만, 지폐나 동전 중 하나만 있다면 거래가 힘들게 뻔하다. 두 가지 유형의 화폐는 각각의 역할을 위해 최적의 기술을 활용한다. 빈번히 유통되는 최저 단위의 지폐는 빨리 닳을 것이다. 동전은 더 내구성이 있지만 지폐보다 무겁다는 단점이 있다. 심지어 고액권이라도 많은 동전을 큰 가치의 거래에 사용하는 것은 같은 금액의 지폐를 사용하는 것보다 덜 편리할 것이다. 만약 더 많은 액면가의 동전을 사용할 수 있다면 소비자들은 더 적은 양의 동전을 가지고 다니려고 할 것이다. 그러기 위해서는 상점들은 모든 액면가의 화폐를 항상 사용할 수 있도록 구비해야 하고, 액면 금액이 늘어날수록 단지 잔돈을 준비하기 위해 더 많은 자본을 묶어 두어야 할 것이다. 더 많은 액면 금액 중에서 동전을 찾아야 하기 때문에 그에 따른 거래 비용도 증가할 것이다.

전체적으로 화폐의 경쟁력은 다음과 같이 요약할 수 있다. 여러 화폐에는 인지 비용뿐 아니라 교환 비용을 포함한 다양한 비용이 포함되어 있다. 일부 화폐는 특정 목적을 위해 다른 화폐보다 더 좋거나 더 나쁠 수 있고, 일부 목적에서는 동등할 수 있다. 화폐의 용도가 다르고 각 화폐가 다른 목적에 더 적합한 경우, 사람들은 기꺼이 호환성 및 교환 비용을 부담하면서도 복수의 화폐를 사용하려고 한다. 그러나 사람들은 주어진 목적을 위해 하나의 화폐를 사용하기를 원한다. 통화에는 네트워크 효과가 중요하기 때문이다. 네트워크 효과는 결국 단일 화폐가 경제의 모든 거래를 차지하는 승자독식의 결과를 낳는다. 이러한 경우, 현재의 화폐는 사람들이 자신의 복지를 개선할 수 있는 새로운, 또는 복수의 화폐를 채택하는 것에 관성이 작용하여 경쟁을 방해할 수 있다.

돈의 역사에 대한 우리의 개관은 현대의 디지털 화폐로 우리를 데려다 준다. 이 장에서 다룬 배경은 디지털 화폐가 가져온 다양한 기술 혁신에 대해 더 잘 이해할 수 있도록 도와준다. 그리고 이런 배경은 디지털 화폐와 화폐의 진화 초기 단계 사이의 유사성을 강조하는 데 도움이 될 것이다.

2장

플랫폼 기반 화폐

2000년대 초, 많은 대형 인터넷 회사들이 자사의 디지털 화폐를 도입했다. 이들 기업의 대부분은 미디어와 엔터테인먼트, 전자상거래를 망라하는 대형 플랫폼을 운영하고 있다. 시장에서는 아마존 코인, 페이스북 크레딧, 큐큐코인, 마이크로소프트 포인트, 레딧 골드 등을 예로 들 수 있다. 이외에도 월드오브워크래프트 골드, 세컨드라이프의 린든 달러, 이브온라인의 ISK와 같이 자사의 화폐를 도입한 많은 비디오게임, 게임 플랫폼, 메타버스 등이 있다.

인터랙티브 비디오게임의 경우, 게임 전용 통화를 사용하는 것이 표준적인 관행이 되었으며, 이는 어떤 의미에서 게임업체가 게임 내에서 유통되는 디지털 아이템에 대한 재산권을 주장할 수 있게 했다. 모든 수익이 게임 내 구매에서 나오기 때문에 누구나 무료로 플레이할 수 있지만 무기나 옷 같은 디지털 상품을 구매할 수 있는 옵션이 따라오는 이른바 '프리미엄 비즈니스 모델freemium business model'이 폭발적으로 늘어나면서 이러한 게임 내 전용 화폐가 더욱 중요해졌다. 예를 들어, 에픽게임의 블록버스터 비디오게임인 <포트나이트>는 첫해에 수억 명의 플레이어를 둔 방대한 사용자 기반으로부터 게임 내 구매로만 50억 달러 이상을 벌어들인 것으로 추정된다. 놀랍게도 이른바 '브이-벅스V-Bucks'라 불리는 게임 내 지출은 포트나이트 내 배틀로얄에서 플레이어에게 고성능 무기나 보호막 같은 어떠한 이점도 제공하지 않는다. 그저 플레이어를 더 있어보이게 해줄 뿐이다. 포트나이트의 성공은 꽤나 이례적이지만, 포트나이트가 활용한 프리미엄 비즈니스 모델은 꽤 흔한 축에 속한다. 따라서 전 세계 비디오게임 플레이어들의 게임 내 총 지출이 2020년까지 연간 약 1,290억 달러에 이를 정도로 꾸준히 성장한 것은 그리 놀라운 일이 아니다.

이러한 모든 디지털 화폐는 크고 다양한 구성원들, 그러니까 구매자와 판매자, 게임 플레이어 또는 단순히 사진과 메시지를 주고받기 원하는 사람들 간의 상호 교류를 돕는 온라인 플랫폼 사업체들에 의해 도입되었다. 이러한 상호 교류는 종종 온라인 플랫폼이 자사 회원들의 편의를 위해 제공하는 '특별 맞춤형 화폐' 형태의 거래를 수반한다. 이 경우 화폐는 플랫폼에 의해 완전히 통제되며, 플랫폼이 모든 특징과 속성을 정할 수 있다.

이렇듯, 이번 장에서는 화폐를 설계하고 지배하는 주요 동력을 이해하기 위해 '중앙에서 통제되는' 화폐에 대해 이야기하고자 한다.

영리단체부터 지방정부, 국가정부 등 다양한 조직들이 도입한 '특수 목적 화폐'는 우리에게 완전히 새로운 대상이 아니다. 카지노 칩과 모노폴리Monopoly: 우리나라의 부루마블과 유사한 현금 투자 보드 게임 머니는 거의 한 세기 동안 존재해 왔다. 또한 화폐라고 불리는 경우는 드물지만, 세상은 장래의 항공편이나 호텔 예약 또는 종종 친구나 지인들을 위해 빌리는 렌터카를 위해 현금으로 쓸 수 있는 항공사 마일리지에도 꽤 익숙해져 있다. 항공사 마일리지는 수백만 개의 상점이나 다수의 상품 및 서비스에 대한 로열티 프로그램의 한 예에 불과하다. 정부는 특정 사회집단, 지리적 영역 또는 상품 카테고리로 제한되는 실제 화폐를 정기적으로 도입해 왔다.

그러나 달라진 것은 디지털 시대가 특수 목적 화폐의 도입과 사용에 대한 방대하고 새로운 기회 및 도진의 장을 열었다는 점이다. 첫째, 이러한 화폐가 지닌 디지털 특성은 해당 화폐를 도입하는 비즈니스의 특정 요구에 맞춰 새로운 기능을 설계할 무한한 기회를 제공한다. 또한 디지털 시대는 기능의 다양성 외에도 화폐 사용을 감시하고 제한하는 것에 훨씬 비용이 덜 든다. 이러한 다양한 요구와 기회는 오늘날의 플랫폼 기반 화폐 간의 많은 차이점들을 설명해 준다.

가장 중요한 사실은 최근에 도입된 많은 디지털 화폐가 글로벌 통화라는 점이다. 이러한 디지털 화폐를 제공하는 조직은 많은 대부분의 국가에 걸쳐 있는 대규모 다국적 플랫폼인 경우가 많다. 그렇기에 전 세계 경제에 큰 영향을 미친다. 이것에 대해 경제학자 매튜 이글레시아스는 페이스북 크레딧이 기성 국가 화폐를 떠안는 것을 우려했고, 이러한 화폐 도입이 금융위기 이후 선진국들의 부채 증가와 일치한다고 보았던 다른 경제학자들의 호응을 받았다. 아마존이 2013년 아마존 코인을 선보였을 때도 비슷한 우려가 표출됐다. 전문가들은 이들 화폐가 중앙은행이 지닌 화폐 발행의 독점적 지위에 도전장을 낼 가능성을 내다봤다. 페이스북과 아마존이 광범위한 국제적 영향력과 수십억 명의 사용자를 가진 매우 큰 소비자 기반의 플랫폼이라는 사실은 우려를 키웠다.

디지털 화폐를 도입하려는 플랫폼들의 초기 시도에 대한 우려는 현재 대부분 사라졌다. 이는 페이스북이 자사 화폐인 페이스북 크레딧을 포기하기로 결정했기 때문만은 아니었다. (뒤에서 더 자세히 설명하겠지만)이러한 디지털 화폐들은 그들 후원사의 큰 규모에도 불구하고 널리 통용되는 화폐가 될 수 있는 실질적인 잠재력이 없었다. 기능성에 있어 크게 제한됐다는 게 주된 이유다. 예를 들어, 페이스북 크레딧이나 아마존 코인은 다른 사용자에게 양도가 불가능하여 오로지 페이스북이나 아마존 내에서만 쓸 수 있었다. 이러한 한계로 인해 그것들은 달러나 유로,

엔화에 필적하는 지불수단이 될 수 없었다. 실제로 플랫폼 기반 화폐가 더 넓은 영향을 미치기 위해서는 어느 정도의 양도성이 필요하다. 그러나 플랫폼들이 우연히 자사 화폐에 이러한 제한을 부과한 건 아니다. 기능이 제한된 플랫폼 화폐는 네트워크 효과의 강도를 높일 수 있기 때문에 플랫폼 성장의 특정 단계에서 효과적인 전략적 도구가 될 수 있다. 그렇다면 무엇이 이러한 설계를 주도할까? 디지털 화폐에 대한 큰 그림을 이해하기 위해선 인터넷 기업이 자국 화폐를 발행할 때 어떤 인센티브가 있는지 좀 더 세심하게 살펴볼 필요가 있다.

특수 목적 화폐는 '특정한 목적'을 염두에 두고 도입되었다. 그들의 설계는 의도치 않는 결과를 피하되 특정한 목적을 이루려 한다. 다시 디지털 사례들로 돌아가서, 아마존과 페이스북은 화폐를 도입하기 전부터 이미 크게 성장한 상태였다. 즉, 그들은 특정 비즈니스 모델에 따라 운영되며 그들의 눈부신 성장은 이러한 비즈니스 모델이 성공적이라는 지표로 볼 수 있다. 여기서 우리는 기업이 그들의 비즈니스 모델을 강화하려 할 때 화폐를 도입한다는 가설을 내세우고자 한다. 주된 통찰은 디지털화가 화폐를 전례 없는 범위로 설계할 수 있게 하고 기업은 그들의 비즈니스 모델에 가장 잘 맞는 방식으로 화폐의 속성을 선별하여 자사의 화폐를 설계하고 있다는 사실이다.

화폐를 도입하는 조직이 쉽게 설정하고 제어할 수 있는 세 가지 주요 속성이 있다. 이러한 속성들은 화폐가 거래를 촉진할 수 있는지화폐의 핵심 목적 그리고 어떤 특정한 맥락에서 그렇게 할 수 있는지에 큰 영향을 미친다.

첫 번째 속성은 습득 가능성, 즉 화폐를 어떻게 취득할 수 있는가의 문제다. 예를 들어, 화폐의 설계자는 해당 화폐를 특정 활동을 통해서만 '벌earn' 수 있거나 다른 화폐나 상품으로 '살buy' 수 있게 정할 수 있다.

두 번째 특징은 양도 가능성, 즉 화폐를 다른 사람에게 양도하는 데 있어 제한된 사항이 무엇인가의 문제다. 일반적으로 문제는 플랫폼 상의 어떤 다른 구성원에게 이체될 수 있는지의 여부다.

세 번째 특징인 상환 가능성은 해당 화폐로 무엇을 살 수 있는지를 규정한다. 특히 일반적으로 국가 통화의 경우에 더 적은 제약으로 다른 화폐로 환전이 가능한지가 주된 관심사다. 바꿔 말하면, 상환 가능성이 해당 화폐를 지출하는 것에 대한 제한들을 정의한다. 만약 화폐가 어떠한 속성에도 아무런 제한을 갖고 있지 않으면, 즉 해당 화폐를 자유롭게 사고 벌 수 있고 시스템에 참여하는 누구에게나 이체될 수 있으며, 도로 법정통화로 교환될 수 있고 시스템 내에 있는 어떤 것에도 쓸 수 있다면 우리는 그러한 화폐를 '완전히 구비된 화폐'라고 말할 수 있다. 국가 통화는 적어도 해당 화폐를 발행한 국가 내에서는 완전히 기능을 구비한 통화로 간주할 수 있다. 그러나 대부분의 디지털 화폐는 일반적으로 하나 혹은 그 이상의 속성으로 제한된다. 발행 플랫폼의 비즈니스 모델을 강화하기 위해 의도적으로 그러한 제한을 두는 것이다.

디지털 시대의 플랫폼 기반 화폐

디지털 시대는 화폐의 설계를 조작할 수 있는 전례 없는 범위를 제공한다. 기술이 대안적인 설계를 구현하는 비용을 크게 절감한 사례도 있다. 예를 들어, 기술은 화폐가 누구한테 이체될 수 있는지 없는지양도 가능성를 쉽게 통제할 수 있게 한다. 기술은 또한 화폐를 어떻게 획득할 수 있는지습득 가능성와 어떻게 지출될 수 있는지상환 가능성를 더 잘 제어할 수 있다. 아래 표는 일부 디지털 플랫폼 기업에서 구현해왔던 몇 가지 가능한 설계상 조합들을 제공한다. 도표에서 볼 수 있듯이, 이 세 가지 특징은 현실 세계에서 관찰되는 플랫폼 기반 디지털 화폐들을 구분시켜주는 것으로 보인다.

플랫폼 기반의 화폐가 갖는 설계상 속성들

습득	이체	현금화	내용
구매만	불가	불가	플랫폼에서만 지출 가능한 현금을 저장하는 지갑(플레이스테이션 스토어 월렛). 아마존 코인처럼 프로모션 행사를 촉진함.
구매만	가능	불가	플랫폼 내에서만 쓰이지만 거래 시스템과 조합된 지갑(스팀 게이밍 플랫폼)
구매만	불가	가능	소액결재의 필요가 있다면 그와 관련된 단순 지갑(플랫폼 기반 화폐에서는 관찰되지 않음)
구매만	가능	가능	개별 화폐를 요구하지 않는 결제시스템(페이팔이나 벤모 등)
습득	가능	가능	해당 제품을 써보도록 장려하는 프로모션 디바이스(플랫폼 기반 화폐에서는 관찰되지 않음)
습득	불가	가능	이체가 없기 때문에 구매의 필요가 없는 아마존 메커니컬 터크 같은 직업 시장
습득만	불가	불가	실제 화폐는 아니지만 지위의 표식이 될 수 있음(WoW의 DKP나 길드워2의 카르마)

습득	이체	현금화	내용
습득	가능	불가	직접적인 현금 인출이 없이 완전히 제 기능을 하는 가상경제, 이체가 가능하기 때문에 간접적으로 현금 인출하거나 살 수 있음(이브온라인)
구매/습득	가능	가능	완전 기능을 하는 가상경제(세컨드라이프)
구매/습득	불가	불가	프로모션 인센티브가 조합된 지갑(페이스북 크레딧)

중요한 것은 이 세 가지 특징이 각각 사용자에게 몇 가지 나름의 특정 인센티브를 제공한다는 점이다. 예를 들어, 해당 화폐가 법정화폐로 교환될 수 없고 플랫폼에서 지출만 된다면 이는 이용자 유치나 고객 충성도를 강화한다. 이것이 많은 디지털 플랫폼이 자신들의 화폐를 법정화폐로 바꾸지 못하게 하고 현금화를 제한하는 이유다. 동시에 플랫폼 내로 자금을 제한하는 것은 (플랫폼 화폐를 법정화폐로 구매할 수 있다고 가정했을 때)외부에서 현금을 플랫폼 내에 투입하려는 경향이 적어질 수 있다는 것을 의미하기도 한다. 이러한 '투자'가 중요한 경우(특히 플랫폼 자체를 개발하는 데 있어 결정적이라면) 이러한 고려사항을 고객 충성도와 맞교환해야 한다.

어떤 설계상 특징이 특정 플랫폼에서 화폐로 구현될 것인지 어떻게 설명할 수 있을까? 위에서 논의한 내용과 앞에서 살펴본 몇 가지 전통적인 사례를 바탕으로 플랫폼 비즈니스 모델이 이러한 기능을 선택하는 데 결정적인 역할을 할 것으로 보인다. 플랫폼 비즈니스 모델은 플랫폼이 멤버십 기반을 위해 강화하고자 하는 인센티브에 대한 지침을 제공한다. 물론 다른 많은, 아마도 실질적인 고려사항들일

예로 기술적 또는 규제적 제약들이 있겠지만, 채택된 디지털 화폐가 해당 기업의 비즈니스 모델을 어떤 식으로든 지원해야 한다고 가정하는 건 분명하다.

그러나 '비즈니스 모델'이라는 개념은 상당히 복잡하다. 좀 더 구체적으로 말하면, 우리는 플랫폼이 고객·구성원에게 가치를 창출하는 방식가치 제안과 이러한 가치를 포착하는 방식수익 모델의 두 가지 주요 측면에 초점을 맞출 것이다. 우리는 비즈니스 모델의 이 두 가지 측면이 플랫폼 디지털 화폐에 대한 설계상 특징을 선택하는 데 강력한 영향력을 미칠 것이라고 주장한다.

인터넷의 역동적인 진화는 많은 다양한 비즈니스 모델을 낳았고 실험은 아직 끝나지 않았다. 이 책을 쓸 당시2021, 우리는 디지털 플랫폼 사업에 성공적인 효과가 있을 것으로 보이는 네 가지 특정 모델을 찾아냈다. 그것들은 다음 같다.

i. 월드오브워크래프트나 디아블로 또는 포트나이트 같은 온라인 쌍방향 비디오게임
ii. 세컨트라이프와 이브온라인 같은 가상세계 또는 메타버스
iii. 페이스북과 인스타그램, 텐센트, 위챗 같은 소셜 네트워크
iv. 아마존의 전자책 플랫폼이나 스팀 같은 게임 플랫폼 등 제품 홍보 플랫폼

우리는 이 네 가지 비즈니스 모델을 각각 살펴보고 디지털 화폐 설계들을 분석할 것이다. 우리의 목표는 그들의 가치 창출 과정과 수익 모델이 그들이 도입한 화폐 종류와 어떻게 연관되어 있는지를 탐구하는 것이다. (여기서 한 가지 주의해야 할 사항은 우리가 '일반적인' 비즈니스 모델이라고 부르는 것 자체가 상당한 변화를 보인다는 점이다. 사실 이 네 개 카테고리 사이 어딘가에 자리 잡고 있는 플랫폼들이 상당히 많기 때문에 이러한 구분은 다소 강제적인 측면이 있다.)

이 플랫폼들은 상당히 유사하지만, 모두 어떤 형태의 '소비 외부성externality: 어떤 경제 활동과 관련해 당사자가 아닌 외부 사람에게 의도하지 않은 혜택이나 손해를 발생시키는 것을 지칭. 혜택을 주는 경우를 양의 외부성(positive externality), 손해를 주는 경우를 음의 외부성(negative externality)이라 한다' 또는 '네트워크 효과'를 나타낸다. 이러한 환경에서 소비자들은 동일한 플랫폼을 사용하는 다른 소비자로부터 이익을 얻는다. 플랫폼의 주요 목적이 소비자 집단 간 거래 촉진인 만큼 이러한 소비 외부성이 존재하는 건 지극히 당연하다. 결국 많은 사람들에게 쌍방향 상호 교류를 제공할 수 있는 인터넷의 핵심 역량을 고려할 때, 최근 플랫폼이 우후죽순으로 등장하게 된 건 놀랍지 않다. 인터넷상에 구축된 플랫폼들은 자연스럽게 이 기능을 이용한다. 비디오게임의 경우를 예로 들어보자. 여기서 더 많은 사람들이 게임을 할수록 더 많은 스릴을 낳고, 더 많은 협력의 기회를 얻을 수 있다. 마찬가지로 소셜 네트워크에서 더 많은 사람들이 콘텐츠를 공유한다는 것은 더 많은 콘텐츠를 소비할 수 있다는 사실을 의미한다. 가상세계에서 더 많은 구성원이 있다는 건 많은 할 일이 있으며, 풍부하고 복잡한 세상임을 의미한다.

플랫폼마다 이러한 외부성이 얼마나 정확히 작용하는지에 대한 차이가 있겠지만, 플랫폼들은 자연스레 네트워크 효과때로는 간접 네트워크 효과를 낳는 이런저런 형태로 존재하게 된다. 더욱이 소비 외부성이 갖는 존재와 특성은 종종 플랫폼이 사용하는 화폐의 설계에 고스란히 반영된다.

마지막으로 디지털 플랫폼과 그 화폐는 비교적 새로운 현상이며, 오늘날 우리가 관찰하는 것은 이들 기업의 디지털 화폐의 최종적이고 결정적인 형태가 아니라는 점을 강조하고 싶다.

온라인 비디오게임 : 월드오브워크래프트 골드

오랫동안 월드오브워크래프트는 가장 인기 있는 대규모 다중플레이어 온라인 롤플레잉 게임MMORPG 중 하나였다. 블리자드엔터테인먼트가 만든 이 게임은 현재에도 중세의 가상세계에서 자신의 아바타와 상호 교류하고 있는 6백만 명 이상의 게이머들을 보유하고 있다. 게이머들은 혼자 또는 무리를 지어 퀘스트를 떠난다. 퀘스트는 꽤 까다롭기 때문에 특정 도전에 적합한 보완적 스킬들을 조합하여 팀을 구성하는 것이 성공의 핵심 요인이다. 이 왕국에서 통용되는 화폐는 '월드오브워크래프트 골드WoW gold'다. 이 화폐는 게임에 임하는 플레이어들 간에 자유롭게 양도될 수 있다. 그러나 WoW 골드는 법정화폐와 교환할 수 없으며 상환할 수도 없다. WoW 골드는 게임 내에서만 획득할 수 있고, 게임 내에서만 지출할 수 있다.

WoW 골드를 벌 수 있고, 그것을 게임 내에서만 사용하도록 설계한 것은 플레이어들이 게임을 계속 하도록 만들며, 플레이어들의 게임에 대한 충성도를 구축한다. 또한 회사의 수익 모델인 월 회비와도 양립 가능하다. 벌어들이고 고정된 자금이 게임에 대한 충성도를 높인다. 이 사실은 게임의 강한 소비적 외부성과 관련 네트워크 효과를 보여주기 때문에 더욱 중요하다. 더 많은 사람들이 게임을 할수록 팀을 구성하거나 참여할 수 있는 가능성, 증가된 퀘스트의 난이도를 완료할 수 있는 가능성도 더 많아진다. 이러한 설정에서 이용자 기반을 확장하는 것이 타당하며, 이미 게임에 빠져든 플레이어들이 플랫폼에서 옴짝달싹 못하게 만들 때 도움이 된다. 이러한 게이머들의 존재는 그 게임에 참가를 고려하는 새로운 플레이어들에게 게임을 더욱 매력적이게 보이도록 만든다.

정리하자면, WoW 골드는 게임의 비즈니스 모델을 지원하기 위해 의도적으로 설계되었으며, 이는 화폐의 특정 속성을 의도적으로 제한하는 것이 고객에게 가치를 창출하는 데 얼마나 도움이 될 수 있는지를 보여준다.

| 도전 : 디지털 화폐와 관련한 사기 |

게임의 디지털 특성들을 플랫폼에서 구현하고 모니터링하기 쉬운 반면, 인터넷은 이베이와 같은 상거래용 인터랙티브 플랫폼을 통하여 규정을 위반하는 것을 점점 쉽게 만들었다.

예를 들어, 월드오브워크래프트에서는 게임 내 규칙에도 불구하고 플레이어 간의 외부 이체가 빈번하다. 사람들은 무기나 갑옷 같이 금으로 살 수 있는 아이템과 함께 WoW 골드를 법정화폐로 기꺼이 구입하여 시간을 투자하지 않고도 자신의 게임을 발전시키려고 한다. 이베이는 2007년 1월 게임 내 화폐와 자산의 거래를 금지했지만, 법정화폐로 WoW 골드를 구매할 수 있는 다른 사이트들은 많이 있다. 대표적인 예가 바로 www.goldah.com이다. 이러한 '암시장'의 존재는 게임의 평판에 도움이 되지 않았다. 이에 게이머들은 스스로 더 나은 해결책을 찾았다. 전통적인 지위 표시를 무시하고 그 대신 잠재적인 퀘스트 동료의 스킬을 제대로 평가하기 위해 이른바 '드래곤 킬 포인트DKP'에 의존하기로 결정했다. DKP는 특정 유형의 생명체인 보스초기에는 주로 공룡들이었음를 죽이는 퀘스트에 참여함으로써 획득된다. 죽은 생명체는 보물, 즉 전리품을 남긴다. 다만 퀘스트에 사람이 많이 몰릴 때에는 전리품을 어떻게 나눌지가 문제로 떠오른다.

게임7은 성공적인 퀘스트에 참가한 플레이어들에게 DKP를 할당하고 특정 아이템을 구매하기 위해 이 포인트를 사용할 수 있게 함으로써 이 문제를 해결했다. 이 특정 아이템들은 보스를 죽여서 받은 DKP를 통해서 살 수 있다. 플레이어가 자신의 DKP를 사용하지 않으면 누적되어 나중에 한 번에 사용할 수도 있다. DKP는 쓸 수 있는 것에 제약이 있는 일종의 '대체 화폐'인 셈이다. 가장 중요한 점은 DKP는 다른 플레이어에게 양도할 수 없다는 점이다. DKP는 WoW 골드보다 사용이 훨씬 제한적이어서 게임 내 경제적 역할을 대신할 수 없다. 그러나 엄연히 WoW 골드의 암시장이 존재하는 상황에서 DKP는 플레이어들의 스킬을 정확히 탐지하는 데에 보다 유용한 것으로 밝혀졌다. 처음에 DKP는 길드라고 불리는 게이머 그룹 내에서 비공식적으로 할당되고 추적되었다. 스킬 탐지 도구로서 중요성이 커지자 블리자드는 이 이중화폐 시스템을 기존의 골드와는 달리 이른바 길드 어드밴스 시스템으로 공식화했다.

가상세계 : 린든 달러

앞의 예에서는 화폐 기능을 제한하는 것을 살펴보았다. 그러나 그러한 플랫폼 기업을 위한 최적의 설계는 모든 기능을 갖춘 '완전한 화폐'를 가리킬 수 있다. 이러한 무제한 화폐의 예로는 세컨드라이프라고 불리는 가상세계에서 유통되는 린든 달러Linden Dollar가 있다.

이 시점에서 '가상세계'와 '월드오브워크래프트'와 같은 복잡한 비디오게임의 차이점은 무엇인지 묻는 게 중요하다. 이 질문에 대한 짧고 굵은 대답은 가상세계란 '목적 없는 MMORPG'라는 것이다. 고전적인 MORPEG는 잘 정의된 규칙과 일관된 시각적 외관을 갖춘 잘 정의된 세계를 나타낸다. 가장 중요한 것은 그 세계는 플레이어들에게 잘 정의된 목표를 갖고 있다는 것이다. 플레이어들은 특정한 퀘스트에 직면하며, 그들 사이에 알려진 위계질서가 존재하고, 목표를 달성하기 위해 무엇을 해야 하는지 모두가 알고 있다.

반면 세컨드라이프에서는 거의 아무것도 정의되어 있지 않다. 누구든 자신이 원하는 것을 할 수 있다. 결국 사람들은 완전히 다른 일들을 하게 된다. 가상의 술집(맞다, 당연히 아바타로 대표된 DJ가 가상의 술과 진짜 음악을 섞어주는 술집)을 운영하거나, 정교한 우주선을 제작하여 판매하거나, 아름다운 그림들로 둘러싸인 갤러리를 운영하는 등 매우 복잡한 활동이 될 수 있다. 이와 대조적으로, 친구들과 어울리거나 아바타를 꾸미거나, 가상세계의 다른 장소들을 방문하는 것과 같은 정말 간단하고 무심한 활동을 할 수도 있다. 사실상 가상세계 그 자체도 거의 정의되어 있지 않다. 누구라도 완전히 다른 세계를 방문할 수 있고 거기서 인간이 아닌 완전히 다른 외모를 가진 아바타들을 만날 수도 있다. 세컨드라이프는 거의 아무것도 정의되어 있지 않으며 무한한 가능성을 제공한다는 점에서 아마도 가상세계 중에서 가장 극단적인 예일 것이다. 이런 의미에서 세컨드라이프는 100% 규칙이 정해진 가상세계인 월드오브워크래프트와는 정반대라고 할 수 있다.

가상세계는 이처럼 가운데 어딘가에 놓여있는 많은 플랫폼들로 된 극단들 사이의 연속체를 나타낸다. 예를 들어, 이브온라인은 작가 아인 랜드Ayn Rand. ≪파운틴헤드≫와 ≪아틀라스≫를 쓴 미국의 대표적인 소설가의 자유주의적 세계에 대한 아이디어에서 영감을 받은 유토피아적 가상세계다. 그것은 구성원들에게 거의 무제한의 자유를 허용하지만, 환경은 세컨드라이프보다 다소 많이 정의되어 있다. 그러나 한 가지 측면, 플랫폼에 의해 시행되는 재산권이 없다는 점에서 이브온라인은 세컨드라이프보다 '더 자유롭다'.

이러한 자유를 감안할 때, 플랫폼에는 엄청나게 다른 취향과 전혀 다른 활동을 하는 많은 다양한 사람들이 살아갈 것이다. 사실상 가상세계는 완전히 농익은 경제로 구축된다. 이 사실은 이들 플랫폼이 회원들로부터 수익을 거둘 수 있는 기회가 많다는 것을 의미하기도 한다. 경제 활동에 대한 종합과세가 세입을 거두는 좋은 방법으로 보인다. 주민들이 만든 물건들이 없다면 세상이 사실상 텅 빈 채로 존재하는 세컨드라이프의 경우, 경제 활동의 좋은 대리물은 토지 소유다. (물론 그 땅 위에 무언가를 지어야 말이 되겠지만 말이다.) 가상 토지에 세금을 부과하는 것은 플랫폼의 고객 서비스 비용과도 호환된다. 더 많은 토지와 물건이 있다는 건 플랫폼의 IT 시스템 관점에서는 더 많은 메모리를 잡아먹고 있다는 의미기 때문이다.

세컨드라이프의 통화인 '린든 달러'는 완전한 기능을 갖춘 통화다. 예를 들어, 2021년 5월 기준, 1달러가 300린든 달러를 조금 넘는 가격에 거래되었다. 보통 린든 달러는 플랫폼 내에서 누군가를 위해 일함으로써 얻을 수 있지만, 법정화폐로 구입할 수도 있다. 누구에게나 양도될 수 있고 판매되는 모든 것을 구매하기 위해 플랫폼 내에서 사용될 수 있다. 마지막으로 이것은 다시 법정화폐로 변경되어 플랫폼에서 반출될 수도 있다. 이 마지막 특징은 다소 혼란스럽다. 왜 세컨드라이프는 사람들이 플랫폼에서 돈을 꺼내는 것을 허용할까?

앞서 살펴본 것처럼, 이런 특성은 유저들이 플랫폼을 떠나도록 부추길 수 있다. 단순히 다른 것을 시도하고 싶을 때 플랫폼을 떠나는 데 아무런 비용이 들지 않고, 게임에서 모은 화폐를 '현금처럼' 사용하고 싶을 수도 있기 때문이다. 가상세계에 존재하는 소비의 강한 양의 외부성을 고려할 때 이 정책이 반드시 세컨드라이프에 이득이 되는 건 아니다. 그럼 왜 허용할까? 한마디로, 현금 인출 정책은 플랫폼에 콘텐츠를 구축해 투자할 수 있는 인센티브를 제공하는 것과 관련이 있다. 린든랩스가 복잡한 경제권을 포함해 플랫폼에서 활기찬 인터랙티브 커뮤니티를 확보하려면 사람들이 투자할 수 있는 인센티브를 제공해야 하며, 이 인센티브도 매우 이질적인 멤버십 기반으로 제공해야 한다.

첫째, 사람들은 무언가를 만들어야 한다. 복잡한 객체일예로 비행기나 악기 또는 쇼핑센터 등의 경우, 여러 사람의 협업 또는 다른 사람이 이미 만들어놓은 여러 요소의 조합이 필수적이다. 함께 퀘스트를 해결할 수 없기 때문에 협업은 종종 노동력의 고용을 필요로 한다. 현실 세계와 마찬가지로 세컨드라이프에서도 이 협업이 잘 작동하기 위해서는 광범위한 거래가 필요하다. 대부분의 복잡한 물체들을 만들려면 많은 시간을 투자해야 한다. 다만 모두가 이 시간을 게임에 할애할 수 있다고 기대하는 것은 무리가 있으므로, 플랫폼은 시간이 아닌 금전적인 측면에서 투자를 독려할 필요가 있다. 세컨드라이프는 모든 실용적인 목적에서 투자와 노동, 제품 시장과 명확한 재산권이 있는 실물경제와 똑같다. 실제로 이용자들이 가상세계를 채우기 위해 기꺼이 다양한 물건들을 구축하려는 이유 중 하나는 매우 일찍부터 플랫폼이 거주자들세컨드라이프의 유저들이 게임에서 생성된 가상 자산을 소유하고 있고 자유롭게 팔 수 있다고 선언했기 때문이라는 지적이다.

그런 의미에서 세컨드라이프는 위에서 살펴본 MORPEG 같은 게임이 아니다. 2008년까지 많은 거주자들이 린든 달러를 벌기 위해 건물을 짓고 가게를 열거나 다른 가상 사업체를 위해 일하면서 세컨드라이프로 이주했다. 이에 따라 미 국세청은 린든 달러로 벌어들인 소득은 과세 대상이라고 선언했고, 다른 많은 정부들도 연달아 이와 비슷한 발표를 했다. 대부분의 사람들에게 이러한 수익은 일시적이었지만, 어떤 사람들은 세컨드라이프에 디지털 상품을 판매하여 제법 큰돈을 벌었기 때문이다. 많은 실제 기업들아메리칸어패럴과 같은 소매기업, 로이터와 같은 언론사, 그리고 어쩌면 더 당연한 일이겠지만 썬마이크로시스템즈와 같은 기술회사은 세컨드라이프에 입지를 구축하기로 결정했다. 그 뒤를 이어 다른 조직들학교, 대학, 지방 정부이 종국에 지배적인 인터넷 플랫폼이 될 거라는 희망을 가지고 가상세계에서 진지한 활동을 시작했다.(예를 들어, 아메리칸어패럴은 쇼룸을 열었고, 로이터는 가상세계 내에서 기자를 고용했으며, 스웨덴 대사관은 세컨드라이프에 사무실을 열었다.) 세컨드라이프가 이를테면 지배적인 소셜 네트워크에 비해 상대적으로 작은 플랫폼으로 남아있기 때문에 이러한 희망은 물거품이 되어버렸지만, 현재 대략 1백만 명의 주민들이 여전히 활기찬 경제와 극도로 다양한 가상세계를 떠받치고 있다.

| 이브온라인 |

앞서도 언급한 가상세계 이브온라인도 멤버들이 자신의 활동을 자유롭게 선택할 수 있도록 아무런 정의도 내리지 않았다는 점에서 전형적인 가상세계라 할 수 있다. (몇 가지 중요한 차이점이 있지만)플랫폼 구성원의 활동은 상당히 복잡한 경제에 더해, 많은 면에서 세컨드라이프보다 더 자유롭다.

앞서 언급했듯이 재산권은 중앙 집중적으로 집행되지 않으며 대신 조합원이 파이터싸움꾼를 고용하여 재산을 보호할 수 있도록 조직을 꾸려야 한다. 이브온라인은 사용자가 만든 콘텐츠와 달리 무역이 게임의 더 중요한 부분을 구성한다는 점에서 세컨드라이프보다 더 시장 주도적이다. 이브온라인에서는 무언가를 만드는 데 더 많은 제약이 있지만, 무역은 더 복잡하고 게임에서 습득한 특별한 스킬이 요구된다. 본질적으로 이 세계는 다른 스킬싸우거나 건물을 짓거나 하는 등의 행위을 개발하는 데 투자한 상대 플레이어보다 무역에 종사하는 이들로부터 더 많은 차익거래 기회를 볼 수 있는 능력으로 요약된다. 그러나 이 모든 작은 차이점들은 큰 그림, 즉 두 플랫폼 모두 완연하게 성장한 복잡한 경제를 운영하는 데 별로 중요하지 않다. 결과적으로 두 가상세계는 각기 회원들에게 투자 인센티브를 제공할 필요가 있다. 따라서 이브온라인 또한 완전한 설비를 갖춘 화폐를 가지고 있다는 사실은 전혀 놀라운 일이 아니다. 이브온라인의 화폐는 ISK로 불린다.

| 현실 세계에 미친 영향 |

세컨드라이프와 이브온라인 모두 구매와 획득, 증여, 양도, 심지어 다시 법정화폐로 환전하는 데에 아무런 제약이 없는 완전한 기능을 갖춘 화폐를 도입했지만, 린든 달러와 ISK 모두 각각의 플랫폼 밖에서는 큰 영향을 미치지 않았다. 아마도 가장 큰 이유는 두 플랫폼 모두 매우 커다란 커뮤니티를 유치하지 못했기 때문일 것이다. 등록된 세컨드라이프 계정은 수백만 개에 달하지만, 지금 이 글을 쓰고 있는 순간까지 약 100만 명의 주민이 현역 플레이어들을 대변하고 있는 것으로 추산된다. 이브온라인은 이보다 더 왜소하다. 활동적인 게임 인구는 약 30만 명으로 추정된다. 분명한 것은 이 숫자들이 이를테면 페이스북의 수십억 명의 회원들과 비교했을 때 초라하다는 것이다.

초기 비평가들은 가상세계의 화폐가 완전히 자격을 갖춰서 국가 화폐를 대체할 가능성이 있다는 사실에 대해 우려를 표명하였다. 그러나 가상세계의 화폐가 완전히 자격을 갖췄다고 해서 의도한 플랫폼 바깥에서 화폐가 갖는 영향을 우려하는 것은 잘못된 판단이다. 플랫폼 외부에서 영향을 미칠 수 있는 잠재력을 갖기 위해 화폐가 완전한 자격을 갖추어야 할 필요도 없다. 해당 화폐는 양도만 가능하면 족하다. 일단 양도할 수 있게 되면, 소멸 가능성과 상환성에 대한 제한은 사용자가 임의로 조작할 수 있다. 린든 달러의 일부 핵심 기능들이 빠져있었지만 WoW 골드가 월드오브워크래프트 플랫폼 밖에서도 광범위하게 거래되었다는 사실로 볼 때 그렇다.

완전한 양도성이 있어 사람들이 법정화폐로 해당 통화를 취득하거나 상환하고 싶다면 거래의 한 부분은 플랫폼 상에서 일어나고, 다른 한 부분은 플랫폼 밖에서 일어나는 혼합 거래의 길을 찾을 수도 있다. 일단 화폐가 플랫폼 밖에서 거래되면 플랫폼이 의도한 방식 이외의 거래에서 사용될 수 있다. 플랫폼 밖에서도 영향을 미칠지의 여부는 사용자들이 이미 이용 가능한 화폐를 대신하여 해당 화폐를 사용할 동기가 있는지의 여부로 압축된다. 그러한 경우, 이는 전형적인 디지털 이전의 화폐 경쟁 이슈가 된다. 이것은 미국과 캐나다 달러 간의 경쟁과 흡사하다. 아무런 제한이 없음에도 불구하고, 캐나다인들은 캐나다에서 미 달러를 사용할 필요가 없고, 미국 현지에서도 캐나다 달러를 사용할 필요가 없다. 다만 아르헨티나처럼 지역 화폐인 페소Peso 대신 미 달러를 사용하는 걸 더 선호하는 나라가 있을 수는 있다. 이 같은 동일한 역학이 디지털 화폐에서도 작동한다. 양도성이 있더라도, 기존 화폐보다 일부 기능을 더 잘 제공하는 경우에만 플랫폼 밖에서도 채택된다. 우리가 아는 한, WoW 골드나 린든 달러에서는 이러한 일이 거의 일어나지 않는다.

하지만 이러한 일이 일어났던 꽤 분명한 사례가 하나 있다. 바로 중국의 소셜 네트워크인 텐센트의 화폐 큐코인이다.

소셜 네트워크와 페이스북 크레딧

소셜 네트워크는 인터넷 플랫폼을 위해 등장한 세 번째 비즈니스 모델이다. 수억 명의 사용자가 있는 이러한 대형 플랫폼에서 회원들은 대부분 서로 콘텐츠를 공유함으로써 상호 교류한다. 수익 모델은 보통 광고 기반이지만, 앱 개발자나 게임 개발자들이 상당한 기여를 하는 다른 수익원이 있다. 페이스북은 20억 명 이상의 활성 이용자를 거느린, 단연코 세계에서 가장 큰 소셜 네트워크로 꼽힌다. 또한 페이스북과 연동된 인스타그램이나 왓츠앱, 메신저 같은 다양한 선도적인 소셜 플랫폼들도 함께 소유하고 있다. 먼저 우리는 페이스북이 단순히 회원들이 서로 간의 콘텐츠 통해 상호 교류하는 플랫폼이 아니라는 사실을 깨닫는 게 중요하다. 미디어 사이트든, 게임이나 앱 개발자든, 뉴스 기관이든, 단순히 제품 브랜드든, 많은 콘텐츠가 제3자에 의해 제공되는 이른바 '다면 플랫폼'이다. 페이스북의 인기 카테고리인 제3자 콘텐츠는 동영상과 기사, 게임 등으로 이루어져 있다.

2009년, 페이스북은 페이스북 크레딧Facebook Credits을 도입했는데, 이는 페이스북 플랫폼 상에서 회원들에게 요금을 부과하고 싶은 모든 앱과 게임의 의무 화폐가 되었다. 페이스북 크레딧은 미화美貨, 달러가 아닌 액면 금액을 사용했고 본질적으로 가상 지갑의 기능을 수행했다. 당신은 온라인이나 대형 소매점에서 기프트 카드를 구매함으로써 자금을 추가할 수 있었다. 이 시스템은 2013년 미화를 사용하는 결제 시스템이 선호되면서 폐지되었다.

앞서 언급했듯이, 페이스북 크레딧은 페이스북 이용자들 간에 주고받을 수 없었다. 또한 달러든 유로든 엔화이든 법정화폐로 교환할 수도 없었다. 개발자가 페이스북 크레딧을 받는 한, 해당 콘텐츠가 페이스북에 의해 직접 제공된 것이든 제3자 개발자에 의해 제공된 것이든 상관없이 페이스북 상의 모든 것에서 페이스북 크레딧을 사용할 수 있었다. 2009년과 2011년 사이만 하더라도 개발자들은 페이스북 크레딧이나 법정화폐 중 아무 것이나 청구할 수 있었다. 그런데 상황이 바뀌어 2011년부터 2013년 페이스북 크레딧이 폐지될 때까지 개발자들에게 이 부분에 대해 더 이상 선택의 여지가 없었고, 이용자에게 요금을 부과하려면 반드시 페이스북 크레딧을 사용해야 했다.

습득가능성의 측면에서 이용자는 법정화폐를 사용하여 페이스북 크레딧을 구매할 수 있었다. 가격은 1달러 당 대략 10크레딧이며, 10달러 당 5% 수량 할인이 들어가 105크레딧을 받을 수 있었다. 흥미롭게도 이용자들은 게임을 테스트하거나 설문조사를 함으로써 크레딧을 벌earn 수 있었다. 이는 페이스북의 주요 수익원이 광고인 것과 관련이 있다. 광고 수익은 이용자가 플랫폼에서 보내는 시간과 직결된다. 그리고 페이스북 크레딧은 사용자들이 플랫폼에서 더 많은 시간을 보내도록 유도하기 위해 최적으로 설계되었다.

중요한 원동력은 소셜 네트워크 콘텐츠의 소비가 소비 보완성을 보인다는 사실에서 비롯된다. 친구들이 페이스북이나 인스타그램에서 사진과 동영상을 올리고 포스팅을 하고 내 사진에 댓글을 달면서 보내는 시간이 많아질수록, 나는 이런 소셜 네트워크 상에서 나만의 콘텐츠를 올리거나 친구들의 게시물에 댓글을 달면서 시간을 보내는 게 더 즐거워진다. 이는 결과적으로 긍정적인 네트워크 효과를 낳는다. 소셜 네트워크에서 더 많은 사람들이 활동할수록 나는 소셜 네트워크 상에서 더 많은 시간을 보내며 더 많은 효용 가치를 얻을 수 있다. 우리가 보았듯이, 그것은 인터넷 회사들에게 매우 일반적인, 그리고 매우 가치 있는 재산이다. 만일 페이스북이 한 명의 이용자가 플랫폼에서 더 많은 시간을 보내도록 유도할 수 있다면, 다른 사람들도 덩달아 더 많은 시간을 보내고 어쩌면 새로운 사람들이 페이스북에 가입하도록 유도할 수 있기 때문에, 이러한 소비 보완성으로 인해 기하급수적 효과를 갖게 된다.

페이스북 크레딧은 이용자들이 플랫폼에서 더 많은 시간을 보내도록 유도하기 위해 고안되었고, 이는 다른 사람들 역시 더 많은 시간을 보낼 수 있도록 유도했다. 크레딧은 사용자들에게 페이스북 경험을 고양시킬 수 있는 방법을 제공했다. 예를 들어, 크레딧을 통해 이용자는 친구에게 가상의 꽃을 보낼 수도 있는데, 이는 가상 농장에서 수확을 증가시키기 위한 가상 식물에 비료를 주거나 가상 반려동물에게 사료를 주는 옵션 게임에서 얻을 수 있다. 그 모든 활동들은 페이스북에서 보내는 시간을 더 즐겁게 만들었고, 그래서 사람들이 더 많은 시간을 페이스북에서 보내도록 유도했다. 페이스북은 구매와 수익을 모두 허용함으로써 수중에 시간보다 돈이 많은 이용자현금 부자와 돈보다 시간이 많은 이용자시간 부자가 크레딧에 접근할 수 있도록 했다.

반대로 사용자 간 이체를 허용하거나 크레딧을 법정화폐로 환전하는 것은 이러한 목적을 저해할 수 있다. 크레딧을 법정화폐로 교환하도록 허용해주면 이용자는 적립된 크레딧을 페이스북에 되팔 수 있을 것이다. 이용자 간의 자유로운 이체를 허용하면 시간 부자인 이용자들이 크레딧을 적립해 현금 부자인 이용자에게 판매하는 상황이 벌어질 수 있다. 이런 상황에서 현금 부자 이용자들은 페이스북에서 직접 크레딧을 구매하기보다 시간 부자 이용자들에게서 구매하기를 선호할 게 뻔하다. 왜냐하면 시간 부자 이용자들은 이를 명확히 하기 위해 페이스북이 공시한 요율보다 자신들이 파는 크레딧에 더 낮은 가격을 매길 수 있기 때문이다.

이 두 경우 모두에서 시간 부자 이용자들이 결국 크레딧을 적립할 수 있고 페이스북 활동을 늘리는 데에 크레딧을 쓰는 대신 크레딧을 팔아치울 것이 뻔하다. 이용자들이 페이스북에서 남아도는 시간을 죽이면서 크레딧을 벌고 있는 건 사실이다. 그러나 이 활동은 대부분 광고 수익에 별다른 기여를 하지 않는다. 게다가 시간이 남아도는 이용자들이 페이스북 활동에 더 많은 시간을 보내지 않는다면, 페이스북은 다른 이용자들이 더 많은 시간을 보내도록 끌어들이는 기하급수적 효과를 잃을 수 있다. 따라서 페이스북 크레딧을 이러한 다른 특성들로 채우는 건 페이스북에 별다른 도움이 되지 않을 것이다.

| 왜 페이스북 크레딧은 폐지되었는가 |

흥미로운 건 페이스북 크레딧이 2013년 말 단계적으로 폐지되었다는 사실이다. 크레딧의 도입 단계에서 이용자들은 복잡성에 대해 불평했다. 페이스북 앱의 상당수는 이미 자체 화폐가 있었다. 예를 들어, 대형 게임개발사인 징가Zynga는 자사 게임 전반에서 사용할 수 있는 내부 통화로 지코인zCoin을 가지고 있었다. 앱에서 페이스북 크레딧을 사용하도록 의무화된 이후, 이용자들은 자신의 달러를 페이스북 크레딧으로 먼저 환전하고, 이어서 크레딧을 다시 지코인이나 팜빌 달러FarmVille

Dollars로 환전해야 했다. 페이스북은 앱 개발자들에게 크레딧을 앱 내 통화로 사용하도록 강요했지만, 매우 제한적으로 받아들여졌을 뿐이다. 징가와 같은 앱 개발자들은 이용자들을 특정 앱에 고정시키기 때문에 당연히 자사의 통화를 선호했다. 반대로 크레딧은 앱 간에 전송할 수 있었다. 이 앱들 중 상당수는 위에서 보는 바와 같이 소비자 충성도에 신경을 많이 쓰는 게임들이었다. 페이스북은 모든 앱이 크레딧을 사용하도록 요구함으로써 소비자들이 페이스북의 앱들을 보다 쉽게 넘나들게 하려고 기획했다. 이러한 방식으로 페이스북은 앱 개발자들에게 더 많은 경쟁을 유발했다. 앱 개발자들 간의 더 많은 경쟁은 페이스북 회원들에게는 좋은 일이 될 수도 있을 것이다. 전환 비용이 더 낮으면 이용자들이 페이스북에서 더 많은 콘텐츠를 소비하도록 장려할 수 있고, 이는 결과적으로 더 많은 광고 수익으로 이어질 수 있었기 때문이다.

하지만 이 주장은 페이스북이 다면 플랫폼이라는 사실을 고려하지 않는다. 건전한 앱 생태계를 조성하기 위해서는 먼저 앱 개발자들이 양질의 콘텐츠에 투자할 수 있는 충분한 인센티브를 제공해야 한다. 앱 개발자들이 너무 적은 잉여금을 손에 쥔다면, 이들은 다른 곳에서 수익을 추구하기 위해 페이스북을 떠나게 되고, 이는 결국 전반적으로 플랫폼에 더 적은 콘텐츠를 제공하게 만들 것이다. 예를 들어, 징가는 페이스북 게임의 가장 큰 개발자 중 하나였으며 광고가 실제로 플랫폼 상에 뜨기 훨씬 이전부터 페이스북의 가장 큰 수익원이었다. 그러나 징가는 물론 대부분의 다른 게임 개발자들은 페이스북 바깥에서 운영되는 그들만의 개별 플랫폼들을 가지고 있었다. 페이스북 크레딧이 페이스북에 유리하도록 만든 동일한 논리가 해당 앱 개발자들이 자신의 화폐에서 크레딧으로 옮겨 타는 것을 가로막았다는 사실은 흥미롭다.

| 텐센트의 큐 코인 |

텐센트는 중국 소셜 네트워크로, 아바타를 만들거나 페이지 꾸미기, 게임, 서로에게 디지털 선물을 주기 위해 이용하는 디지털 상품 판매 등을 통해 대부분의 수익이 나온다. 텐센트는 광고를 거의 하지 않는다는 점에서 페이스북과 성격이 매우 다르다. 사실 페이스북보다 앞서 '큐코인Q-coin'이라는 화폐를 도입했지만, 회원들이 플랫폼 밖에서도 큐코인을 사용할 수 있다는 점이 눈에 띈다. 텐센트가 원래 의도했던 기능은 아니었지만, 회사는 자사의 플랫폼 밖에서 큐코인이 사용된다는 사실을 깨닫자 이를 지원했다.

비록 소셜 네트워크지만, 텐센트는 많은 면에서 프리미엄 게임과 닮았는데, 플레이어들이 무료로 게임에 참여할 수 있지만 플랫폼 상에서 돈을 지출하면 더 나은 경험을 구매할 수 있다. 누군가 프로필을 열면 해당 이용자는 자신의 활동에 비례하여 큐코인을 얻기 시작한다. 이러한 큐코인은 플랫폼 자체에서 제공한다. 그는 또한 자신의 소셜 페이지와 활동, 다른 이용자와 연결된 정도에 따라 달라지는 자신의 영향력과 연관된 지위를 얻는다. 사람들은 큐코인을 실제 화폐로 구매할 수도 있는데, 이는 본질적으로 지위를 산다는 의미에서 프리미엄 게임과 비슷하다. 실제로 큐코인을 구매하는 회원은 극히 일부에 불과하지만, 이들이 텐센트 매출의 상당 부분을 차지하고 있다. 사람들은 또한 플랫폼에서 다양한 게임을 하기 위해 큐코인을 사용할 수 있다. 실제로 텐센트는 세계에서 가장 큰 게임 플랫폼 중 하나며, 자체적으로 많은 오리지널 게임들을 개발하고 있다.

텐센트는 큐코인을 2000년대 초반 도입했다. 큐코인을 얻거나 구매할 수 있으며 이용자 간에 양도할 수도 있었다. 그러나 공식적으로는 국가 화폐로 교환할 수는 없었다. 이러한 한계에도 불구하고 큐코인은 자체 플랫폼 밖에서 인기를 얻으면서 중국의 중앙은행 관계자들 사이에서 상당한 논쟁을 야기했다. 원래 전자 연하장과 만화 캐리커처, 온라인 큐큐게임 및 안티바이러스 소프트웨어의 칩 같은 가상 상품과 서비스를 구매하는 용도로 계획된 화폐였지만 큐코인은 점차 P2P 결제용으로 인기를 끌었다. 처음에 사람들은 이를 식당에서 지폐를 나눠 가지거나 중국 관습인 서로에게 현금 선물을 보내는 것과 같은 간단한 거래를 위한 용도로 막역한 친구들 사이에서 사용했다. 점차 온라인 상인들이 큐코인을 결제로 받아들이기 시작했다. 이후 일부 오프라인 상인들이 그 뒤를 따랐다. 텐센트 계정의 큐코인을 가지고 식료품을 사거나 머리를 자르는 등 지불이 가능해진 것이다.

큐코인을 이용한 거래 가치가 높아지자 중국의 중앙은행인 인민은행People's Bank of China은 큐코인이 2006년 이후 위안화에 미칠 영향에 대해 우려를 표했다. 텐센트 경영진은 중요한 완화 요인으로 통화 기능성에 대한 제한을 지적했다. <상하이일보>는 2007년 2월 텐센트의 쑹양 홍보담당 부사장이 "큐코인을 공식적으로 돈으로 바꿀 수 없다는 점 때문에 큐코인은 금융시장에 덜 해롭다."고 밝혔다는 관련 기사를 실었다. 그러나 앞서 언급했듯이, 디지털 화폐가 본래 의도와 달리 플랫폼 밖에서 영향을 미치기 위해서 모든 기능이 반드시 필요한 건 아니다. 필요한 조건은 양도성이다. 양도성이 있다면 플랫폼 안에서는 이용자들끼리 주고받고 플랫폼 밖에서는 국가 화폐로 환전하는 방식으로 큐코인을 간접적으로 상환할 수 있다. 큐코인이 재화와 서비스용으로 상환될 수 있다면 국가 화폐로 교환할 필요가 없을지도 모른다.

실제로 큐코인을 활용한 거래가 지속적으로 증가했다. 큐코인 무역 가치는 2008년까지 수십억 인민폐에 달한 것으로 알려졌다. 그러자 이듬해 중국 정부는 '실제

금융 시스템에 미칠 수 있는 영향을 제한'하기 위해 디지털 화폐를 실제 상품과 서비스로 교환하는 것을 금지하는 규제책을 도입했다. 큐코인이 도입된 지 거의 20년이 지난 지금도 여전히 실제 돈을 받고 큐코인을 파는 부속 시장이 존재한다. 또한 큐코인은 다른 사람에게 이체할 수도 있다. 부속 시장에서 사람들은 더 많은 금액을 축적한 뒤 유리한 비율로 되팔았다. 그러나 오늘날 큐코인은 그다지 이와 관련이 없다. 대부분의 게임 회사들은 단순히 공식 화폐를 청구하고 사람들은 신용카드로 지불하기 때문이다. 돌이켜보면, 초기에 큐코인이 텐센트 플랫폼 밖으로 확장될 수 있었던 것은 큐코인이 사용하기 쉬운 결제시스템 역할을 대신하면서(당시 대부분의 중국인들이 신용카드를 가지고 있지 않았다는 점을 생각하면) 신용카드를 대체한 것이었음이 분명하다.

오늘날 텐센트에게조차 큐코인은 크게 중요하지 않다. 텐센트가 스마트폰으로의 전환된 역사가 이를 잘 보여준다. 텐센트는 스마트폰을 정복하기 위해 두 가지 접근법을 개발했다. 한편으로는 잘 알려진 기존 텐센트 플랫폼 버전을 스마트폰에 적용한 모바일 앱을 선보였다. 이와 동시에 텐센트는 처음부터 모바일기기에 최적화된 완전히 새로운 소셜 네트워크를 도입했다. 위챗이 그 주인공이다. 위챗은 오늘날 가장 성공적인 소셜 네트워크 중 하나다. 흥미롭게도 큐코인은 여기서 홍보되지 않는다. 실제로 위챗에서 사용할 수도 없다. 위챗은 법정화폐를 사용하며 페이팔과 비슷한 기능을 갖는다. 실제로 위챗은 모든 종류의 인터넷 기업이 자신의 제품과 서비스를 판촉하고 사용자에게 직접 판매할 수 있는 아마존, 알리바바, 우버와 같은 만능 전자상거래 사이트로 일종의 '슈퍼앱'이다.

프로모션 플랫폼과 아마존 코인

마지막으로 우리가 분석하게 될 비즈니스 모델은 프로모션 플랫폼이다. 프로모션 플랫폼은 구매자와 판매자가 한자리에 모이는 특화된 양면 플랫폼이다. 이 플랫폼의 역할은 소비자 그룹 간의 거래에 실제로 관여하지 않고 원활하게 수행하는 것이다. 프로모션 플랫폼은 크고 다양한 주식 또는 상품에 거래 기회를 제공하는 뉴욕주식거래소NYSE 또는 아마존 전자상거래 플랫폼과 같이 상점과 본격화된 시장 사이 어딘가에 놓여있다. 오히려 긴밀하게 연결된 상품들로 채워진 시장이다. 대부분 유사한 다수의 게임일예로 밸브(Valve)의 스팀 게임 플랫폼, 아마존의 전자책 생태계, 애플의 앱스토어를 호스팅하는 게임 플랫폼들이 이러한 프로모션 플랫폼의 좋은 예다. 이러한 플랫폼들은 대부분 이용자들에게 독점적인 화폐를 제공한다. 혹자는 이러한 화폐 서비스를 가상 지갑이라고 생각할 수 있을 것이다. 가상화폐는 법정화폐로 구매할 수 있지만 일반적으로 법정화폐로 도로 바꿀 수는 없다. 양도할 수도 없다. 비록 한 사람이 다른 사람을 위해 선물을 사줄 수는 있을지 몰라도 말이다. 거의 모든 경우에서 이러한 비교적 폐쇄적인 시스템은 어떤 형태의 프로모션 활동을 한다.

프로모션 활동을 이해하기 위해 특별한 예를 하나 들어보자. 아마존 코인이 그 대표적인 예다. 고객들은 아마존의 킨들파이어 태블릿을 살 때 아마존 코인을 받는다. 그렇지 않으면, 고객들은 아마존 코인을 구매해야만 얻을 수 있다. 아마존 코인을 적립할 수도, 고객 간에 양도할 수도 없다. 이 마지막 기능은 일예로 킨들파이어를 선물로 구매할 때 문제를 일으킬 수 있다. 태블릿과 함께 제공되는 아마존 코인은 나중에 선물 받은 사람에게 양도할 수 없게 된다. 고객들은 아마존 코인을 법정화폐로 교환할 수 없다. 그리고 그것들은 매우 제한된 상품에만 쓰일 수 있다. 흔히 아마존이 지구상에서 가장 많은 선택 물품을 가진 만물상이라고들 한다. 하지만 아마존 코인은 킨들파이어에서 선별된 앱에서만 사용이 가능하다. 어떤 앱이라도 다 되는 게 아니다. 그 앱들은 자격을 얻기 위해 몇 가지 조건을 충족시켜야 한다. 앱들은 킨들파이어의 독특한 특성을 활용할 필요가 있는데, 이는 일예로 안드로이드에서 구동되는 타사의 태블릿과는 정반대의 특징이다.

그러한 특성들은 아마존 코인이 널리 통용되는 통화로 자리 잡기에 너무 제한적이다. 왜 아마존은 그렇게 이것저것 제한 투성이인 화폐 대신 국제적으로 통용 가능한 화폐를 도입함으로써 매우 큰 고객 기반과 제품 선택 시장을 활용하지 않을까? 이 질문에 대한 해답은 해당 화폐가 '특정한 프로모션 목적'을 담당한다는 점이다.

아마존은 태블릿 시장에 상대적으로 늦게 진출했다. 이는 태블릿이 아닌 오리지널 킨들이 먼저 큰 성공을 거두었기 때문이다. 태블릿 시장은 네트워크 효과가 특징인 또 다른 시장이다. 그러나 이러한 유형의 네트워크 효과는 페이스북 사용자들 간의 네트워크 효과와는 다소 차이가 있다. 그것은 페이스북 사용자와 앱 개발자들 사이의 네트워크 효과에 더 가깝다. 우리는 이러한 네트워크 효과를 간접 네트워크 효과indirect network effects라고 부른다. 특정 종류의 태블릿에 더 많은 응용프로그램들이 이용 가능할수록 소비자에게 더 많은 가치가 있다. 이는 앱의 품질이 적어도 더 많은 태블릿의 품질과 동일할 경우다. 그러나 개발자들은 가장 많은 소비자가 있는 종류의 태블릿을 위한 앱을 개발하기를 원한다. 그러면 그들은 앱을 판매할 수 있는 더 큰 시장을 갖게 될 것이기 때문이다. 더 많은 앱이 더 많은 소비자를 끌어모으고, 이는 다시 더 많은 앱을 끌어모으고, 이는 다시 더 많은 소비자를 끌어모은다. 간접적으로 태블릿이 더 인기가 있을수록, 즉 더 많은 소비자들이 태블릿을 구매하게 될수록, 더 많은 앱을 제공하기에 소비자에게는 태블릿이 더 매력적인 상품으로 다가올 것이다. 우리는 그것들을 간접 네트워크 효과라고 부른다.

이러한 수익률 증가 역학이 소위 승자독식의 결과를 어떻게 발생시키는지 쉽게 알 수 있다. 이러한 역학은 (네트워크 효과가 없는 시장에 진입하는 것보다)시장에 진입하는 것을 훨씬 어렵게 만든다. 일반적으로 네트워크 효과를 가진 시장에 성공적으로 진입하려면 필요 충분한 집단을 얻기 위해 양측 중 하나 또는 초기 소비자 그룹 중 하나에 보조금을 지급하거나 뇌물을 줘야 한다. 아마존의 경우, 가격을 너무 많이 낮추면 아마존이 이 카테고리에서 얻는 수익에 타격을 줄 게 뻔하다. 대신 아마존은 이용자들이 더 많은 앱을 사용할 수 있게 함으로써 킨들파이어 태블릿의 가치를 높이기를 원했다. 하지만 기술의 발달로 안드로이드용 앱이 많아짐에 따라, 안드로이드 기반 태블릿이 자사의 태블릿보다 더 가치 있게 될 것이 뻔했다. 결국 아마존은 킨들파이어에 특화된 앱을 조달할 필요가 있었다. 한 가지 해결책은 소비자들이 퇴장하고 난 후에, 즉 앱을 구매한 후에 개발자들에게 돈을 주는 것이다. 이런 방식으로 가장 가치 있는 킨들파이어 전용 앱들이 가장 많은 돈을 벌게 된다. 이것은 자연스럽게 개발자들에게 더 나은 앱을 개발할 동기를 부여한다. 그리고 아마존이 한 일은 이것밖에 없다.

2세대 킨들파이어를 199달러에 구입한 고객들은 아마존 코인으로 50달러를 받았다. 이것은 일종의 리베이트로 보일 수도 있지만, 해당 코인은 승인된 앱에서만 사용될 수 있기 때문에 돈으로 되돌려 받을 순 없었다. 그들은 그것을 자유롭게 쓸 수 없었다. 그것은 어쨌든 킨들파이어 앱에 50달러를 쓰기를 원하는 고객들에게만 '머니베이money bay'로 간주될 수 있는데 대부분의 고객들에게는 해당되지 않았다. 개발자들은 이 특정 플랫폼의 사용자들이 앱에만 쓸 수 있는 50달러를 가지고 있다는 것을 알고 있다. 그들은 일반 현금보다 아마존 코인을 기꺼이 사용할 것이기 때문에 승인된 앱을 더 많이 구매할 것이다. 따라서 해당 앱이 아마존의 승인을 받아 코인을 쓰기에 적합한 앱이 되기 위해서는, 앱이 킨들파이어 고유의 기능을 활용한다는 것을 입증해야 한다. 이는 결국 다른 안드로이드 태블릿보다 킨들파이어의 가치를 더 높인다. 물론 앱 승인만 받았다고 해서 개발자들이 아마존 코인을 받는다는 보장은 없다. 그 앱들은 다른 앱들과 마찬가지로 등급과 리뷰의 대상이 된다. 그래서 소비자들은 별점과 리뷰를 확인하고 승인된 앱들 중 가장 가치 있는 것을 구매할 것이다. 개발자들이 판매를 통해 모은 코인은 일반적으로 30% 인하를 거친 후 아마존에서 상환할 수 있다. 비록 개발자들이 아마존 코인을 상환할 수는 있지만, 고객들은 여전히 코인을 상환할 수 없다. 따라서 아마존은 킨들파이어를 구매하는 고객에게 50달러를 주는 게 아니라, 킨들파이어를 더 가치 있게 만든 개발자들에게 주는 셈이다.

규제를 완화하는 것은 이 목표와 상충될 것이다. 소비자들이 아마존 코인을 법정화폐로 교환하는 것을 허용한다면 개발자들에게서 인센티브를 빼앗는 일이 될 것이다. 왜냐하면 대부분의 사람들이 현금을 가져가거나, 어차피 그들이 구매하기를 원하는 아마존닷컴의 다른 물품들에 해당 코인을 사용하려고 할 것이기 때문이다. 코인을 아마존 사업의 다른 분야에 받아들이는 것도 이와 같은 효과를 낳을 것이다. 그런 정책은 킨들파이어를 위한 네트워크 효과를 만드는 데 전혀 도움이 되지 않을 것이다.

그러면 양도가능성은 어떨까? 아마존 코인을 고객 간에 양도할 수 있다면 코인의 왜곡된 유통을 초래할 수 있다. 많은 수의 앱을 사용하는 소수의 사람들은 다른 상품들에 이 돈을 쓰고 싶어 하는 사람들로부터 코인을 받을 것이기 때문이다. 대부분의 사람들은 아마존이 그들에게 선물한 코인을 거의 혹은 전혀 가지고 있지 않을 반면, 앱 사용자들은 대량의 아마존 코인을 가지고 있을 것이다. 그러나 집중적인 앱 사용자들은 동일한 앱을 여러 개 구매하지는 않을 게 뻔하다. 이렇게 되면 아마존 코인으로 구매하는 개별 앱들의 숫자가 많아지지만 앱 당 판매 개수는 줄어들게 된다. 최고의 앱들은 그들의 시장이 축소되는 것을 볼 수 있는 반면, 그다지 뛰어나지 않은 앱들은 여전히 집중적인 앱 사용자들에 의해 구매될 것이다. 이것은 전체 시장을 훌륭한 개발자들에게 덜 매력적으로 보이게 만들 것이다. 그리고 가장 중요한 것은 그런 정책이 최고의 앱을 생산하기 위한 강력한 인센티브를 제공하지 않을 것이란 사실이다. 따라서 우리는 아마존 코인이 제공되어야 할 목적에 맞게 최적으로 설계된 통화라는 사실을 알 수 있다.

| 스팀 월렛 달러 |

아마존의 거래 플랫폼이 상품, 즉 콘텐츠 카테고리에 특화되어 있는 것은 물론 이런 프로모션 플랫폼뿐만이 아니다. 또 다른 범주는 비디오게임 플랫폼이다. 이 플랫폼들은 플레이어들과 게임 개발자들을 하나로 묶는 비디오게임 컬렉션을 제공한다. 플레이어들에게 게임 플랫폼은 편의점 전면에 검색 기능을 제공하고 다양한 게임을 통해 보상과 자금을 배분하도록 돕는 디지털 지갑을 제공한다. 게임 개발자들에게는 광고 및 프로모션 플랫폼과 소비자의 충성도를 높일 수 있는 기회를 제공한다. 아마존 코인과 마찬가지로 게임 플랫폼이 게임 전반에 걸쳐 사용할 수 있는 화폐를 제공하는 게 이치에 맞을 것이다. 여기서 사람들은 특정 게임에서 돈을 벌 수 있지만, 그 아이디어는 사람들이 플랫폼에 있는 다른 게임들에도 그들이 가진 모든 것을 쓸 수 있도록 생태계에 소비자들을 가두는 것이다.

스팀Steam이 그러한 플랫폼의 대표적인 예다. 원래 이 게임 플랫폼은 게이머들이 이전에 출시된 게임의 업데이트 버전을 다운로드할 수 있는 사이트를 제공하기 위해 온라인게임 개발사인 밸브Valve가 개발했다. 이후 해당 사이트는 새로운 게임의 유통 플랫폼 역할도 할 수 있다는 사실이 분명해졌다. 그리고 밸브 게이머들이 업데이트와 구매를 위해 스팀을 정기적으로 방문하게 되자, 회사는 타사 개발자들이 자신들의 게임을 판매하고 업데이트할 수 있는 플랫폼을 열 수 있다는 사실도 깨달았다. 게이머들은 스팀을 좋아했는데, 그 이유는 스팀이 가장 다양한 게임을 가지고 있기 때문이었다. 마찬가지로 게임 개발자들 역시 스팀을 방문하는 모든 게이머들 때문에 스팀에 매료되었다. 2000년대 초반까지 스팀은 선도적인 온라인 유통 플랫폼 중 하나가 되었다. 다만 아무리 규모가 커도 이런 유통 플랫폼이 모두 가상화폐를 필요로 하는 것은 아니다. 그렇다면 대체 무엇이 스팀 월렛을 도입하도록 만들었을까?

해답은 게임의 이용자 생성 콘텐츠UGC에 있었다. 많은 온라인게임에서 이용자들은 게임 내에서 작은 수정사항이나 디지털 장비 또는 다른 이용자들과 공유할 수 있는 새로운 규칙 따위를 만들 수 있다. 예를 들어, 심즈Sims는 그러한 공유가 가능해졌을 때 훨씬 더 많은 인기를 얻은 게임 중 하나다. 기술적인 관점에서 보았을 때, 스팀 플랫폼은 이미 사용자 간에 이러한 공유를 제공하기에 적합했다. 하지만 그것은 거래의 촉진을 통해 UGC의 발전을 위한 인센티브를 제공함으로써 훨씬 더 잘 작동할 수 있었다. 그 과정에서 스팀은 추가적인 수익을 올렸다. 스팀이 신용카드로(또는 게임 숍에서 기프트카드를 오프라인으로 구매하여) 넣을 수 있는 지갑월렛을 선보인 것이다. 플레이어는 플랫폼에서 이용할 수 있는 게임 전반에서 매우 다양한 UGC를 검색하고 습득할 수 있다. 대대적인 수정은 UGC 제작자에게 스팀 월렛 크레딧을 제공하는 방식으로 보상된다. 스팀은 물론 거래의 일부를 수익으로 얻는다. 스팀 월렛 달러는 실물 화폐로 교환할 수 없다. 아마존 코인과 마찬가지로 스팀 생태계 내에서 사용될 필요가 있다. 이러한 생태계가 매우 빠르게 성장함에 따라 스팀에는 구성원들이 플랫폼에 지속적으로 비용을 지출하도록 하는 강력한 인센티브가 있다.

결론

위의 사례들은 화폐의 다양한 속성들이 어떻게 이용자의 다양한 용도와 행위를 유도하는지 보여준다. 따라서 최적의 속성들은 전적으로 해당 플랫폼의 비즈니스 모델에 달려있다.

플랫폼 기반 화폐의 일반적인 설계상 특징은 현금 인출이 허용되지 않는 것이다. 이는 회원들에 대한 충성도와 구속력을 높이기 위한 플랫폼의 자구적 노력과 직접 관련이 있다. 네트워크 효과를 낳는 강한 소비 외부성이 있기 때문에 플랫폼 사업자에게 이 문제는 특히 중요하다. 한 사람이라도 더 플랫폼에서 머물며 시간을 보내야 다른 사람들에게도 그만큼 더 플랫폼이 매력적으로 다가갈 것이다. 대부분의 플랫폼 기반 화폐들이 현금 인출 선택권이 없는 이유를 설명해주는 대목이다. 주목할 만한 예외는 바로 가상세계의 범주다. 우리가 본 사례에서와 마찬가지로, 사람들이 플랫폼 콘텐츠에 투자할 수 있는 강력한 인센티브를 제공하려면 회원들이 그들의 현금을 벌충할 수 있는 가능성이 필요하다.

강력한 네트워크 효과도 이용자가 플랫폼 화폐를 법정화폐로 매입할 수 있다는 생각에 호의적이다. 다시 말하지만, 이는 플랫폼에서 전체 활동을 증가시킬 수 있을 뿐이며 소비의 외부성이 있을 경우 플랫폼을 신규 이용자뿐만 아니라 기존 이용자에게 더욱 매력적으로 느껴지게 만든다.

그러나 이 주장에는 한계가 존재한다. 즉 플랫폼에 특화된 성과주의가 해당 플랫폼의 가치 제공에 있어 핵심을 이룰 때다. 그럴 경우 매입을 허용하는 것은 이러한 성과주의를 방해할 수 있고 이용자에게 음의 외부성을 끼칠 수 있다. 실제로 플랫폼의 기능에 있어 일종의 게임 내 성과주의가 중요하다면 플랫폼은 구성원에게 바이인buy-in. 일종의 매입 거래을 허용하지 말아야 한다. 이는 모든 플레이어가 게임을 즐기기 위해 스킬이 중요하고 특정 아이템을 구매해 스킬을 속일 수 있는 MORPEG의 경우 가장 두드러졌다. 사실 지난 20년 동안의 실험에서 얻은 핵심 통찰력 중 하나는 게임 내 성과주의가 경제적 교환으로부터 보호되어야 할 필요가 있다는 점이다.

양도가능성은 화폐의 가장 중요한 설계상 특징이며 동시에 가장 미묘한 특징이다. 실무적으로 이는 화폐가 플랫폼 밖에서 영향을 미치는 데 충분하진 않지만 필요한 유일한 특성이다. 플랫폼이 가치 제안을 위해 경제 활동을 촉진해야 하는 경우 양도가능성이 필요하며, 이는 상당수의 인터랙티브 비즈니스 모델에서 사실이기도 하다. 다만 일단 양도가능성이 허용되면 플랫폼 정책이 이를 회피하는 것을 목표로 삼는다 하더라도 이용자가 바이인과 현금 인출을 자유자재로 할 수 있는 뒷문을 열어주는 셈이다.

제한된 화폐가 정말 화폐일까?

대부분의 플랫폼 기반 디지털 화폐는 최소한 한두 가지 속성이 제한되어 있다. 페이스북 크레딧과 아마존 코인 같은 종류들은 심지어 화폐의 가장 중요한 속성으로 꼽히는 양도성에 있어서도 제한된 화폐들이다. 혹자는 여기서 제한된 화폐가 여전히 돈인지 정당하게 물어볼 수 있을 것이다.

이전 챕터에서 우리는 돈의 경제적 정의와 그 한계에 대해 논의했다. 화폐는 세 가지 수단으로 정의된다.

①회계의 단위 ②가치의 저장 ③ 교환의 수단

그렇다면 페이스북 크레딧이나 아마존 코인, 혹은 WoW 골드는 화폐일까? 일부 학자들은 그렇지 않다고 주장한다. 아마도 그들은 법정화폐에 고정되어 있는 회계의 단위를 보유하고 있겠지만, 법정화폐조차 가치의 저장소로서 열악하며 거래에서 널리 받아들여지는 교환의 수단으로도 거의 사용할 수 없다.

하지만 WoW 골드는 분명히 화폐다. 그건 월드오브워크래프트라는 영역의 통화다. 월드오브워크래프트에서는 도리어 미화를 사용할 수 없다. 이처럼 월드오브워크래프트에서는 달러가 화폐 취급을 받지 못한다. 페이스북 크레딧과 아마존 코인의 문제는 더 복잡하다. 그들의 송금, 즉 교환의 수단으로서 수행하는 역할은 제한적이다. 페이스북 크레딧은 페이스북 내에만 결제할 수 있다. 하지만 크레딧으로만 구매가 가능했기 때문에 크레딧은 이 특정 거래를 위한 화폐, 즉 교환의 수단이 될 수 있었다. 화폐는 거래와 무역을 촉진해야 한다. 화폐는 더 광범위하거나 더 구체적인 응용 프로그램을 가질 수 있다. 하지만 미 달러와 스웨덴 크로나도 마찬가지다. 화폐는 특정 지역에서 혹은 특정 종류의 무역을 위해서만 거래를 촉진할 수 있다. 거래가 제한적일수록 통화는 더 제한된다. 사실 특히 디지털 화폐로 활짝 열어놓은 설계상의 다양한 가능성들을 가지고 우리는 반半제한적 화폐와 제한적 화폐라는 모든 스펙트럼을 가지고 있다고 말할 수 있다.

3장

비트코인과 암호화폐의 등장

지금까지 이 책에서 우리는 디지털 플랫폼이 발행한 디지털 화폐들을 일별해 보았다. 이러한 혁신은 '디지털 화폐'라는 타이틀을 받을 만하며 디지털 통화 경제학에 대한 설명을 시작하는 데 좋은 대상이 된다. 하지만 대부분의 사람들은 '디지털 화폐'라는 말을 들으면, 대번 '암호화폐'와 '비트코인'을 떠올릴 것이다. 이런 반응은 사실 놀라운 일이 아니다. 왜냐하면 지난 몇 년간 이러한 용어들이 대중매체와 기술적 논의, 심지어 정책토론과 입법 과정에서도 자주 등장했기 때문이다. 우리는 이제 이 두 번째 유형의 디지털 화폐로 주제를 이동하여 플랫폼이 발행한 디지털 화폐와의 주요 차이점을 설명하고, 그러한 차이가 암호화폐 경제학과 잠재적인 폭넓은 채택에 어떤 영향을 미치는지에 대해 논의하고자 한다.

하지만 우리가 논의를 시작하기 전에, 현재 진행 중인 비트코인에 대한 소동을 촉발시킨 언론에 대해 논의하지 않는다면 연구자로서 직무유기가 될 것이다. 비트코인은 2008년 나카모토 사토시Nakamoto Satoshi라는 가명 뒤에 숨은 어떤 인물이 개발한 탈중앙화 디지털 화폐다. 나카모토는 전자상거래가 안고 있는 경제적 문제, 특히 소액 거래와 관련된 인터넷 거래의 갈등과 높은 거래 비용을 해결하기 위해 비트코인을 제안했다. 실제로 나카모토가 쓴 논문의 핵심적인 혁신은 암호학과 컴퓨터 공학이지만, 그 논문을 읽었던 이들은 이 책의 이전 챕터에서 논의한 종류의 경제학과 화폐 이론에 얼마나 많은 지면을 할애하고 있는지에 대해 언급하곤

한다.

초기 몇 년 동안 비트코인은 암호학 애호가들로 이루어진 비교적 협소한 커뮤니티에만 알려져 있었다. 이 화폐가 주류 매체에 처음 등장한 것은 2011년 6월 위키리크스WikiLeaks 사건 때였다. 위키리크스는 정보, 특히 기밀로 분류된 자료로부터 뉴스 유출 및 비밀 정보를 공개하는 웹사이트다. 2010년, 위키리크스는 아프가니스탄 전쟁과 관련된 여러 기밀문서를 공개하여 주류 언론의 주목을 받았으며, 이 때문에 미국 정부와 갈등을 빚었다. 2010년 12월, 뱅크오브아메리카와 페이팔, 비자와 같은 다수의 은행과 결제서비스 제공업체는 위키리크스에 자사 서비스를 제공하기를 거부하여 웹사이트가 후원자들로부터 기부금을 받는 것이 (아예 불가능하지 않더라도)매우 어렵게 되었다. 이에 위키리크스 설립자인 줄리언 어산지Julian Assange는 2011년 6월 비트코인으로 기부금을 받기 시작했는데, 이는 화폐로서의 유연성, 익명성, 종래의 금융 제공자로부터의 독립성에 방점을 찍은 결정이었다.

비트코인은 흥미로운 투기적 투자 기회로 부상하면서 2013년 후반 다시 한 번 이전보다 훨씬 화려하게 헤드라인을 장식했다. 2013년 초반, 15달러 미만에서 2013년 11월 말이 되면서 1,200달러 이상까지 치솟았다. 동시에 비트코인은 전자상거래에서 발판을 마련하고 있었다. 예를 들어, 중국의 검색엔진인 바이두는 2013년 10월 웹사이트의 보안과 성능을 향상시키기 위한 상업 서비스인 지아술Jiasule에 비트코인을 받기로 결정했다.

반면 비트코인이 언론에 등장하게 된 또 다른 이유는 비트코인이 갖는 악명 높은 문제들 때문이었다. 비트코인은 여러 사건과 스캔들의 중심에 있었다. 그 중 가장 큰 사건은 미연방수사국FBI이 감행한 실크로드 단속이었다. 실크로드Silk Road는 마약과 같은 불법 물질과 서비스를 원하는 구매자와 이를 제공하는 판매자를 매칭시켜주는 웹사이트였다. FBI는 사이트가 운영되던 2년 반 동안 실크로드에서 거래로 벌어들인 수익을 대략 12억 달러로 추산했다. 비트코인은 이러한 불법 거래의 당사자들이 선택한 화폐였고, 인지된 익명성과 법망을 벗어난 운영으로 사람들을 끌어들였다. 2013년 10월 2일, 미 사법 당국은 실크로드를 폐쇄하고 운영자 로스 윌리엄 울브리히트Ross William Ulbricht를 체포했다. 그는 2015년 사이트를 운영한 죄로 종신형 선고를 받았다. 그 과정에서 FBI는 당시 약 350만 달러의 가치가 있던 비트코인 약 26,000개를 압수했다.

이 일련의 사건들로 인해 필연적으로 감독 당국과 정책 입안자들은 비트코인에 대한 관심을 갖기 시작했다. 미국에서는 2013년 11월 18일부터 양일에 걸쳐 비트코인에 대한 상원 청문회가 열렸다. 디지털 화폐는 전반적으로 긍정적인 인상을 주었고, 정책 입안자들이 디지털 화폐가 갖는 잠재적인 위험성을 강조했음에도 불구하고 즉각적인 규제는 권고되지 않았다. 반면 일부 다른 나라에서는 반응이 더 가혹했다. 우리가 앞 장에서 설명한 큐코인 에피소드를 여전히 기억하고 있던 중국 중앙은행은 금융기관이 암호화폐를 취급하는 것을 금지했다. 결과적으로 바이두 웹사이트는 그해 12월 비트코인을 받는 정책을 일괄 중단했다. 이와 유사하게 베트남 금융 당국은 그 나라에서 비트코인을 완전히 불법으로 만들었다.

이런저런 이야기들이 오가는 가운데 비트코인은 주류 언론의 도마 위에 올랐다. 디테일이 부족했음에도 일반 대중은 이 비트코인, 즉 중앙은행이 없는 신흥 디지털 화폐가 국경을 부정하고 가치와 인기 면에서 상종가를 얻고 있다는 이야기를 무용담처럼 들었다. 2015년, 비트코인은 즉각적이고 익명의 자유로운 거래가 가능한 방법으로 선전되었다. P2P 거래, 해외 송금 등에 사용되는 기존 화폐에 대한 더 빠르고 저렴한 대안으로 인식되기 시작했다. 우리가 보게 될 것처럼, 적어도 그러한 선전의 일부는 그릇된 것이었다. 비트코인으로 결제하는 것이 완전히 익명도 아니며, 무료나 즉각적인 경우도 거의 없는 것으로 판명되었다. 비트코인이 가져올 것으로 기대되었던 혁명은 일어나지 않았다. 새로운 형태의 화폐가 옛 화폐를 대체하지도 않았다.

그럼에도 불구하고 비트코인은 강인한 회복력을 보여주었다. 2013년과 매우 유사한 주제, 즉 불법 활동과 가격 변동성 및 규제 당국의 관심으로 인해 지속적으로 매체에 등장하게 되었다. FBI가 실크로드를 폐쇄한 이후, 비트코인을 기본 결제 메커니즘으로 하는 불법거래 다크넷 장터가 우후죽순으로 생겨났다. 게다가 랜섬웨어의 공격은 도처에서 볼 수 있게 되었고, 기업과 가정 모두 자신들의 파일에 대한 접근 권한을 다시 찾기 위해 비트코인으로 대가를 지불해야 했다.

2013년 말, 1,200달러라는 가격이 다소 믿기 어려울 정도로 보였지만, 2017년 말이 되면 거의 2만 달러에 육박하며 이전 기록을 깨끗하게 갈아치웠다. 그러나 2021년 다시 6만 달러 이상 오르며 이전 가격이 한 없이 왜소하게 느껴지게 만들었다. 이러한 급등세 사이에는 비트코인 가격이 급격히 하락하는 양상을 연달아 보였다.

일예로 비트코인은 2021년 초 불과 4개월 만에 거의 두 배 가까이 가격이 올랐다가 이후 절반이 빠졌다. 단기적으로도 상당한 가격 변동성이 존재한다. 암호화폐가 같은 날 안에서도 10%의 가격 변동을 겪는 건 흔한 일이다. 이러한 변동성은 비트코인이 일론 머스크와 같은 유명인사들의 입장과 공개적인 메시지에 의해 다시 유행어가 되었기 때문이기도 하지만, 규제 당국이 비트코인에 대해 새로이 관심을 가졌기 때문이기도 하다. 예를 들어, 2021년은 엘살바도르가 비트코인에 법정화폐의 지위를 부여하고 중국이 비트코인 채굴을 단속한 해로 기록되었다.

오늘날 비트코인은 비록 2013년과는 사뭇 다르지만 여전히 열광을 불러일으킨다. 비트코인이 거래를 싸고, 빠르고, 익명으로 만들 거라는 기대는 더 이상 하지 않는다. 오늘날 사람들은 비트코인이 새로운 형태의 투자자산이 될 것으로 예상한다. 비트코인의 프로토콜과 기술력이 일정하게 유지되고 있음에도 비트코인에 꽂힌 희망은 바뀌었다. 이유는 많은 사람들이 암호화폐의 작동 방식을 이해하지 못하더라도 암호화폐가 지닌 참신함이 사람들의 관심을 사로잡고 열광을 불러일으킬 수 있기 때문이다.

이런 모든 오해에도 불구하고, 비트코인은 컴퓨터 과학에서 일어난 독창적인 발전이다. 화폐로서의 잠재적 사용을 넘어 허가가 필요 없는 분산형 네트워크에서 이중지불의 문제를 해결한다는 점이 비트코인이 하는 주된 기여라고 할 수 있다.

이중지불 문제

그 중에서 이중지불 문제는 주된 걸림돌이었다. 이는 오랫동안 탈중앙화된 디지털 화폐의 발전에 있어 극복할 수 없는 장애로 인식되어 왔다. 문제의 본질을 설명하기 위해 우리는 간단한 사고 실험으로 이야기를 시작할까 한다.

당신이 돈을 완벽하게 복사할 수 있는 기술을 가지고 있다고 가정해보자. 예를 들어, 당신은 빠르고 쉽게 지폐를 복제할 수 있는 기발한 복사기 한 대를 가지고 있다. 앞서 1장에서 우리는 전통적인 화폐를 위조하는 것에 대해 언급했다. 반면 여기서는 원본과 완전히 구별할 수 없는 복사본을 제작하는 것에 대해 이야기하고 있다.

만약 당신이 이러한 기술에 접근할 수 있는 유일한 사람이라면 잠시 동안 이 기술을 즐길 수 있을 것이다. 물론 이 기술을 사용하는 건 불법이다. 그래서 이 논의는 사고 실험에 국한되어 있다는 걸 밝힌다. 대신에 이 복제 기술이 널리 퍼진다면, 아무도 돈을 벌기 위해 일하려고 하지 않을 게 뻔하다. 당신이 필요한 돈을 간단히 복사할 수 있다면 왜 쓸데없이 일을 하겠는가? 당신이 복제를 시작할 수 있는 돈의 단위를 하나만 가지고 있다면, 당신은 그것을 두 번 쓸 수도 있고, 심지어 세 번, 나아가 수십 번 쓸 수도 있을 것이다. 그것을 베껴서 당신이 원하는 만큼 원본을 복제하는 것으로 충분할 테니까 말이다. 하지만 동시에 누구도 다른 사람에게 물건을 팔려고 하지 않을 것이다. 내가 보상으로 받는 것이 애초에 내가 스스로 복제할 수 있는 것이라면 왜 쓸데없이 재화나 서비스를 상대에게 내주겠는가?

다시 말해, 화폐가 복제하기 더 어려운 다른 통화로 바뀌지 않는 한, 화폐는 즉시 시장에서 돈으로써의 기능을 중단하고 경제도 서서히 멈추게 될 것이다. 이 간단한 예시는 손쉽게 복사할 수 있는 것이 실지로 많은 돈을 벌어다 주지 못한다는 사실을 보여준다.

이 모든 것이 우리를 디지털 화폐로 이끌어다 놓는다. 디지털 화폐는 본질적으로 0과 1의 연속이며, 자기띠나 칩에 인코딩되거나 클라우드 어딘가에 저장되어 있다. 그게 어디에 있든 상관없이 데이터는 즉시 복사가 가능하다. 원본에 아무런 손상도 주지 않고 원하는 만큼 정확하게 복제할 수 있다. 만약 돈이 단순히 전자적 임펄스electronic impulse라면, 우리는 위의 사고 실험에 위태로울 만큼 근접했을 것이다.

아마도 가장 쉬운 해결책은 아마도 일련번호로 디지털 화폐의 각 단위를 나열한 계정인 장부를 보관하고 주어진 시간에 누가 그 단위를 소유하고 있는지 추적하는 것이다. 거래 후, 장부는 구매자에서 판매자로 화폐 단위의 소유권을 바꾸어주므로 업데이트될 것이다.

그런 장부를 보관하는 것은 좋은 생각이지만, 그렇다고 우리가 그 문제를 완전히 해결한 건 아니다. 결국 디지털 세계에서 장부는 한 조각의 데이터일 뿐이고 누구라도 예전처럼 쉽게 복사할 수 있기 때문이다. 예를 들어, 부정직한 구매자는 거래 전에 장부를 몰래 복사해 놓을지도 모른다. 어떤 거래에서든 장부는 갱신되지만, 부정직한 구매자는 그가 방금 사용한 통화 단위의 소유자로 자신이 기재되어 있는 이전 버전의 장부로 되돌아가려고 할 것이다. 그렇게 되면 그 부정직한 구매자는 자신이 가진 동전의 두 배, 즉 이중지불을 할 수 있게 된다. 그래서 우리는 단지 디지털 화폐를 복사하는 문제를 장부의 무결성을 유지하는 문제로 대체한 것처럼 보인다.

여기서 장부를 맡아줄 신뢰할 수 있는 제3자를 지정할 수 있다면 상황은 달라질 것이다. 그러면 신뢰할 수 있는 당사자가 장부를 변경할 수 있는 유일한 당사자가 되고, 모든 거래를 성실하고 진실하게 기록한다는 의미에서 디지털 화폐가 중앙집중화될 것이다. 모든 거래는 신뢰를 받는 그 당사자에게 보고되어야 하며 판매자는 잠재적 구매자가 거래를 완결하기에 충분한 자금을 보유하고 있는지 확인하기 위해 그와 상의해야 할 것이다.

그렇게 중앙집중화된 방식으로 관리되는 디지털 화폐는 실제로 현실에서 작동이 가능하다. 일반 은행들이 예금계좌나 신용카드 계좌를 보관할 때 하는 일이기 때문이다. 앞 장에서 논의한 플랫폼 기반 화폐 역시 모두 이런 방식으로 조직되어 있다. 우리가 아마존 코인을 말하든 페이스북 크레딧을 말하든, 모든 계정을 추적하고 거래가 발생할 때마다 일일이 기록을 갱신할 준비가 되어 있는 기관이 배경에 항상 존재하고 있다. 이 기관은 모든 사람의 자산과 일어나는 모든 거래에 대한 정보를 가지고 있다. 이는 현금 거래의 익명성과는 전혀 다르다.

중개자 없이, 즉 거래를 추적할 중앙집중화된 당사자 없이도 돈으로 기능할 수 있는 분산형 디지털 화폐의 설계가 과연 가능할까? 처음에 컴퓨터 과학자들 사이에서는 이것이 어렵거나 거의 불가능할 것이라는 의견이 지배적이었다. 사실, 이 캐시 문제는 1980년대 초부터 컴퓨터 과학에서 오랜 난제였다. 이 난제의 해법은 2008년 나카모토 사토시가 발표한 <비트코인: P2P 전자 캐시 시스템>이라는 논문에서 마침내 제시되었다.

나카모토의 논문의 영향은 엄청났다. 그(그인지 그녀인지 그들인지 사토시라는 가명 뒤에 있는 존재를 우리는 아직 모른다)가 제안한 비트코인 프로토콜로 알려진 해법은 분산형 디지털 화폐 문제에 대한 첫 번째 해결책이었다. 좀 더 정확히 말하면, 비트코인은 위에서 논의한 이중지불 문제에 대한 완전한 기능을 갖춘 최초의 분산형 솔루션이었다. 이처럼 비트코인은 암호학 및 컴퓨터 과학 전반에 중요한 기여를 했다. 게다가 이 장의 뒷부분에서 보겠지만, 이로부터 수백 개의 그와 같은 암호화폐들이 제안되었다. 그들은 여러 가지 측면에서 다르지만, 그들 중 다수는 비트코인과 같은 동일한 일반적인 기술에 기반하고 있다. 시스템의 건전성이 알고리즘과 암호학적 도구에만 의존한다는 생각을 반영해 비트코인을 포함한 이러한 모든 화폐들을 흔히 암호화폐라고 부른다.

비트코인 설계의 간략한 개관

우리는 비트코인이 어떻게 작동하는지에 대한 우리의 논의를 기술적 복잡성과 비트코인이 가져온 컴퓨터 과학의 혁신을 제외한 높은 수준의 개략적 조망으로 제한할 것이다. 우리의 의도는 비트코인의 내부 작동에 대해 자세히 설명하는 것이 아니라 오히려 메커니즘, 특히 인센티브와 관련하여 그 메커니즘을 설명하는 것이다. 시스템에 영향을 미치는 경제력을 더 잘 평가하는 데 기여하는 부분에 한해서 기술적인 설명을 시도할 것이다.

비트코인이 가져온 가장 중요한 혁신은 누구나 거래 장부 유지에 참여할 수 있는 디지털 화폐 시스템을 만든 것으로, 이 장부는 이중지불과 같은 악의적인 변조에 저항력을 갖는다. 이 때문에 시스템은 신뢰할 수 있는 당사자가 보호해주지 않아도 신뢰할 수 있는 디지털 통화를 허용한 첫 번째 사례다. 즉, 그 어떤 신뢰하는 당사자도 장부를 유지하지 않으며 어떤 당사자도 시스템에 참여할 권한을 부여할 필요가 없다. 이런 의미에서 비트코인은 최초의 허가 없는 탈중앙화 디지털 통화 시스템이다. 이러한 시스템은 암호학 도구와 경제적 인센티브의 결합으로 달성된다.

일반적인 관례에 따라 우리는 개념과 시스템을 대문자 B를 써서 '비트코인Bitcoin'이라고 부르겠다. 소문자로 쓴 비트코인은 화폐 단위를 뜻하는 것으로 남겨둔다. 비트코인과 관련된 모든 거래는 투명한 장부에 기록되기 때문에 누구나 언제든 기록을 추적해 해당 비트코인이나 그 일부가 이중으로 지불되고 있지 않음을 확인할 수 있다. 이러한 투명성에도 불구하고 거래 당사자는 이름이 아닌 거래에서 사용된 주소로 식별되기 때문에 장부는 프라이버시를 어느 정도 보존한다. 여기서 주소는 26~35자의 영어와 숫자의 문자열로 표현된 일정한 수다. 숫자가 크기 때문에 더 작은 공간에 숫자를 표시하기 위해 문자를 사용하는 16진법 체계로 종종 표현된다.(16진법은 숫자 표기법에 16을 사용하며, 10을 사용하는 십진법과 비슷하다. 즉, 각 자릿수는 0과 15 사이의 숫자로 나타낼 수 있다. 일반적으로 받아들여지는 10, 11, …, 15의 자릿수가 없기 때문에, 16진법에서는 이를 위해 이를테면 a, b, …, f를 사용할 수 있다.) 이용자가 새로운 주소를 얼마나 많이 얻을 수 있는지에 대한 제한은 없다. 따라서 모든 수신 거래에 대해 다른 주소를 사용할 수 있다.

주소는 공개키 암호화라는 표준 컴퓨터 과학적 개념에 의존한다. 공개키 암호화는 일반적으로 이메일 또는 로그인 암호와 같은 많은 인터넷 시스템에 적용된다. 키는 공용키와 개인키가 맞춰져 짝으로 생성된다. 비트코인 주소는 공개키에서 파생되며 자유롭게 공유되도록 설계되어 있다. 개인이 비트코인으로 지불하고 싶을 때, 발신자의 서명이 포함된 거래를 네트워크에 전송, 즉 브로드캐스팅broadcasting한다. 서명은 거래에 포함된 정보와 나란히 붙은 발신자의 개인키를 기반으로 한다. 이는 발신자의 주소와 수학적으로 관련이 있기 때문에, 발신자가 이 주소로 받은 비트코인을 사용할 권리가 있음을 증명하는 것이다. 공개키 프로토콜이 설계된 방식은 누구든지 개인키를 알 필요 없이 발신자의 공개키또는 주소와 연동된 개인키를 사용하여 거래가 서명되었는지 확인할 수 있게 허용한다. 유효한 서명을 작성하기 위해서는 공공거래 정보를 제외하고 발신자의 개인키만 필요하므로 비트코인 소유자는 자신의 개인키를 비밀에 부치는 게 좋다. 그렇지 않을 경우, 개인키를 아는 사람은 누구나 이 키가 제어하는 주소의 비트코인을 임의대로 사용할 수 있다. 게다가 다른 사람이 당신의 비트코인을 사용한다면, 즉 당신이 개인키를 잃어버린다면,

그 주소에 대한 통제권을 되찾을 가능성이 거의 없다.

거래에 서명하는 것의 중요성은 실제로 우리가 큐코인이나 아마존 코인으로 결제할 때나 은행계좌로 결제할 때 중앙집중식 네트워크에서 일어나는 일과 유사하다. 물론 거기서도 당신은 주어진 코인을 사용할 권리가 있다는 것을 증명해야 한다. 플랫폼 기반의 화폐나 은행 업무를 할 때, 우리는 계정에 있는 모든 디지털 화폐 자산을 추적하는 플랫폼에 로그인하여 우리 자신의 신분을 확인시킨다. 당신이 누군가와 거래할 때, 플랫폼은 그 자금이 계좌에서 실제로 사용 가능한지 확인하고, 당신의 계좌와 당신이 거래하고 있는 계좌의 잔액을 서로 맞춘다. 거래가 끝나면 자금이 송금됐다는 확인서도 발급한다.

비트코인의 핵심 혁신은 이처럼 신뢰할 수 있는 제3자가 더 이상 필요하지 않다는 점이다. 서명된 거래는 채굴자들로 구성된 비트코인 네트워크 전체로 브로드캐스팅된다. 누구나 간단한 소프트웨어를 다운받음으로써 채굴자가 될 수 있다. 이것이 '허가가 필요 없는' 시스템의 핵심에 놓인다. 각 채굴자, 실제로는 채굴자의 소프트웨어는 장부에 추가할 필요가 있는 블록에 들어왔다고 들은 새로운 거래를 수집한다. 기존 장부와 대조해 비트코인이 이전에 수령한그리고 제대로 서명된 사람이 보낸 것인지, 이전에 사용한 적이 없는지 등을 확인해 거래내역을 확인한다. 이 검증은 계산적으로 쉽다. 하지만 우리는 여기서 멈출 수 없었다.

각 채굴자가 독립적으로 블록을 생성하면 서로 다른 채굴자는 여기에 서로 다른 거래를 포함할 수 있으며, 이는 서로 다른 장부를 낳는다. '장부'에 대한 모든 이야기에도 불구하고, 하나의 권위 있는 장부를 보관할 신뢰할 수 있는 제3자가 없기 때문에, 우리는 대신 많은 채굴자들이 서로 주고받는 메시지를 바탕으로 업데이트된 그들 자신의 로컬 장부를 가지고 있어야 한다. 모든 채굴자가 동시에 동일한 메시지를 받는 건 아니다. 이 시스템의 매력은 프로토콜을 통해 채굴자들이 결국 정확히 동일한 장부를 갖는다는, 즉 합의를 이룬다는 점이다. 기존 장부에 동일한 거래 블록을 추가하는 것에 대해 조정하고 합의에 도달하려면 네트워크는 모든 채굴자가 일관되게 추가할 하나의 채굴자가 만든 블록을 골라낼 필요가 있다. 일반적으로 받아들여지는 장부의 일부가 될 블록을 고르기 위해, 채굴자들은 작업증명이라고 불리는 일종의 추첨을 한다.

추첨lottery은 일방함수인 해싱 함수를 기반으로 한다. 주어진 입력값으로 출력값을 계산하기는 쉽지만, 출력값만 알거나, 심지어 입력값의 일부를 알아서는 전체 입력값을 역설계할 수 없다. 해싱 함수의 출력값은 입력값의 크기에 관계없이 고정된 길이의 문자열로 표현된 숫자다. 문자는 16진법과 같이 숫자가 쓰인 경우라면 그 숫자를 나타내는 표현으로 사용된다. 암호학적 해싱 함수의 주요 특징은 출력값이 입력값 변경에 매우 민감하다는 것이다. 예를 들어, 'hello'라는 단어의 해시는 다음과 같다.

2cf24dba5fb0a30e26e83b2ac5b9e29e1b161e5c1fa7425e73043362938b9824

그러나 대신에 우리가 O를 대문자로 바꾸어 'hellO'라고 쓴다면 다음과 같은 전혀 다른 해시를 얻게 된다.

04a6f55face2f46be8c23f627d539827615851e10751b63ec59db6d2c706b770.

(물론 이와 다른 해싱 알고리즘이 존재한다. 여기서 우리가 사용한 알고리즘은 비트코인에서 쓰인 것과 같은 'SHA-256'이다.)

거래를 제외하고 모든 블록은 이전 블록의 해시와 채굴자가 설정한 논스를 포함한다. 작업증명에서 채굴자는 제안된 블록의 해시가 타깃이라고 불리는 특정 수 이하가 되도록 논스를 찾아야 한다. 타깃 번호는 형식에 있어 해시 출력과 같은 구조를 띠지만 숫자가 작으므로 0으로 시작한다. 해싱은 단방향 함수기 때문에 타깃 이하의 해시를 생성하는 논스를 찾는 유일한 방법은 부단한 시행착오밖에 없다. 타깃이 낮을수록, 즉 더 많은 0으로 시작할수록, 유효한 논스를 찾는 것이 더 어려워진다. 따라서 타깃을 낮춘다는 것은 채굴의 난이도가 높아진다는 것을 의미한다. 비트코인 소프트웨어의 알고리즘은 평균 10분마다 시스템에서 유효한 논스가 발견되도록 매 2주마다 난이도를 자동으로 조정한다. 이러한 조정은 컴퓨팅 속도의 기술적 진보뿐만 아니라 다양한 채굴자 수와 컴퓨팅 파워의 총량을 고려하는데 필요한 것이다.

일단 채굴자가 자신의 블록에 대한 논스를 찾으면 해당 블록을 네트워크로 브로드캐스팅한다. 다른 모든 채굴자들은 브로드캐스팅을 수신하고 브로드캐스팅된 블록의 유효성을 확인하자마자 이를 자신들의 장부에 추가한다. 그러면 이 새로운 블록의 해시는 '이전 블록의 해시'가 되는데, 이제 채굴자가 이 새로운 '이전 해시'를 사용해야 하기 때문에 그들이 이전에 했던 모든 작업은 아무런 상관이 없게 된다. 그래서 채굴자가 작업하던 블록도 새로 브로드캐스팅된 블록에 포함된 그 어떤 거래를 담고 있지 않게 된다.

하나의 해시를 계산하는 것은 계산적으로 사소하지만, 유효한 논스를 찾는 일은 수천 개의 해시를 계산해야 하는 부담이 있을 수 있다. 그것은 계산 자원을 많이 소모하게 된다. 채굴자들은 성공한 채굴자에 의해 수집된 보상을 채굴함으로써 이 값비싼 과정에 참여하도록 장려된다. 채굴 보상은 블록 보상 또는 코인베이스라고 불리는 새로운 비트코인과 거래 수수료로 구성된다. 이것이 새로운 비트코인이 만들어지는 유일한 방법이다. 따라서 채굴 활동은 트랜잭션을 처리하고 기록하는 작업뿐만 아니라 시스템에 새로운 비트코인을 공급하는 작업으로도 이루어져있다.

각 블록으로 생성되는 새로운 비트코인의 기간은 비트코인 프로토콜에 의해 정해진다. 처음에는 블록 당 50비트코인으로 설정되었으며 매 21만 블록마다, 즉 대략 4년마다 반감된다. 블록 보상은 2013년 11월 28일 25비트코인으로 반토막이 난 이후 2016년 7월 9일 12.5비트코인으로, 최근에는 2020년 5월 11일 6.25비트코인으로 다시 반토막이 났다. 다음 반감기는 2024년에 일어날 것으로 예상한다. 결국 이 반감기는 블록 보상을 1사토시로 줄이고, 대략 2140년에 가면 (그때까지 만에 하나 비트코인이 여전히 존재한다면)코인베이스는 사라질 것이다. 사토시는 비트코인 시스템에서 가장 작은 단위, 즉 1비트코인의 1억분의 1에 해당하는 0.00000001비트코인이다. 그때쯤이면, 모든 비트코인의 총량은 2,100만 개보다 약간 낮아질 것이다. 이러한 설계 결정은 비트코인의 희소성을 보장하려는 의도로 만들어졌지만, 우리가 나중에 보게 될 것처럼, 이런 속성은 비트코인 경제에 원치 않는 디플레이션 결과를 초래할 수 있다.

비트코인이 고정된 공급량에 도달하면, 참여할 동기를 제공하는 새로운 비트코인은 없을 것이다. 대신 채굴자들은 거래 수수료로만 보상으로 받게 된다. 수수료는 거래의 발신자가 자발적으로 추가한다. 수수료는 블록 보상과 함께 자신의 블록에 있는 이 특정 거래를 성공적으로 장부에 추가한 채굴자에 의해 징수된다.

거래의 송신자들은 수수료를 지불할 필요가 없지만, 그렇게 할 인센티브를 가지고 있다. 채굴자는 자신의 블록에 포함시키고 싶은 거래를 자유롭게 선택할 수 있기 때문에 수수료가 가장 높은 거래가 우선 선정 대상이 된다. 따라서 수수료를 추가한다면 그만큼 거래가 빨리 검증되고 블록체인에 추가될 가능성 역시 그만큼 높아진다. 수수료의 수준은 시간에 따라 다르다. 2017년까지는 수수료가 몇 센트 정도였고, 수수료 없이 많은 거래가 처리되기도 했다. 이와는 대조적으로 2021년 상반기 평균 수수료는 약 15달러에서 2021년 4월에는 60달러까지 올랐다.

거래 수수료는 처리할 거래 수요와 비트코인 블록의 고정 용량에 의해 결정된다. 블록 하나에 1MB를 초과할 수 없는데, 이는 최대 4,000건의 거래를 저장할 수 있는 용량이다. 하나의 블록이 평균 10분 간격으로 처리되기 때문에 용량보다 더 많은 거래를 처리하라는 요구가 몰리면서 이용자들은 제한된 블록 공간을 놓고 서로 경쟁에 내몰리게 된다.

장부에는 한 번에 한 블록만 추가되기 때문에, 모든 채굴자가 자신의 계산 자원을 사용한다 하더라도 오직 한 블록의 채굴자, 즉 채굴의 해시 추첨을 '따낸' 채굴자만이 블록 보상과 거래 수수료를 수집한다. 이런 설계는 채굴자들에게는 토너먼트 구조를 만든다. 그들은 서로 경쟁하며 그들이 경쟁으로 받는 보상은 전부 아니면 아무것도 아니다. 채굴자가 이 대회에서 우승할 확률은 비트코인 네트워크에서 차지하는 컴퓨팅 파워에 비례한다. 이러한 구조는 채굴자들이 더 많은 계산 능력에 자산을 투자하도록 동기부여하고, 동일한 시간 내에 경쟁자들보다 더 많은 해시를 계산할 수 있도록 부추긴다. 이는 더 많은 복권을 사는 것과 비슷하다.

그들이 기꺼이 얼마를 투자할지는 보상의 가치에 달려있고, 이는 결국 비트코인의 가격에 달려있다. 비트코인 가격이 오르면 블록 보상의 가치도 함께 상승하고, 채굴자들은 보상의 당첨 가능성을 높이기 위해 추가적인 연산력에 투자할 가치가 있다고 판단할 것이다. 아이러니하게도 모두가 비례적으로 투자하면 당첨 확률은 그대로다. 하지만 모두가 투자한다면 채굴자는 이길 확률이 떨어지지 않도록 과도한 투자를 해야만 한다. 따라서 비트코인의 높은 가격은 기존 사용자들에게 채굴력을 증가시키도록 동기를 부여하고, 이는 또한 새로운 채굴자들을 끌어들여 결국 채굴 비용을 증가시킬 것이다. 사실상, 채굴에 진입하는 데 문턱이 없기 때문에, 주변적인 채굴자들은 손익분기점에 도달하게 될 것이다. 즉, 채굴 비용이 예상되는 기회의 보상 액수와 동일하다는 것을 알게 될 것이다.

경제학자들은 이런 조건을 '제로 이윤 조건zero profit condition'이라고 부르며, 시장의 진입과 퇴출을 분석하는 경제학의 표준적 도구로 쓰인다. 이는 경제적 이익을 지칭하는데, 회계적 이익수익에서 비용을 뺀 값에서 기회비용을 뺀 값이다. 채굴자들의 채굴 기회비용은 채굴자가 채굴을 하지 않는다면 얻을 수 있는 수익에 지나지 않을 뿐이다. 따라서 채굴자들은 적어도 그들의 기회비용만큼, 즉 그들의 경제적 여건이 긍정적인 한, 그들의 회계이익이 높다면, 채굴 게임에 참여할 것이다.)

채굴자들은 동일한 조건에 있지 않다. 일부 채굴자들은 더 낮은 전기비, 냉각비 또는 장비 비용에 직면하여 긍정적인 이익을 얻을 수 있다. 따라서 채굴자들은 비용전기 또는 장비을 줄이거나 채굴의 효율성을 높일 수 있는 방법을 찾기 위해 궁리한다. 그렇게 하는 채굴자들은 그들의 경제적 이익이 증가할 것이다. 채굴 활동의 핵심인 경쟁적인 세력들은 채굴 능력을 확보하기 위해 끝없는 장비 경쟁을 유발한다.

초창기 비트코인은 CPU, 즉 일반 컴퓨터 상에서 채굴되었다. (나카모토 사토시는 2008년 백서에서 IP주소 하나 당 한 표가 아닌, CPU 하나 당 한 표 원칙을 분명히 하고자 했다. 나카모토는 하나의 CPU가 여러 개의 IP 주소를 독식해서 민주주의 이상의 힘을 가질 수 있을까 우려했다.) 그러나 오늘날에는 유효한 논스를 찾기 위한 투자가 중요한 기준이 되었다. 원칙적으로 일반 컴퓨터에서도 누구나 채굴을 시작할 수 있지만, 비트코인 네트워크에서 의미 있는 채굴자가 되기 위해서는 하드웨어에 대한 고정적인 투자가 필요해졌다. 특정한 작동이 경우에는 비트코인 해싱 함수에 초점을 맞춰 설계된 특정 용도 집적 회로, ASIC이라는 채굴기계와 엄청난 전기 소모량이 바로 그것이다. 특히 이 마지막 요소는 수익에 진심인 채굴자들이 심각한 환경적 문제의 위험을 안고 아이슬란드나 풍부한 수원지 근처와 같이 전기 및 기계 냉각 비용이 낮은 장소를 찾을 만큼 중요한 요소다. 예를 들어, 뉴욕 주의 핑거 호수Finger Lakes의 일부인 세네카 호수Seneca Lake 근처에 설치된 채굴 시설이 굴착시설을 냉각시키기 위해 사용되는 물로 현재 호수가 데워지고 있으며 주변 동식물 환경에 영향을 미치고 있어 우려의 대상이 되고 있다.

작업증명은 장부에 추가할 블록을 결정하기 위해 채굴자들 사이에서 추첨방식을 운영하는 고비용의 방법에 해당한다. 이 비용의 주요 역할은 장부의 불변성을 촉진하는 것이다. 모든 트랜잭션 블록에는 이전 블록의 해시가 포함된다. 이전 블록을 참조하면 블록을 연결한 체인으로 이어져 흔히 블록체인이라 부르는 비트코인 프로토콜이 만든 장부까지 볼 수 있다. (이러한 데이터 블록들의 연계는 수반되는 프로토콜이나 목적과 무관하게 모든 블록체인이 갖는 결정적인 특징이다. 따라서 어떤 블록체인이든 비트코인의 블록체인과 같은 속성을 가질 것이라고 기대하는 것은 오해의 소지가 있을 수 있다.) 이전 블록의 해시를 포함하면 누구나 블록체인에 변화가 있는지 확인할 수 있다. 해시 링크를 포함하는 이러한 설정은 원래 1990년대 초 하버와 스토르네타에 의해 타임스탬프 기능이 있는 디지털 문서의 맥락에서 제안되었다.

당신이 다시 원점으로 돌아가서, 트랜잭션을 변경하려고 한다고 가정해 보자. 비트코인의 수신자를 자신으로 교체하는 것 같은 변경 말이다. 이 경우, 이전 블록 중 하나에서 트랜잭션을 수정하거나 제거하면 해당 블록의 해시가 변경되어 다음 블록에 포함된 해시와 더 이상 일치하지 않게 된다. (각 블록은 또한 오로지 트랜잭션 수준에서 유사한 목적을 수행하는 일련의 해시들(머클트리 / Merkle Tree)을 포함한다.) 변경 사항을 적용하면 모든 후속 블록의 해시가 추가로 변경되어 타깃보다 높게 된다. 타깃이 많은 0으로 시작하므로, 따라서 유효한 블록의 해시는 적어도 같은 수의 0으로 시작해한다. 이렇게 되면 무언가 장부에 변화가 있다는 사실이 누구에게나 명백하게 된다. 이것이 비트코인 블록체인의 변조가 분명한 상황을 만들어낸다.

변조 증거를 덮으려면 공격자는 정확히 동일한 블록 해시를 생성하는 새로운 논스를 찾아야 한다. 비트코인에 사용되는 해싱 함수의 속성으로 볼 때, 이런 논스를 찾는 것보다 전 세계에서 특정 모래알 하나를 발견하는 것이 더 쉬울 것이다. 변조 증거를 덮을 수 있는 또 다른 방법은 모든 해시가 다르지만 타깃보다 낮도록 재실행하는 것이다. 해시를 다시 만드는 것은 채굴만큼이나 비용이 많이 든다. 따라서 채굴 비용이 높을수록 공격자가 변조 흔적을 덮는 데 더 많은 비용이 든다. 그리고 채굴 비용은 채굴 보상의 가치에 달려 있기 때문에, 비트코인 가격이 높을수록 블록체인은 그만큼 더 안전하다.

이제 공격자가 비용을 부담하고 장부와 해시에 이중지불이 기록되지 않고, 이 장부를 다른 채굴자에게 브로캐스팅한다는 점에서 내부적으로 일관된 대체 블록체인을 만드는 데 성공했다고 가정해보자. 모든 채굴자가 모든 로컬 장부가 동일하도록 보장하는 합의 메커니즘과 함께 자체 로컬 블록체인을 유지한다는 것을 기억해야 한다. 다른 채굴자들은 이제 졸지에 두 개의 다른 블록체인을 보게 된다. 우리는 이런 상황을 블록체인의 포크라고 부른다. 이 상황에서 나중에 받은 블록체인을 거부한다고 말하는 게 쉬울 것이다. 그리고 그것은 공격자가 작업증명 재실행에 성공하더라도 어떠한 변경도 방지할 수 있다.

오래된 블록체인을 고수하는 이러한 전략은 심각한 문제를 일으킬 수 있다. 네트워크의 둘 이상의 부분이 장부의 버전과 일치하지 않는 영구적인 분할을 일으킬 수 있기 때문이다. 채굴자들이 보유한 로컬 장부들이 서로 다르고 이렇게 다르다는 사실을 서로 알게 된다. 다시 말해, 합의가 깨질 것이고, 그렇게 다른 로컬 장부는 통화 장부로써의 역할을 수행할 수 없게 될 것이다. 기존 블록체인을 고수하는 것이 문제가 될 수 있는 이유는 모든 채굴자가 정직하게 프로토콜을 따르더라도 이처럼 비트코인 네트워크에서 포크가 우발적으로 발생할 수 있기 때문이다. 채굴 프로세스의 P2P 네트워크 구조와 확률적 특성 때문에 둘 이상의 채굴자가 거의 동시에 새로운 블록을 찾아 브로드캐스팅할 수 있다. 이런 일은 종종 일어난다. 이러한 경우, 각 채굴자는 수신한 첫 번째 블록을 합법적인 블록으로 간주하고 다른 블록을 거부할 것이다. 모든 채굴자들이 '동시' 블록을 같은 순서로 받지 않기 때문에 채굴자들은 각기 다른 버전의 블록체인을 갖게 될 게 뻔하다. 따라서 포크에 여러 개의 블록체인이 생성될 때마다 고유한 블록체인을 선택하여 합의를 회복하는 프로토콜이 필요하다.

합의는 다음의 규칙으로 달성된다. 채굴자가 내부적으로 경쟁적인 일관된 블록체인 버전들을 맞닥뜨렸을 경우, 가장 긴 버전, 즉 블록 수가 더 많은 버전에 초점을 맞추는 것이 좋다. 블록이 추가되는 속도가 일정하지 않기 때문에(10분은 그저 평균에 불과하다.), 조만간 버전 중 하나가 더 길어져 채굴자들에게 하나의 중심점이 될 것이다. 그렇게 될 때, 다른 버전들은 사라질 것이다. 채굴자들이 이런 최장 체인 규칙을 따라야 할 의무는 없지만, 다른 채굴자들도 그렇게 할 것으로 흔히 예상할 수 있기 때문에 대부분의 채굴자들이 이 규칙을 따르는 게 가장 이익이 된다.

작업증명과 최장 체인 규칙을 결합한 것이 나카모토의 핵심 공헌이다. 합의점을 도출하고 시간이 지남에 따라 블록체인의 일관성을 촉진하는 것이 바로 이 두 가지 특징의 결합이다. 공격자는 기존 블록에 대한 새로운 논스를 찾아야 할 뿐만 아니라 공격이 성공하기 위해서는 더 긴 블록체인을 만들어야 한다. 채굴이 어렵기는 다른 채굴자들처럼 공격자들에게도 마찬가지다. 이는 공격자가 자신의 버전의 블록체인을 혼자 작업하고 있는 상황에서 나머지 채굴자들보다 느린 속도로 새로운 블록을 추가한다는 것을 암시한다. 나카모토는 비트코인 백서에서 네트워크 내 컴퓨팅 파워가 높아짐에 따라 공격이 성공할 확률이 빠르게 0으로 수렴한다는 계산을 제시한다. 따라서 공격자가 전체 네트워크의 컴퓨팅 파워의 50% 이상을 가지고 있을 때만 공격이 성공할 수 있음을 보장한다. 이러한 계산 능력을 얻는 것은 매우 큰 비용이 들며, 그것이 비트코인 네트워크 설계가 노린 부분이었다.

표준 경제 분석에 따르면, 조직의 인센티브는 일반적으로 보상과 벌금의 형태를 취하며, 이는 일반적으로 참가자의 신원을 아는 것과 중앙의 치안 권한을 갖는 것에 결정적으로 의존한다. 이런 조건들이 없다면 공동선을 이루기 위해서는 일정 수준의 신뢰와 선의의 참여자들의 존재가 필요하다고 가정할 것이다. 그런 점에서 참가자채굴자가 서로를 알지 못하고 신뢰하지 않는다고 사실상 가정한 비트코인의 설계는 남다른 위업이다. 비트코인 설계의 핵심은 블록체인의 어떤 포크도 엄청난 비용이 드는 일탈로 만들어 결국 성공할 것 같지 않게 무효화하는 것이다. 이는 난이도 매개 변수를 통해 모든 채굴기를 함께 연결함으로써 달성된다. 이 매개 변수는 블록체인이 성장하는 속도평균 10분당 1블록에 영향을 미치지 않고 개별 포크의 속도에는 영향을 미친다. 이는 채굴자들이 최장 체인 규칙을 따르는 순간 더 느리게 성장할 수밖에 없다.

경제학자들에게 나카모토의 설계는 시장이 경제력을 통해 균형점에 도달하는 애덤 스미스의 보이지 않는 손이라는 해석을 연상시킨다. 경제 주체나 채굴자는 오로지 자신의 개인적 이익에 의해서만 시스템이 최적의 상태에 도달하도록 이끌 수 있다. 보이지 않는 손은 애덤 스미스의 시장 분석에서는 공급과 수요의 균형일 테고, 나카모토의 암호화폐에서는 검열에 저항적인 합의 매커니즘이 될 것이다.

최초가 아니다 : 비트코인 이전의 선조들

비트코인이 어떻게 작동하는지에 대한 우리의 설명은 본질적인 부분에 초점을 맞췄기 때문에 우리는 이 장의 뒷부분에서 경제력과 경쟁력에 초점을 맞출 수 있을 것이다. 그러나 이러한 간략한 서술에서조차 이중지불 문제를 해결하는 분산형 화폐 시스템을 구축하는 과제가 매우 어렵다는 것을 알 수 있다. 실제로 그 문제를 해결하기 위해 많은 시도가 있었다. 비트코인이 최초로 개발된 탈중앙화 디지털 화폐는 아니었다. 비록 비트코인이 일반 대중이 어느 정도 쉽게 받아들일 정도로 잘 작동하는 최초의 화폐였지만 말이다. 설계 과정에서 비트코인은 이전에 개발된 솔루션들을 많이 포함할 수밖에 없었다. 암호학 커뮤니티는 인터넷이 부상한 이후 오랫동안 탈중앙화 화폐 시스템 개발에 관심을 가져왔다.

비트코인과 유사한 첫 번째 기술은 1997년 애덤 벡Adam Beck에 의해 도입된 작업증명 기반의 시스템인 해시캐시였다. 벡이 해시캐시를 개발한 목적은 이메일을 보내기 전에 발신자의 컴퓨터가 컴퓨터 작업을 하도록 요구함으로써 스팸메일을 방지하는 것이었다. 이러한 작업은 개별 이메일에 비해 상대적으로 사소하기 때문에 해당 용도의 컴퓨터 성능에도 큰 영향을 미치지 않았다. 대신 그것은 수천 또는 수백만 개의 이메일을 보내는 것을 컴퓨팅 능력 면에서 엄청나게 비싸게 만들 것이다. 이는 결국 대량 스팸메일을 보내는 것을 비경제적인 행위로 만들었다. 해시캐시의 독창성은 이메일에 돈을 청구하지 않고 이 목표를 달성했다는 데에 있다. 우리가 본 것처럼 나카모토 사토시는 가짜 블록체인을 만드는 데 비용이 많이 들도록 이 요소를 비트코인에 접목시켰다.

1998년, 웨이다이Wei Dai는 익명의 P2P 거래를 허용하는 비머니라는 분산형 디지털 화폐를 고안했다. 거래는 네트워크 구성원에 의해 장부에 기록되었다. 각 네트워크 참가자는 장부 사본을 가지고 있어야 한다. 발생하지 않은 거래를 기록하는 것과 같은 부정행위에 맞서기 위해 시스템의 노드들은 공용 풀에 돈을 예치해야 했고, 이 돈은 부정행위에 대한 벌금과 부정행위를 증명해 낸 작업에 대한 보상으로 사용되었다. 하지만 이러한 벌금과 보상 체계는 의견 차이를 결정하고 해결할 중앙의 권한이 없이는 완전히 불가능하다고는 말할 수 없지만 시행하기 꽤 어려울 수 있다.

2005년, 닉 재보Nick Szabo는 작업증명과 비트코인 장부와 유사한 분산된 재산권 레지스트리property title registry를 활용한 비트골드를 제안했다. 비트코인 채굴과 유사한 시행착오를 통해 문제를 해결하는 작업이 비트골드를 만들기 위해 사용되었지만 얼마나 많은 비트골드가 생성될 수 있는지, 얼마나 빠르게 생성될 수 있는지에 대한 명확한 통제권이 없었다. 재보 자신도 강력한 컴퓨터가 '비트골드로 시장을 휩쓸어 버릴' 수 있고, 시장이 조정될 것이기 때문에 비트골드의 가치는 낮아질 것이라는 우려를 제기했다. (전통적인 화폐의 맥락에서, 이 비유는 스페인이 아메리카 대륙에서 금과 은을 채굴하여 유럽에 이를 유입시켜 공급량을 극적으로 늘려 금은의 가격을 떨어뜨린 것에 비견할 수 있다.)

비머니와 비트골드는 순전히 이론적인 아이디어에 불과했으며 실제로 구현된 적이 없어서 얼마나 잘 작동할지 알기 어려웠다. 그것들은 소규모 암호학 전문가 그룹 밖의 사람들로부터 충분한 관심을 끌지 못했다. 그러나 익명의 디지털 화폐 시스템을 만들기 위한 상업적인 노력도 있었다. 비트코인과 비슷한 이 시스템들은 독립적인 통화 단위로 구성되었고, 보다 큰 분할성의 여지를 두었으며, 보편적이고 영구적인 거래 장부를 포함했다. 그러나 그 시스템들은 중앙집중적이었다. 대표적인 예로는 디지캐시와 씨티은행의 전자화폐 시스템이라 불린 이캐시가 있다.

이중에 디지캐시는 1989년 데이비드 차움David Chaum이 설립한 기업이었는데, 정부와 은행에 익명의 전자현금 시스템 구축을 제안했다. 디지캐시 시스템은 비대칭적인 익명성을 가지고 있었다. 즉, 지급인은 익명으로 되어 있는 반면, 수취인은 '필요한 경우 명확하게 식별되어질' 수 있었다. 이 특징은 부패와 조직적 범죄를 끝내고자 하는 열망에서 비롯되었다. 이 시스템의 혁신은 정보를 무선으로 전송할 수 있다는 점이었고, 따라서 처음 사용하기로 되어 있던 통행료 지불에 매우 적합했다. 데이비드 차움은 이를 위해 네덜란드 정부와 계약을 맺기도 했다. 디지캐시 시스템이라는 아이디어는 통행료 납부를 넘어 다른 분야에서도 일부 관심을 끌었다. 도이체방크와 크레디트스위스와 같은 은행과 비자와 마이크로소프트로부터 관심을 받기도 했다. 그러나 결국 어떤 결실도 이루지 못했고, 1990년대 말 회사를 포함한 모든 것이 무너지고 말았다. 몇 년 동안, 미국 내 은행인 미주리 주 세인트루이스의 마크 트웨인 뱅크만이 디지캐시를 사용했는데, 이마저도 1997년에 서비스가 종결되었다.

분산형 디지털 화폐의 상업적 개발의 두 번째 사례는 씨티은행의 이캐시였다.

1990년대, 씨티은행은 내부 전자화폐 시스템을 개발하고 있었다. 이 화폐는 일정한 시간이 지난 뒤 유통기한이 만료되면 보유자가 은행에 연락해 이를 교환해야 하는 흥미로운 특징을 갖추고 있었다. 이 기능은 돈세탁을 방지하기 위한 것이었다. 1997년과 2001년에는 시험운영과 파일럿 프로그램을 돌려보기도 했지만, 2001년에 들어선 시티그룹의 새로운 경영진은 이 프로젝트를 중단시켰다.

비트코인은 이러한 초기 시스템들의 일부 요소들을 취합하여 새로운 형태로 결합해냈다. 그 새로운 시스템은 당시 일반적이고 예상된 요소들, 이를테면 컴퓨터를 가진 사람은 누구나 네트워크의 일부가 될 수 있는 P2P 성격의 요소나 개인키로 공개키 암호화를 사용하는 요소를 포함하고 있다. 비트코인의 참신함과 중요성은 ①블록체인의 아이디어, 즉 작업증명 때문에 위조 여부에 막대한 비용이 들 수밖에 없는 공개 장부 아이디어와 ②채굴의 아이디어, 즉 장부를 업데이트하도록 노드들에게 주는 금전적 인센티브 체계 아이디어를 한데 조합하는 것에서 나왔다. 이 두 가지 기능은 해커들과 싸우면서 시스템을 정직하게 유지하는 것을 가능하게 해준다.

비트코인 설계가 낳은 새로운 도전

신뢰할 수 있는 분산형 디지털 화폐를 유지한다는 목표를 달성한 최초의 시스템은 비트코인이다. 비트코인이 갖고 있는 모든 독창성에도 불구하고, 비트코인에도 결점은 존재한다. 증가하는 채굴 비용이 상당하며 지금도 가파르게 상승하고 있다는 것이 가장 큰 문제임은 분명하지만, 비트코인의 확장성이나 처리량 문제 등 그에 못지않게 중요한 다른 문제들이 산적해 있다.

비트코인의 설계에는 시간적 차원이 내포되어 있다. 블록체인이 너무 빠르게 성장하면 우발적인 포크 발생 건수가 불가피하게 증가하고, 그에 따라 공격을 수행할 수 있는 기회도 덩달아 증가한다. 마찬가지로 블록이 클수록 채굴자들이 서로 효율적인 커뮤니케이션을 통해 새로운 블록을 생성하기가 더 어려워진다. 이러한 이유로 나카모토는 블록의 최대 크기를 약 4,000개의 단순 비트코인 트랜잭션즉, 1개의 입력값과 1개의 출력값만 있는 거래에 해당하는 1MB로 설정했다. 블록 간 평균 10분이라는 지연 시간 때문에 이는 최대 초당 약 7건의 거래트랜잭션만 처리할 수 있다! 이는 초당 수만 건의 거래를 처리할 수 있다는 비자나 마스터카드에 비하면 초라하기 그지없다. (비자는 2020년에 대략 천81백8십억 건의 거래를 취급했으며, 이는 초당 거의 6,000건의 거래를 처리했다는 말이 된다.) 이밖에 일견 분명하지 않지만 매우 중요한 다른 문제들도 여전히 남아있다. 이를테면, 시스템을 허약하게 만들 수 있는 풀 마이닝과 초기에 무시되었던 다양한 유형의 공격이 상존한다는 사실, 그리고 개선을 어렵게 만드는 비트코인의 거버넌스 구조 문제 등이 그러하다.

| 채굴 장비 경쟁과 전기 소비 |

채굴 비용 중에서 가장 명백한 부분은 다름 아닌 전기 문제다. 게다가 채굴 비즈니스에서 경쟁력을 갖추기 위해서는 상당한 초기 투자가 필요하다. 더 이상 한 대의 컴퓨터나 여러 컴퓨터를 묶은 클러스터로 채굴하는 방식으로는 충분치 않다. 여기에는 논스값을 보다 빨리 찾기 위해 비트코인의 해싱 함수인 SHA-256을 최대한 효율적으로 운영하도록 설계된 전문 채굴장치가 필요하다.

우리는 채굴 비즈니스에서 무기 경쟁과 유사한 현상을 보게 된다. 경쟁에서 우위를 확보하기 위해 채굴자들이 새로운 하드웨어에 지속적으로 투자하고 그에 따라 경쟁자들도 같은 방식으로 투자를 아끼지 않는다. 처음에 비트코인은 일반 컴퓨터로 채굴되었다. 결국 초기 채굴자 중 한 명이 그래픽카드가 채굴에서 계산상의 이점이 있다는 사실을 되었다. 이로 인해 SHA-256을 구동하는 데 더 효율적이지만 다른 계산에는 별 쓸모가 없는 채굴장치를 설계하기에 이르렀다.

새롭고 더 강력한 기술을 향한 이러한 무자비한 경쟁은 비트코인 알고리즘이 갖는 토너먼트 구조 때문이다. 채굴 추첨의 당첨자가 보상금의 전액을 가져가기 때문에 채굴을 남들보다 조금 앞서게 약간만 개선해도 채굴자에게 큰 기대 보상금을 준다. 어느 시점에서든 투자를 증대하는 건 작고 가치 있어 보일 수 있지만, 다른 모든 사람들이 이에 대응하여 투자하고 따라잡으면 채굴 비즈니스 전체의 총투자는 채굴자들이 얻을 수 있는 가치를 훌쩍 넘어버릴 수 있다.

주목할 점은 비트코인 시스템의 독특한 특징이 이 속도를 더 가속화시킨다는 것이다. 네트워크에서 유효한 논스를 찾는 난이도는 블록체인이 10분마다 한 블록씩 추가되는 일정한 속도로 확장되도록 조정된다. 컴퓨팅 파워가 향상됨에 따라 허용되는 논스값을 찾는 데 걸리는 시간이 줄어든다. 10분 지연을 일정하게 유지하기 위해 채굴 속도를 늦추는 이 알고리즘은 채굴 난이도를 증가시켜 유효한 논스를 찾기 전에 평균적으로 더 많은 해싱 작업을 수행하도록 한다. 난이도의 증가가 가져오는 부작용은 높은 에너지 사용이다. 새로운 채굴 설비가 보다 효율적으로 작동하도록 설계되었지만, 더 많은 계산을 수행하는 건 일반적으로 더 많은 전기를 필요로 한다.

에너지 비용의 상승은 환경과 경제 전반에 외부성을 끼친다. 블록체인에 새로운 블록을 추가하는 것으로 이어진다는 점에서 설계상 경쟁에서 승리한 채굴자의 한 가지 연산만 중요하다. 승리한 채굴자와 모든 채굴자들의 입장에서 선택되지 않은 다른 모든 계산은 그냥 폐기되어진다. 즉 새로운 블록을 추가하면 '마지막 블록의 해시'가 바뀌어 지금까지 수행된 계산들은 다음 블록에서 아무런 쓸모가 없어진다는 것이다. 그런 점에서 폐기된 계산에 소비되는 에너지는 고스란히 시스템의 손실이 되고 만다. 다만 경쟁에서 패배한 채굴자들이 소비하는 에너지가 정확히 손실되는 것은 아니라는 점을 명심할 필요가 있는데, 이는 '손실된' 에너지 소비가 채굴 난이도와 직결돼 블록체인을 해킹하거나 변조하는 행위 자체를 어렵게 만들기 때문이다. 다른 말로 바꿔 말하면, 허무하게 여겨질 수 있는 계산이 비트코인 보안의 결정체인 셈이다.

비트코인의 에너지 소비와 그로 인한 환경 영향은 비트코인이 갖는 주요 결점 중 하나며 많은 이들이 우려하는 원인이기도 하다. 케임브리지대학의 대체금융센터CCAF에 따르면, 비트코인 네트워크는 2010년 4월에 시간당 거의 150테라와트를 소비했다. 이는 전력 소비량 기준 전 세계 24위인 폴란드의 국가 전체 전력량과 맞먹는 수치다. 이러한 평가는 유효한 논스를 찾는 데 필요한 컴퓨팅 파워와 평균적인 채굴 장비가 사용하는 전력 소비량을 추정하여 얻어진 것이다. 그러나 정확한 채굴 장비의 수와 개별적인 컴퓨팅 파워에 대해서는 사실 아무도 정확히 알지 못한다. CCAF는 소비 전력이 사실상 시간당 46테라와트에서 500테라와트, 즉 포르투갈52위과 한국9위 사이 어디쯤 될 수 있다고 설명하며 이러한 불확실성의 문제를 인정한다.

세계에서 쓰는 전기의 대부분은 화석 연료를 태우는 것으로 생산되기 때문에, 높은 수준의 전기 소비는 종종 높은 수준의 탄소발자국과 관련이 있다. 그러나 비트코인의 탄소발자국에 대한 추정치는 정확히 밝히기 어렵다. 그 이유는 전기 소비가 탄소 배출과 같지 않기 때문이다. CCAF는 2020년 9월 채굴자가 있는 곳에 대한 지리적 데이터를 사용하여 그들이 사용하는 전기의 약 39%가 재생에너지에서 나온다고 추정했다. 동시에 암호화폐 자산전문 유럽펀드인 코인셰어CoinShares는 이를 73%로 추정했다. 이러한 추정치는 비트코인 채굴의 상당 부분이 재생에너지를 사용하고 있으며 비트코인의 탄소발자국을 완화시킨다는 사실을 암시하지만, 이러한 추정치 간의 순전한 차이는 채굴 활동이 결코 사소한 문제가 아니라는 사실을 암시한다.

더욱이 비트코인이 에너지 문제에 끼치는 영향을 확인하는 일은 비트코인이 어디에서나 채굴될 수 있다는 사실로 인해 더욱 복잡해진다. 비트코인은 최종 사용자에게 가까이 있을 필요가 없기 때문이다. 따라서 채굴자들은 전기가 비싼 채굴공장을 폐쇄하고 전기가 무료는 아니더라도 매우 저렴한 다른 채굴공장을 가동함으로써 이 문제를 적응할 수 있다. 예를 들어, 중국의 쓰촨성과 윈난성에서는 우기 동안 수력 발전으로 생산되는 과잉의 전기가 상당한 비율의 채굴 활동을 집적시킨다. CCAF는 이 두 성이 우기에는 전 세계 채굴 활동의 50%를 차지하지만 건기에는 고작 10%에 불과한 것으로 추정하고 있다.

비트코인 채굴로 인한 탄소발자국이 전 지구적으로 영향을 미친다면, 관련 전기 소비량도 해당 지역에 영향을 미친다. 소규모 지역에 위치한 비트코인 채굴 시설은 상당한 양의 에너지를 소비하면서 지역 에너지 가격을 끌어올려 그 지역의 모든 사람에게 타격을 준다. 동시에 채굴 시설은 지역에 더 많은 일자리를 창출하지도 않고 기반 시설을 확충하지도 않는다. 예를 들어, 미국 뉴욕 주 북부의 경우 비트코인 채굴이 중소기업에 약 7,900만 달러, 가구에 1억 6,500만 달러의 전기 요금을 인상시킨 것으로 추정되는데, 이 비용은 채굴로 인한 세수 증가로 일부만 상쇄될 뿐이다.

| 마이닝 풀과 집중화 경향 |

채굴 무기 경쟁은 또한 채굴 집중화 경향을 증가시키고 있다. 첫째, 무기 경쟁으로 인해 효율성이 떨어지는 채굴자, 즉 채굴 장비를 개선할 여력이 없는 채굴자들이 시스템 밖으로 밀려나게 된다. 채굴자들이 네트워크에 남아 있더라도 전체 컴퓨팅 파워에서 그들이 차지하는 비중은 상대적으로 낮다. 높은 채굴 장비 비용과 잦은 추가 투자의 필요성, 불확실한 지급액 등이 겹쳐 진입 장벽이 점점 높아진다는 얘기다. 이처럼 참가자가 적으면 상당한 계산 능력을 가진 한 명 또는 극소수의 채굴자들이 네트워크를 지배할 가능성이 높아진다.

게다가 비트코인의 승자독식 토너먼트 구조에 무기 경쟁이 맞물리면서 채굴자들이 자원을 마이닝 풀로 같이 모을 동기를 갖게 된다. 마이닝 풀은 채굴자들의 협동조합과 비슷한데, 이들은 채굴 작업을 분업화하고 일반적으로 풀에 기여한 컴퓨팅 파워에 비례하여 보상을 나눈다. 개별 채굴자들에게 마이닝 풀에 들어가야 할 동기는 수익 흐름의 불확실성을 낮추기 위함이다. 경쟁에서 이기는 건 수익성을 보장하지만, 제한된 기간 동안 개별적인 채굴자가 수익을 올리는 일은 매우 희박하다. 대신 풀에 참여하면 사용자가 위험을 공유하고 본질적으로 서로에게 보험을 들게 된다. 풀이 개인이 단독으로 뛰는 것보다 더 빈번하게 이길 것이기 때문이다. 물론 풀이 이기면 풀 전체에 새로 채굴된 비트코인과 벌어들인 수수료를 뿌려야 하기 때문에 혼자 독식하는 것보다는 더 낮은 보상을 받겠지만 말이다. 따라서 특히 채굴 능력이 낮거나 위험을 회피하려는 많은 채굴자들에게 이러한 절충안은 시간이 지남에 따라 자신의 수익을 원활하게 할 수 있다는 점에서 매력적이다. 즉, 그들은 자잘한 보상이 꾸준히 축적될 수 있는 가능성을 위해 크지만 드문 경품을 독차지할 가능성을 기꺼이 포기한다.

비트코인의 배후에는 탈중앙화 시스템을 개발하려는 의도가 깔려 있었다. 그러나 많은 수의 채굴자들이 채굴 노력을 함께 하려는 마이닝 풀의 존재는 불가피하게 중앙집중화로 이어진다. 2021년 중반에는 고작 6개의 마이닝 풀SlushPool, Poolin, F2Pool, ViaBTC, AntPool이 비트코인 네트워크의 전체 컴퓨팅 파워의 50% 이상을 틀어쥐고 있었다. 특정 풀의 상대적 중요성은 시간이 지남에 따라 달라지지만, 소수의 풀이 네트워크를 지배하는 현상은 비트코인이 있는 거의 모든 곳에서 채굴 환경의 일관된 특징이 되어버렸다. 그러한 구조는 하나의 마이닝 풀이 단일하지만 힘 있는 채굴자에 매우 친밀하다는 이유로 비트코인 네트워크의 성격에 영향을 미친다. 따라서 몇 개의 거대한 풀이 있다는 것은 단지 몇 명의 채굴자들 사이에서 채굴 게임이 벌어지고 있는 것이나 다름없다. 바꿔 말하면, 마이닝 풀의 존재가 집중화를 증가시키는 결과를 낳으며, 이는 비트코인의 탈중앙화라는 목표와 정면에서 배치된다. 아이러니하게도 이와 같은 중앙집중화 세력의 등장은 비트코인 프로토콜이 설정한 경쟁 환경이 만들어낸 당연한 결과다.

개별 채굴자들의 컴퓨팅 파워를 집계해볼 때, 단일한 마이닝 풀이 네트워크의 컴퓨팅 파워의 50%를 초과할 가능성도 있다. 이는 이론적으로만 가능한 게 아니다. 과거에는 하나의 마이닝 풀이 50% 임계값에 도달한 적이 여러 번 있었다. 예를 들어, 2011년 6월에 풀 딥비트, 2014년 6월에 풀 지해시가 이런 사태를 일으켰다. 비트코인의 주요 혁신 중 하나는 네트워크를 모니터링하고 관리할 신뢰할 수 있는 제3자의 필요성을 없앤 것이었다. 네트워크의 절반 이상을 통제하는 채굴자나 마이닝 풀은 본질적으로 네트워크를 지배하는 그러한 제3자가 될 것이 뻔하다. 아이러니하게도 그러한 존재가 '신뢰할 수 있는' 제3자인지 아닌지조차 명확하지 않다는 것이다. 이러한 중앙집중화 경향은 상당 부분 인간 본성의 일부인 위험 회피에서 비롯되었기 때문에 기술 솔루션으로 이를 해결하기는 어렵다.

| 공격의 위협 |

채굴의 중앙집중화가 단순히 비트코인의 이상에 어긋나는 것만은 아니다. 그러한 채굴력의 집중화는 '51%의 공격'으로 이어질 수 있다는 잠재성 때문에 비트코인에게 훨씬 더 심각한 도전이 될 수 있다. 비트코인 시스템은 서로가 서로를 효과적으로 정직하게 유지하는 분산된 채굴자 네트워크에 의존함으로써 블록체인의 무결성을 유지한다. 이 분산 검증 시스템은 채굴자 또는 협력한 채굴자 그룹이 네트워크의 기초가 되는 컴퓨팅 파워의 절반 이상을 제어하게 되면 실패한다. 그럴 경우, 블록체인에 신규 거래가 추가되는 것을 막는 것부터 잠재적으로 이중지불에 관여하는 것까지 다양한 권한을 가진 슈퍼 채굴자가 장부를 장악할 수 있게 된다.

더욱이 그 이름에도 불구하고 공격자가 블록체인을 교란하기 위해 채굴력의 51%를 모두 통제할 필요는 없다. 단지 33%의 채굴력을 가지고 공격자는 이미 최장 체인 공격으로 이루어진 보다 긴 체인을 만들어 장부를 다시 작성하는 데 성공할 가능성이 매우 높다. 다수의 채굴력을 가진 공격자는 시간만 충분히 된다면 더 긴 체인을 만들 수 있다는 보장을 받는다.

51%의 공격 가능성은 단순히 이론적인 건 아니다. 2014년 중반, 비트코인 최대 마이닝 풀 중 하나였던 지해시가 전체 비트코인 네트워크 컴퓨팅 파워의 50%에 잠시 도달한 것으로 보고되었다. 악의적 행동은 관찰되지 않았다. 이어지는 성명에서, 지해시는 사실 그들이 이익을 빼먹는 시스템을 공격하는 데 전혀 관심이 없다고 밝혔다. 그 사건 이후, 마이닝 풀들은 그들이 높은 비율대략 20~30%에 도달할 경우 자발적으로 분할 정책을 채택했다. 그러나 이런 정책이 시스템의 견고성에 대한 신뢰를 높일 것이라고 추론하는 건 네트워크의 분산화와는 같지 않다. 더 큰 풀을 분할해봤자 그로 인해 생성된 풀은 여전히 동일한 개인이거나 이전의 동료와 긴밀하게 협력하는 개인에 의해 얼마든지 운영될 수 있기 때문이다. 사실 풀 뒤에 있는 개인들 간의 정확한 관계에 대한 정보가 없다면, 비트코인 네트워크 내에서는 분산화의 범위를 가늠하는 게 거의 불가능하다.

풀이나 채굴자들이 시스템의 평판그리고 코인 가격에 부정적인 영향을 미칠 수 있기 때문에 공격을 주저할 것이라는 주장도 사실과 모순된다. 비록 비트코인 자체가 성공적인 공격을 당했다는 어떤 증거도 없지만, 더 저렴한 코인들에선 종종 일어나는 일이다. 비트코인에서 갈라져 나온 비트코인 골드는 2018년 5월과 2020년 1월 두 차례나 최장 체인 공격을 당해 공격자가 각각 약 1,800만 달러와 7만2,000달러를 훔칠 수 있었다. 그 공격이 유일한 사례는 아니다. 또 다른 암호화폐인 이더리움 클래식도 2019년과 2020년 최장 체인 공격을 통해 다수의 이중지불 사례를 겪었다. 전문가가 보고하고 확인한 것보다 훨씬 많은 공격이 있을 수 있다는 점이 중요하다. 블록체인이 포크할 때 모든 지점들의 아카이브를 보관하지 않는 한 최장 체인만 블록체인이 포크될 때 실시간으로 이를 확인할 수 있다. 일단 공격이 성공하면 블록체인 상의 합의가 복원되고, 따라서 오직 한 가지 버전의 장부만 존재하게 된다. 즉, 우리가 포크를 관찰하지 않는다면 공격이 발생했는지 말할 수 없으며 그렇기에 데이터 변조의 증거조차 남지 않는다. 비트코인 골드와 이더리움 클래식이 받은 이러한 공격은 가격에 거의 영향을 미치지 않았다는 점에서 더욱 우리의 흥미를 끈다. 이는 암호화폐의 가격과 보안 수준 사이의 비대칭적인 관계를 시사해준다. 가격이 높을수록 더 많은 채굴자를 끌어들여 난이도를 높이기 때문에 시스템의 보안 수준이 반드시 높아지지만, 보안에 구멍이 뚫렸다는 증거는 이처럼 가격에 영향을 미치지 않을 수 있다.

이러한 공격들은 누구라도 비트코인의 보안을 당연하게 여길 수 없으며, 더 일반적으로는 많은 사람들이 믿는 것과 달리 프로토콜 자체가 블록체인의 보안을 보장하지 않는다는 사실을 보여준다. 비트코인 골드와 이더리움 클래식의 프로토콜은 비트코인과 매우 유사하다. 특히 그들은 공격을 막기 위해 같은 방법을 사용한다. 따라서 비트코인은 비트코인 골드와 이더리움 클래식 사건이 증명했던 것과 같은 동일한 취약성을 가지고 있다. 앞서 밝혔듯이, 비트코인의 보안은 가격과 관련이 있다. 가격이 높을수록 보안 수준이 높아진다. 가격이 오르면 채굴 보상의 가치도 높아져 채굴자 간 경쟁이 치열해지고 채굴력이 높아져 결국 채굴 비용이 더 많이 들기 때문이다. 따라서 비트코인에 대한 공격 비용은 채굴 비용과 함께 증가할 수밖에 없다. 같은 이유로 덜 비싼 암호화폐에 대한 공격은 더 싸다. 왜냐하면 그러한 암호화폐는 더 작은 보상을 지불하고 따라서 계산적으로 덜 까다롭기 때문이다.

| 디플레이션 압력 |

통화로서 비트코인이 갖는 또 다른 약점은 알고리즘에 내재된 잠재적 디플레이션 압력이다. 앞서 살펴본 것처럼, 비트코인 공급량존재하는 비트코인의 수은 증가하고 있지만 점차 감소 추세로 진행되고 있으며 어느 시점에 가서는 고정될 것이다. 이 특징은 인플레이션을 방지하기 위해 의도적으로 설계에 내장되었지만 의도와 다르게 부정적인 결과를 초래할 수 있다. 이러한 부족은 비트코인 표시 가격에 대한 하락 압력으로 해석될 수 있다. 유통되는 코인이 더 적어지기 때문에 소비자들은 주어진 상품에 너무 많은 코인을 쓰고 싶어 하지 않을 수 있기 때문이다.

비트코인의 공급이 제한적이어서 가격이 하락하는 이유는 무엇일까? 이 현상을 설명하기 위해, 우리는 '화폐수량설quantity theory of money : 화폐 공급량의 증감이 물가수준의 등락을 정비례적으로 변화시킨다고 하는 경제 이론으로 1911년 미국의 경제학자, 피셔는 MV=PT라는 방정식으로 이를 설명했다.'이라고 불리는 경제 이론을 활용할 수 있다. 이 이론은 네 가지 경제 수량을 연결시킨다. 즉 화폐의 공급량 M, 화폐의 속도 V즉, 돈이 경제에 얼마나 빨리 순환하는가, 경제가 생산하는 재화와 서비스 Y, 그리고 이러한 상품의 가격 P가 그것들이다. 이 양들은 다음의 항등식을 통해 연결된다.

$$MV=PY$$

이 항등식은 경제학자들 사이에서 널리 받아들여지고 있으며(결국 그것은 하나의 항등식이다), 설득력 있는 해석을 갖는다. 경제 규모(GDP를 떠올려 보라)는 거래되는 재화와 서비스의 수(Y)와 가격(P)을 기준으로 한다. 이들 거래의 총액은 경제에서 유통되는 돈에 의해 뒷받침될 필요가 있다. 만약 돈이 매우 느리게 순환한다면 경제를 지탱하기 위해 더 많은 돈이 필요하다. 예를 들어, 통화의 각 단위, 즉 각 개별 달러가 1년에 한 번만 사용될 수 있다고 가정해보자(V=1). 이는 GDP 100달러100달러와 동일한 모든 재화와 서비스의 가치를 지원하기 위해 시중에 100달러도합 100달러가 되는 별도의 지폐와 동전들의 조합가 필요하다는 것을 의미한다.

위의 항등식은 경제에서 더 많은 재화가 생산될 때즉, Y가 증가할 때 무슨 일이 일어나는지 이해하는 데 도움이 된다. 만약 화폐의 공급(M)이 일정하고 화폐의 속도(V)가 변하지 않는다면, 오직 한 가지 가능성만이 남아있다. 가격(P)이 하락해야 한다. 만약 그들이 그렇게 하지 않는다면, 우리는 전체 생산의 기초가 되는 모든 거래를 지원할 충분한 돈을 경제에 가지고 있지 않게 된다.

이 이론은 비트코인에 대해 어떤 예상치를 가질까? 먼저 비트코인 공급이 확정되는 순간 M의 자금 공급은 일정할 것이라는 점을 유의해야 한다. 비트코인이 인기를 얻고 더 많은 사람들이 그것을 사용하기로 결정한다면, 비트코인 경제에서 더 많은 상품들이 제공되고 구매될 것이다. 즉, Y가 증가할 것이다. 화폐수량설은 이에 대응하여 가격 수준 P가 비례하여 떨어질 수 있음을 알려준다. 간단히 말해서, 증가된 지출을 지탱할 충분한 비트코인이 없을 것이고, 이에 대응하여, 가격은 조정될 필요가 있을 것이다.

물론 이론처럼 가격 하락이 불가피한 건 아니다. 아마도 우리가 제시한 방정식의 네 번째 항인 돈의 속도 V가 대신 조정될지도 모른다. 각 비트코인이 예전보다 빠르게 경제에서 유통된다면, 동일한 비트코인 공급이 더 많은 양의 소비를 지원할 수 있을 것이다. 그러나 비트코인이 주요 업데이트를 겪지 않는 한, 비트코인 속도는 가격 수준의 하락을 피할 만큼 충분히 증가하지는 않을 것이다. 왜냐하면 비트코인의 현재 설계는 초당 최대 7개의 거래량을 허용하기 때문이다. 아마도 이런 한계가 가져올 덜 매력적인 결과는 거래량의 제한이 비트코인 경제가 성장하는 데에 대한 상한선이 될 것이다. 비트코인의 사용이 상대적으로 안정적인 재화와 서비스의 양즉, 위의 Y가 고정되어 있을 때으로 제한된다면, 화폐 공급이 일정하더라도 가격은 변하지 않을 수 있다. 어느 쪽이든, 위의 항등식은 우리에게 무언가가 주어져야 한다고 말한다. 비트코인 경제의 규모가 가격 수준에 영향을 미치지 않고 변할 수 있다고 생각하는 건 근시안적인 판단일 수 있다. (우리의 단순한 분석은 비트코인에서만 돌아가는 경제를 고려한다. 경제에 전통적인 화폐와 암호화폐라는 두 가지 다른 통화가 있을 때 이 주장은 더욱 문제가 된다. 그럼에도 암호화폐의 고정된 공급은 디플레이션 효과를 낼 가능성이 높아 더 많은 거래에 영향을 미치려는 사람들이 늘어나면서 암호화폐에 인용된 가격이 하락하고 환율이 절상된다. 즉, 암호화폐는 전통화폐의 단위 이상의 가치가 된다.)

하락하는 물가는 좋은 상황인 것처럼 보일 수 있지만, 물가 하락은 경제에 악영향을 미치는 경향이 있다. 예를 들어, 앞으로 물가가 낮아질 것으로 예상하는 사람들은 그들의 소비와 투자를 미루게 되고, 이는 다시 현재의 경제 규모를 감소시킨다.

위와 같은 논리를 고려해 볼 때, 비트코인의 총공급량은 왜 일정하게 결정되었을까? 인플레이션이 일어나지 않도록 하기 위해 암호화폐 설계에 희소성의 요소를 내장했다는 게 유력한 이유였다. 전통적인 통화의 맥락에서 인플레이션은 종종 화폐 공급의 증가에 의해 촉발된다. (화폐의 속도를 일정하게 유지하는 우리의 정체성 측면에서, 만약 돈이 더 많이 돌지만 상품의 수가 변하지 않는다면, 이러한 상품의 가격은 상향 조정이 필요하다.) 비트코인에 내장된 안전장치는 매우 잘 작동한다. 하지만 균형을 반대 방향으로 기울여서 디플레이션 편으로 떨어지는 우를 범하게 된다.

디플레이션 경향을 상쇄하기 위해 비트코인 알고리즘에 점진적인 통화 공급량을 늘리는 설계를 도입하는 것도 상상해 볼 수 있다. 그 이후에 생길 수 있는 문제는 가격이 상대적으로 일정하게 유지되기 위해 인상률을 매우 정확하게 조정하는 것이 된다. 이런 목표를 달성할 수 있는 사전에 정의된 공식이 있을지 의심스럽고 기껏해야 논쟁의 여지가 있다. 대신에 대부분의 국가에서는 유사한 조정이 중앙은행에 맡겨지고 여러 경제 변수와 경제적 상황위기 및 성장 등에 따라 진행 중인 철저한 분석의 결과로 얻어진다. 비트코인에 수반되는 몇몇 서술로 미루어 볼 때, 최소한 일부 사용자들은 중앙은행과 같은 어떤 기관으로부터도 독립하는 대가로 잠재적인 가격 불안을 기꺼이 받아들이려 할 것이다. 이러한 비트코인 사용자들에게 비트코인 설계가 지닌 이러한 특징은 도리어 긍정적이고 바람직한 것으로 인식될 것이다.

| 거버넌스 |

비트코인이 설계될 때에는 탈중앙화가 가장 중요한 목표였다. 마이닝 풀의 맥락에서 보았듯이, 중앙집중화를 대신 추진하는 자연적 세력들이 있다. 그러나 비트코인의 목표가 달성되는 곳에서조차 분권화는 또 다른 단점들을 동반한다. 탈중앙화가 갖는 그러한 단점들 중 하나는 설계를 적용하고 향상시키는 데 현실적인 어려움이 있다는 것이다.

시간이 흐르면서 비트코인 설계가 갖는 몇 가지 한계들이 분명해졌다. 제한된 처리량, 디플레이션 궤적, 심지어 과도한 에너지 소비와 같은 많은 쟁점들은 원칙적으로 비트코인 프로토콜을 업데이트함으로써 해결할 수 있다. 그러나 분산형 거버넌스는 모든 변화를 아예 불가능하지는 않더라도 매우 어렵게 만들어 버린다. 비트코인을 유지 관리하기 위해 일하는 개발자들의 잘 조직된 커뮤니티가 존재하며 정기적으로 채굴 소프트웨어 업데이트가 제공되지만, 그러한 업데이트는 일반적으로 버그 수정과 같은 사소한 기술적 개선에 대한 것이므로 사용자는 서로 다른 암호화 방식을 사용하여 그들의 거래에 서명할 수밖에 없다. 이런 상황에서 보다 본질적인 수정은 구현하기가 더 어렵다는 얘기다.

비트코인 소프트웨어에 대한 업데이트는 자발적으로 이루어진다. 채굴자들은 개발자의 제안에 따라 자유롭게 시스템을 업데이트할 수 있지만, 반드시 그렇게 할 의무는 없다. 소프트웨어의 버그를 수정하거나 더 효율적으로 만드는 업데이트는 만장일치는 아니더라도 대다수의 채굴자들이 받아들일 가능성이 높다. 하지만 비트코인 프로토콜이나 블록체인의 구조를 바꾸는 경우에는 이런 업데이트 과정이 더 복잡해진다. 새로운 버전의 비트코인 소프트웨어로 채굴될 블록들이 이전 버전에서는 규칙에 어긋나는 블록으로 간주될 게 뻔하기 때문에 이러한 구조적 업데이트는 현실적으로 구현이 어렵다. 소프트웨어를 업데이트하지 않은 채굴자들은 당연히 이 블록들을 거부할 것이고, 결과적으로 블록들의 블록 보상은 모두에게 인정받지 못할 것이다. 따라서 업데이트를 수락했다고 발표하는 채굴자의 수와 채굴자들의의 컴퓨팅 파워가 업데이트 성공의 주요 결정 요소가 된다. 더 많은 채굴자들이 그렇게 할수록, 다른 채굴자들도 그들의 채굴 소프트웨어를 업데이트하는 데 인센티브를 얻는다.

그러나 대다수의 채굴자들이 거부한 업데이트도 여전히 구현될 수 있다. 이런 사례는 2017년 비트코인에서 일어났다. 당시 비트코인 커뮤니티에서 가장 중요한 논쟁 중 하나는 시스템의 처리량에 관한 것이었다. 이 문제에 대한 해결책으로 소위 서명분리흔히 세그윗이라고 말함가 제안되었다. 이 업데이트는 블록의 인코딩 방법을 변경하여 더 많은 수의 트랜잭션이 한 블록 안에 들어갈 수 있게 허용하는 것이었다. 비트코인 활동가와 개발자, 중국 대부분의 채굴자들은 이런 업데이트에 반대하고 그 대신 블록의 최대 크기를 늘리자는 별도의 제안을 선호했다. 더 큰 블록과 세그윗 사이의 의견 충돌은 순수하게 기술적인 것 그 이상이었다. 그것은 비트코인 네트워크의 구조를 바꿀 수 있기 때문이다. 비트코인 네트워크는 채굴자들로 이루어졌을 뿐만 아니라 노드들도 포함하고 있다. 그런데 이 노드들은 새로운 트랜잭션과 블록의 브로드캐스팅을 더 빠르고 더 신뢰할 수 있게 만들기 위해 놓인 중계기와 같다. 그래서 블록 크기를 늘린다면 많은 노드들이 효율적으로 작동할 수 없게 만들고, 노드들을 호스팅하는 대학이나 민간기업과 같은 대규모 제3자를 더 의존하게 만들 것이다. 반면 세그윗은 블록의 크기를 늘리지 않기 때문에 네트워크의 구조에는 별다른 영향을 미치지 않을 것이다.

블록의 크기를 늘리자는 주장을 지지하는 이들은 세그윗 업데이트가 활성화될 경우 보다 커진 블록에 맞춰 채굴 소프트웨어를 업데이트하기로 동의하였고, 결국 2017년 7월 21일 그 일이 일어나고 말았다. 더 큰 블록을 허용하는 업데이트가 그 직후인 8월 1일 발효되면서 블록체인의 포크가 단행되었다. 포크 분기의 한 갈래는 세그윗 업데이트를 따랐으며, 다른 한 갈래는 블록을 키우는 업데이트를 따랐다. 세그윗 업데이트를 구현한 시스템은 비트코인이라는 이름을 그대로 유지했고, 다른 시스템은 비트코인 캐시라고 이름 붙여졌다. 비트코인과 비트코인 캐시 모두 2017년 8월 1일 포크까지 공통적으로 사용되는 블록체인을 가지고 있다. 따라서 포크 이전의 거래는 비트코인과 비트코인 캐시 모두 인정하지만, 포크 이후의 거래는 그렇지 않았다. 약 1년 뒤 비트코인 캐시가 다시 비트코인 캐시와 비트코인 SV Satoshi Vision의 약자로 갈라지는 등 비트코인 캐시 커뮤니티 내에서 불거진 의견 불일치가 또 다른 하드포크로 이어졌다. 남아있던 비트코인에서는 2018년 11월 비트코인 골드가 탄생하면서 비트코인 캐시에 이어 또 다른 포크를 겪었다. 비트코인 골드는 작업증명에 사용되는 해싱 알고리즘에 있어 비트코인과 다르다.

비트코인 캐시, 비트코인 SV, 비트코인 골드 같은 포크는 탈중앙화된 거버넌스의 결과물이며 암호화폐 생태계에 직접적인 영향을 미칠 수 있다. 첫째, 채굴자를 여러 개의 개별 커뮤니티로 분할하면 각 네트워크의 컴퓨팅 파워가 저하되어 시스템이 최장 체인 공격을 통해 이중지불을 억제할 수 있는 능력이 감소된다. 위에서 논의한 것처럼, 이러한 결과는 더 이상 가상의 시나리오가 아니다. 비트코인 골드는 2018년 7월과 2020년 1월에 두 번의 공격에 내상을 입었다. 둘째, 포크는 암호화폐들 사이에 사실상 경쟁을 초래한다. 포크 이전에 보유 중인 사용자들은 보유량이 증가하는 반면(2017년 8월 1일 이전에 1비트코인을 보유했다는 건 포크 이후에 1비트코인, 1비트코인 캐시를 보유한다는 의미) 그러한 하드포크는 가격에 부정적이거나 긍정적인 영향을 미칠 수 있다. 만약 코인의 가치가 코인의 보안 수준에 크게 좌우된다면, 두 갈래로 갈라지는 채굴자들의 무리로 인해 난이도가 낮아져 가격이 떨어질 위험이 있다. 그러나 하드포크는 또한 코인의 설계 측면에서 더 높은 다양성을 의미하며, 이는 결국 두 코인에 대해 더 많은 사용자를 끌어들일 수 있다.

비트코인의 탈중앙화된 거버넌스는 어떤 점에서 가장 큰 이슈인데, 그 이유는 비트코인의 단점을 해결하기 위해 설계를 수정하거나 업데이트하는 것이 아예 불가능하지는 않더라도 꽤 어려운 과제로 남기 때문이다. 아이러니하게도, 비트코인이 만들어질 때 본래 의도했던 바와 달리 힘의 집중은 중앙집중적 거버넌스의 부재를 보완하고 거버넌스의 정체를 해결하는 데 도움을 줄 수 있다. 이에 대한 주목할 만한 예로는 2013년 3월 발생한 비트코인의 포크가 있다. 당시 단행되었던 포크는 예상대로 출시되지 않은 기술 업데이트에 이은 것이다. 이 포크는 채굴자들 사이에 심각한 조정 문제를 낳았다. 컴퓨팅 파워의 큰 비중 덕분에, BTC길드라는 마이닝 풀은 갈래 중 하나로 추진력을 기울일 수 있었고, 합의에 상당 부분 가속도를 낼 수 있었다.

비트코인의 설계가 지닌 근본적인 경직성은 실제로 이러한 문제들 중 일부를 고치지는 못하더라도 어느 정도 완화하기 위한 다른 암호화폐의 탄생에 동기를 부여했다. 이에 대해서는 다음 장에서 논의하고자 한다. 적지 않은 결함에도 불구하고 비트코인이 주목할 만한 성과인 건 분명하다. 비트코인은 완전히 작동하는 최초의 탈중앙화 디지털 화폐다. 나카모토의 목표는 비트코인이 돈으로 쓰여 경쟁자 현금이 되는 것이었다. 여기서 나올 수 있는 자연스러운 질문은 비트코인이 사용성 면에서 이전의 화폐 형태와 어떻게 비교되는가 하는 것이다.

비트코인의 속성이 초기 화폐에 어떻게 비견되는가?

비트코인의 설계는 디지털 버전의 현금을 만드는 것을 목표로 했기 때문에 우리가 앞 장에서 살펴본 가장 중요한 특징에 대해 전통적인 화폐와 어떻게 비교될 수 있는지 묻는 건 당연하다. 이것은 비트코인과 과거 통화들 간의 경쟁에 대한 어떤 논의와도 관련이 있는데, 이는 단지 비트코인이 더 나은지에 대한 질문에 답하기 위해서만이 아니라 전통적인 화폐가 오늘날 제공하는 기능의 일부 혹은 전부를 비트코인이 수행하기에 충분히 좋은지에 대한 논의하기 위해서다. 우리는 비트코인의 관점에서 이런 질문들을 고려하겠지만, 여기서 논의되는 내용은 비트코인의 일부 단점을 고치려고 시도한 다른 암호화폐에도 고스란히 적용된다.

우리는 돈의 관련 특성 중 하나가 분할성임을 보았다. 여기서 비트코인은 전형적으로 미터법을 사용하고 단위의 100분의 1까지 분할되는 전통적인 화폐에 비견할 수 있다. (회계상의 목적 때문에 일부 가격은 1페니의 분할가로 게시될 수 있다. 하지만 실제 거래에서는 항상 반올림된다. 미국에서는 휘발유 가격이 갤런당 2.879달러와 같이 10분의 1 페니로 주유소에 게시되기도 한다. 이것은 대부분의 사람들이 다량의 갤런을 사기 때문이다. 비록 총액이 11갤런에 31.669달러와 같이 분할되어 나오더라도, 그것은 31.67달러로 반올림된다. 매우 적은 금액의 현금은 원칙적으로 사용할 수 없는 경우가 많다. 캐나다는 동전을 만드는 재료값이 동전의 명목 가치보다 크기 때문에 더 이상 1센트 동전을 발행하지 않는다. 현금 거래는 항상 5센트로 반올림된다. 캐셔가 13.22캐나다달러를 누르면 13.20달러를 지불하고, 13.23달러가 뜨면 13.25달러를 내면 된다. 흥미롭게도 신용카드나 직불카드 거래는 여전히 1센트까지 정확하다.) 비트코인은 소수점 이하 여덟 자리까지 정밀도를 갖고 있다. 여기서 가장 작은 단위인 사토시satoshi는 시스템 발명자의 이름을 따라 지어졌다. 이것은 금속을 무게로 측정하는 것은 물론 전통적인 화폐보다도 더 많은 분할성과 높은 정확성을 제공한다. 이러한 향상된 분할성은 소액 결제에 유용할 수 있다.

또 다른 특성은 통화가 얼마나 견고한지를 말하는 내구성이다. 다시 말하지만, 여기서의 장점은 분명 비트코인 쪽에 있다. 비트코인은 닳거나 썩지 않는다. 물론 비트코인을 잃을 수는 있다. 언론은 사람들이 실수로 하드드라이브를 버리거나 지갑을 삭제하여 비트코인에 접근할 수 있는 개인키를 잃어버렸다는 이야기를 수없이 보도했다. 현재까지 채굴된 비트코인의 약 20%인 약 370만 개의 비트코인이 손실됐다는 추정도 있다. 하지만 해당 비트코인들은 여전히 블록체인 상에 남아 있으며, 비트코인 네트워크가 돌아가는 한 앞으로도 계속 남아있을 것이다. 네트워크 입장에서는 분실된 비트코인과 소유자가 아직 사용하기로 결정하지 않은 비트코인을 구분하는 게 사실상 불가능하다. 돈을 파괴하는 것에 있어서는 비트코인과 법정화폐 사이에 큰 차이가 없다. 지폐나 동전을 파괴하거나 더 이상 알아볼 수 없을 정도로 훼손하여 영구적으로 잃어버릴 수 있다. 이와 비슷하게 비트코인은 파괴되거나 흔히 언급되는 대로 '소각'될 수 있다. 이것은 개인키가 존재하지 않는 주소로 비트코인을 이체함으로써 수행될 수 있다.

비트코인은 디지털이기 때문에 휴대가 간편하다. 물론 이를 관리하는 소프트웨어와 하드웨어일예로 스마트폰 내의 디지털 지갑가 필요하다. 이것이 현금이나 신용카드를 휴대하는 것보다 쉬울까, 아니면 어려울까? 이 답변은 소프트웨어 및 하드웨어의 사용 편의성뿐만 아니라 사용자의 개별 선호도에 따라 달라질 수 있다. 관련된 질문은 이체의 용이성인데, 이는 이용 가능한 기술컴퓨터나 스마트폰에 접속하는 기술과 생태계인터페이스 모두에 따라 얼마든지 달라질 수 있다. 비트코인 기본 시스템에 직접 의존할 경우, 이체는 꽤 번거롭다. P2P 거래를 위해 현금을 취급하거나 장거리 거래를 위해 신용카드를 사용하는 것보다 더 어렵다. 실제로 거래서를 제출하는 데 필요한 개인키와 주소는 외우기 어렵거나 잘못 입력되기 쉬운 긴 문자열의 문자로 되어있다. 그러나 이러한 주장은 사용자 인터페이스의 문제일 뿐이므로 쉽게 무시될 수 있다. 현재는 페이팔이나 벤모 같은 다른 결제서비스만큼 비트코인을 쉽게 사용할 수 있는 앱들이 많이 있다.

비트코인을 저장하는 데에는 물리적 금고와 별도의 보안이 필요하지 않지만, 비트코인을 안전하게 보호하기 위해서는 암호화된 디지털 스토리지저장장치가 필요하다. 비트코인을 안전하게 보관하는 것이 집에서 현금을 안전하게 보관하는 것보다 더 쉬울 수도 있고 저렴할 수도 있지만, 신용카드나 은행 예금에 의존하는 것보다는 더 복잡할 수 있다. 은행이나 결제서비스 제공업체들은 그들의 경험과 잘 발달된 시스템, 그리고 그들이 직간접적으로 제공하는 보험 때문에 비트코인을 저장하는 것보다 더 신뢰할 수 있다. 물론 비트코인 시스템이 성숙해짐에 따라 누구라도 지금보다 더 안전한 저장 옵션과 서비스의 개발을 상상할 수 있을 것이다. 비트코인은 아직 젊은 화폐다. 혹자는 은행들도 역사 초기에는 외부로부터의 절도와 내부로부터의 사기 등으로 특별히 안전하지 않았다고 주장할 수 있다.

마지막으로, 비트코인은 현금과 달리 위조가 불가능하므로 거래에서 얻으면 진품이라 안심할 수 있다. (사람들은 비트코인에 의존하는 것이 진짜 의도를 알 수 없는 익명의 프로그래머에게 신뢰를 보내는 것을 의미하기 때문에 때때로 비트코인이 위험하다고 주장한다. 그러나 비트코인은 전통적인 결제 인프라와 전자상거래 등의 기초가 되는 잘 알려진, 그리고 잘 이해된 암호화 도구를 필요로 한다. 이는 대부분의 사람들이 그러하듯 우리가 온라인 뱅킹이나 소매업의 암호화를 신뢰한다면 비트코인에 대해서도 같은 신뢰를 가져야 한다는 것을 의미한다.) 비트코인은 도난당할 수 있지만 신용카드와 달리 거래가 번복될 수는 없기 때문에 판매자가 걱정할 일은 아니다. 게다가 비트코인은 매우 잘 정의된 알고리즘에 의해 관리되기 때문에 정부나 다른 주체에 의해 조작되거나 변조될 수 없다. 모든 나라가 중앙은행의 독립적 지위와 같은 국가 통화 관리에 정부의 간섭을 피하는 안전장치를 갖고 있는 건 아니다. 제3자가 거래를 변경하거나 비트코인 시스템을 조작하는 것이 불가능하다는 것은 신뢰할 수 있는 은행시스템을 가지고 있지 않은 국가들에 도움이 될 수 있다.

결론적으로 몇몇 측면에서 암호화폐가 오래된 화폐보다 더 편리한 속성을 가지고 있는지 명확하지 않을 수 있다. 휴대 및 이체가 더 쉬운지, 또는 안전한지 여부는 사용자의 선호도와 인프라 보완에 따라 달라질 수 있기 때문이다. 그러나 다른 측면에 있어서는 분할성과 내구성, 위험성 또는 사기 및 위조와 같은 범죄로부터 분명한 개선 기능을 제공한다. 이러한 특성은 암호화폐를 오래된 화폐보다 소액결제나 원격 국제 결제와 같은 일부 용도에 더 유용한 화폐로 만들어준다. 그러나 사람들이 암호화폐를 채택하고 전통적인 은행 시스템이나 신용카드 시스템과 별개로 그것을 사용할 수 있을 만큼 그 혜택이 충분히 클 필요가 있다.

4장

암호화폐의 풍요로운 풍경

비트코인은 나름의 독창성과 상관없이 높은 전력 사용량과 같은 일부 만족스럽지 못한 외적 특성들, 디플레이션 압력과 같은 경제성에 영향을 미칠 수 있는 단점, 또는 낮은 처리량 같은 일부 기술적 문제에 의한 한계들을 고스란히 갖고 있다. 다른 말로는 비트코인의 설계가 여러 방향에서 개선의 여지를 남겼다는 뜻이다. 확실히 중요한 영향을 미친 것은 비트코인 코드가 누구나 소프트웨어를 복사하고 수정, 심지어 상업화할 수 있는 MIT 라이선스미국 매사추세츠공과대학에서 개발한 라이선스로 누구라도 무상으로 제한 없이 취급할 수 있는 오픈소스. 하에서 자유롭게 이용 가능하다는 사실이다.그러한 자유 때문에 비트코인의 설계 상 실제적인 약점들을 고치려는 시도로 종종 '알트코인'이라고 불리는 많은 수의 대체 암호화폐가 등장하는 데 그리 오랜 시간이 걸리지 않았다. 다른 알트코인들은 새로운 기술을 이용하여 분산 파일 공유 시스템과 같은 다른 기능성을 목표로 하는 새로운 방향으로 나아갔다.

2013년 말, 비트코인이 암호학 커뮤니티 밖에서 주목을 끌면서 알트코인의 수가 급증했다. 이 새로운 암호화폐 중 일부는 테라코인처럼 비트코인의 복제품에 지나지 않는 것들도 있었다. 다른 것들은 기술적 세부사항에서 차이가 있다. 예를 들어, 라이트코인은 비트코인과 다른 해싱 알고리즘을 사용하고 블록을 더 자주 추가하지만 그 외에는 매우 유사하다. 그러나 다른 것들은 지캐시처럼 암호화폐 경제학을 의미 있게 변화시킬 수 있는 잠재력과 함께 설계에 더 급진적인 변화를 제안했다. 수천 개의 알트코인이 만들어졌지만, 대부분은 알려지지도 않은 채 실패로 돌아갔다.

암호화폐의 성공을 평가하는 데에는 가격즉, 시가총액, 거래량, 블록체인 상의 활동 수준, 거래소 상장 등 다양한 방법이 있다. 암호화폐의 가격은 분명 대부분의 사람들이 가장 먼저 생각하는 지표다. 가장 먼저 할 수 있는 평가는 암호화폐의 변동성이 매우 크다는 사실이다. 주식이나 채권, 및 기타 금융상품 등 대부분의 금융자산과 달리, 코인 가격이 하루 만에 10% 이상 오르내리는 건 그리 놀랄만한 일이 아니다. 이처럼 높은 변동성 때문에 암호화폐의 가격은 코인의 성공을 가늠할 수 있는 믿을만한 척도가 되지 않는다.

거래량과 블록체인 상의 활동 수준즉, 거래 수은 모두 암호화폐의 사용량을 가늠할 수 있는 척도를 제공하지만 서로 다른 것들을 포착한다. 전부는 아니지만 많은 블록체인 상의 거래가 거래를 위한 코인의 사용, 즉 코인을 교환의 매개로 쓰는 사용을 나타내고 있다. 하지만 거래소를 오가는 거래도 많은데, 거래소는 암호화폐를 사고파는 주요 관문이기도 하다. 이러한 거래는 결제 시스템의 사용이 아닌 가치의 이전을 반영한다. 이와 대조적으로 거래량은 대부분 암호화폐 투기와 투자의 수준을 반영하며, 입출금을 제외하면 거래소에서 이뤄지는 거래는 블록체인이 아닌 거래소 장부에 기록된다.

전반적으로 광범위한 속성을 가진 암호화폐가 급증하고 일부 암호화폐가 기술적으로 비트코인보다 우수하지만, 비트코인이 여전히 가장 성공적인 암호화폐인 것 같다. 2021년 7월 기준 비트코인의 시가총액은 약 6,000억 달러로 그 다음 암호화폐인 이더리움의 2배가 넘는다. 그러나 이러한 높은 수준의 시가총액은 또한 사람들이 그 새로운 코인을 바라보는 시각의 변화를 암시한다. 결제 시스템으로 비쳐지기보다는 암호화폐가 점점 투자자산으로 활용되는 사례가 늘고 있다.

암호화폐를 둘러싼 투기로 인해 결제 시스템으로 나아가는 암호화폐의 역량은 훼손되었다. 빈번한 집중적 투기의 결과로 발생한 높은 변동성은 암호화폐를 어떤 결제 시스템에서도 필요로 하는 가격 안정성으로부터 멀어지게 했다. 다만 암호화폐를 기반으로 한 새로운 결제 시스템 구축은 여전히 암호학이라는 영역 내에서 새로운 혁신의 중요한 원동력이기도 하다. 흥미롭게도 결제 수단으로서 암호화폐가 갖는 매력을 개선하려는 목표는 비트코인이 초창기에 개선되는 계기가 되기도 했다. 2010년대를 돌아보면, 암호화폐의 역사는 비트코인을 개선하거나 암호화폐가 우리의 삶에서 더 큰 자리를 차지하도록 하기 위한 일련의 노력들로 인해 하나의 시행착오 과정으로 보인다.

통화 기능성 향상

매 10분 간격으로 거래가 처리된다면 비트코인이 현실에서 커피를 사는 것처럼 소규모 단순 거래에는 그다지 매력적이지 않다는 주장이 금세 제기되었다. 2011년 10월 찰스 리Charles Lee는 '비트코인이 금이라면 은'을 의도하고 라이트코인을 만들었다. 구체적으로는 비트코인과 경쟁하기보다는 일상적인 결제에 대한 암호화폐의 소구력을 높이기 위해 함께 노력하자는 취지였다.

라이트코인은 장부에 비트코인보다 4배나 빠른 매 2분 30초마다 블록을 추가하여 더 빠른 거래 유효성을 달성한다. 개별 거래 속도와 블록체인 전반의 처리량을 모두 높인다. 그러나 블록 사이의 간격이 짧아질수록 두 명의 서로 다른 채굴자가 상대의 블록이 네트워크에 전파되기 전에 자신의 블록을 브로드캐스팅할 가능성이 높기 때문에 우발적인 포크의 가능성이 증가한다. 이러한 포크로 인해 두 가지 경쟁 버전의 장부가 만들어지고, 그 중 하나는 나중에 네트워크에서 고아orphan가 되고 만다. 이러한 속성은 또한 악의적인 공격에 대한 경향을 높인다. 그러나 암호화폐가 소액 거래에 초점을 맞추고 있는 상황에서 공격자가 공격 비용을 부담하는 건 가치가 없을 수 있다. 사용자들 역시 기꺼이 작은 가치로 거래가 실패할 위험성을 더 많이 감수할 수 있다.

라이트코인은 비트코인이 사용하는 SHA-256 대신 작업증명에 다른 해싱 알고리즘인 스크립트를 활용해 채굴자들의 과도한 에너지 사용과 채굴 집중화 사이에서 발생하는 비트코인의 '장비 경쟁' 문제를 개선하려는 것도 목표로 삼았다. 스크립트는 상대적으로 적은 컴퓨팅 파워를 필요로 하므로 동일한 수의 해시를 계산하는 데 필요한 전기량이 줄어든다. 결국 비트코인을 채굴할 때 이미 경쟁적으로 전문 장비가 필요한 상황에서 일반 PC를 가지고서도 라이트코인을 채굴할 수 있었다.

라이트코인의 개조는 좋은 의도를 띠고 있었지만, 암호화폐 생태계에 참여한 이들의 주도권을 바꾸지는 못했고 궁극적으로 채굴에서 벌어지던 장비 경쟁 문제를 해결하지 못했다. 기본 알고리즘은 적어도 평균적으로 가장 강력한 기계를 가진 채굴자를 보상하는 토너먼트 구조를 가지고 있다. 라이트코인의 가격이 상승하면서 그와 함께 채굴 보상이 올라가면서 채굴자들은 더 강력한 채굴 장비에 투자할 강력한 동기를 얻게 되었다. 곧 스크립트 해싱 기능에 특화된 ASIC이라는 장비가 시장에 등장했다. 요즘은 라이트코인을 주로 ASIC 채굴자들이 채굴하기 때문에 개인이 PC로 채굴하는 게 사실상 불가능해졌다.

라이트코인은 또한 더 많은 코인을 제공한다. 비트코인의 공급은 2,100만개로 제한되어 있지만, 라이트코인은 총 8,400만개로 생성될 예정이다. 이러한 변화는 비트코인 시스템에 존재하는 디플레이션 압력을 해소하기 위해 제안되었다. 불행하게도 비트코인에 비해 총 코인 수를 4배로 늘리는 것은 디플레이션 인센티브를 바꾸는데 거의 도움이 되지 않는다. 공급은 여전히 유한하며 알려진 날짜에 도달하면 성장을 멈출 것이다.

전반적으로 라이트코인은 비트코인 설계에서 몇 가지 중요한 단점들을 인식했지만, 유일하게 실질적인 개선점은 처리량과 거래 속도를 높인 것뿐이다. 비트코인과 라이트코인 모두 블록 크기가 같고 블록 당 최대 거래 건수가 4,000건 정도기 때문에 당시 라이트코인의 최대 처리량은 초당 28건에 불과했다. 그러나 커피를 사는 것과 같은 자잘한 거래를 위해 소비자가 2분 30초를 기다려야 한다는 건 여전히 너무 길다고 할 수 있다. 이에 피터 부시넬Peter Bushnell이 2013년 4월 선보인 암호화폐 페더코인은 매 1분마다 블록체인에 블록을 추가했다. 그 밖에는 라이트코인과 매우 유사한 설계를 가지고 있었다. 총 코인 공급량은 라이트코인의 4배, 즉 비트코인의 16배였다. 채굴 과정을 민주화하고 과도한 장비 경쟁, 지나친 에너지 소비, 채굴 집중화를 막기 위해 해싱 기능인 네오스크립트도 새로 도입했다. 그러나 불행하게도 우리가 라이트코인의 사례에서도 보았듯이, 이러한 설계상의 선택들은 디플레이션 압력이나 통화 설계에 내재된 토너먼트 구조를 원래대로 되돌리는 데 효과적인 방법으로 쓰일 수 없다.

그럼에도 불구하고 일부 개선 시도가 실패로 끝났지만 거래 처리량과 속도는 페더코인이 라이트코인보다 좋았고, 둘 다 비트코인보다 훨씬 좋았다. 그러나 비트코인은 가장 성공적인 암호화폐다. 라이트코인은 여전히 시장에서 살아남았지만, 페더코인은 실용적인 목적 때문에 사라졌다. 이미 우리가 1장에서 화폐 간 경쟁에 대한 논의에서 보았듯이, 암호화폐의 성공은 예측하기 어렵다. 네트워크 효과와 과도한 관성은 이러한 역학에 품질 개선만큼이나 큰 역할을 담당할 수 있다.

라이트코인과 페더코인의 역사에서 얻은 또 다른 결론은 대안적인 해싱 기능 개발이 장비 경쟁과 과도한 에너지 소비, 집중화 완화에 별 도움이 되지 않는다는 것이다. 페더코인에 쓰인 네오스크립트를 도입하더라도 ASIC 문제를 완전히 해결하지는 못할 것이며, 그 문제를 먼 미래로 미룰 수 있는 것도 아니라는 점을 인정한 것이다. 이런 결론은 전혀 놀랄만한 것이 아니다. 작업증명 알고리즘은 더 높은 계산 능력을 선호하며, 채굴자와 차상위 채굴자의 차이가 얼마나 작든 간에 그러한 힘을 행사하는 사람에게 전적으로 유리하기 때문이다. 이것은 채굴자들에게 장비 경쟁에 참여할 동기를 부여하고, 이는 나아가 하드웨어 생산자들이 충분한 수요를 발견하는 즉시 네오스크립트에 특화된 또 다른 채굴 장비를 개발할 동기를 부여할 수 있다.

장비 경쟁과 과도한 에너지 소비, 채굴 집중화 등의 문제가 발생하는 건 초기 암호화폐가 갖고 있는 작업증명의 토너먼트 성격 때문이다. 라이트코인과 페더코인 모두 이 문제를 해결할 수 없다는 것이 확실해지자, 후속 암호화폐 중 일부는 작업증명에서 발을 떼는 실험을 감행했다. 이를 성공적으로 수행하기 위해서는 이전 거래의 정보를 기반으로 제안된 거래가 유효한지 자동으로 검사하여 장부에 추가할 수 있는 세팅을 고안해낼 필요가 있었다.

작업증명에 대한 대안들은 지속적으로 증가하고 있기 때문에 누구라도 지분증명이나 위임지분증명, 소각증명, 평판증명, 권한증명, 경과시간증명, 시간증명 등 비슷비슷한 이름들을 가진 이런 개념들 사이에서 쉽게 혼란에 빠질 수 있다. 이 모든 대안들 중에서 지분증명PoS이 가장 오래된 것 중 하나면서 가장 많은 주목을 받는 증명방식이다. 피어코인이나 테조스와 같이 지분증명을 사용하고 있거나 이더리움이나 카르다노처럼 향후 채택을 계획하고 있는 암호화폐들이 현재 다수 존재한다.

지분 증명

작업증명이 유효한 논스를 발견한 최초의 채굴자에게 보상하는 방식이라면, 지분증명은 암호화폐를 보유한 모든 사람들에게 보상을 주면서도 더 많은 코인을 보유한 사람들, 즉 시스템에 더 많은 지분을 가진 사람들이 더 큰 '배당금'을 받는 방식이다. 지분증명을 활용한 최초의 암호화폐는 2012년 8월에 만들어진 피어코인이다. 그러나 피어코인은 어떤 블록에는 지분증명을, 다른 블록에는 작업증명을 사용하고 있었다. 2013년 11월에 개발된 엔엑스티는 오직 작업증명만을 기반으로 만들어진 최초의 암호화폐였다.

지분증명의 기본 원리는 비교적 간단하다. 언제든지 채굴자검증자 또는 주조자라고도 함는 블록을 만들고 다음의 거래 블록을 추가할 사람으로 임의 채택된다. 검증자로 채택되려면 검증자가 스테이킹 지갑 안에 스테이크지분라고 불리는 일정량의 코인을 동결시켜야 한다. 선택될 확률은 총 지분에 비례한다. 예를 들어, 영희이 철수, 인호의 지분이 각각 500, 300, 200코인이라면 영희는 50%, 철수와 인호는 각각

30%와 20%씩 검증자로 선정된다. 검증자가 블록을 검증할 때마다 거래 수수료와 새로 만들어진 코인으로 이루어진 보상을 받게 된다.

작업증명과 마찬가지로 지분증명은 블록체인을 다시 작성함으로써 거래를 위조하는 데 많은 비용을 들게 함으로써 시스템에 보안을 제공한다. 그러나 지분증명은 '하나의 CPU 당 하나의 투표권'이라는 나카모토의 원칙을 따르지 않는다. 하지만 사실상 비트코인의 작업증명과는 큰 차이가 아닐지도 모른다. 왜냐하면 채굴자의 '부'와 비례하여 다음 블록을 추가하는 채굴자가 될 가능성 또한 증가하기 때문이다. 비트코인에서 채굴 장비와 에너지 비용에 투자하는 것은 순전히 채굴자의 능력이다. 지분증명을 활용하는 암호화폐에서는 지분을 늘리기 위해 더 많은 코인을 획득하는 것이 검증자의 능력이 된다. 비트코인의 51% 공격과 마찬가지로 다수의 지분증명 암호화폐를 통제하는 주체가 다른 누구보다 더 자주 선정돼 잠재적으로 해당 블록체인을 수정할 수 있다. 두 경우 모두 해당 암호화폐의 가격이 높다라면 그러한 다수 공격에 드는 비용도 덩달아 커진다. 전자는 공격자에게 재생산하기 어려운 상당한 계산을 요구하는 반면, 후자는 암호화폐를 많이 보유해야 한다. 이는 공격자가 수집하는 데 비용이 많이 들 뿐만 아니라 시스템의 나머지 부분과 인센티브를 일치시킬 뿐이다. 해당 암호화폐의 지분을 더 많이 보유하고 있을 때 화폐 가치를 깎아내리는 짓은 덜 매력적이다.

피어코인과 엔엑스티에서 사용되는 지분증명은 과도한 에너지 소비와 채굴 장비 경쟁이라는 작업증명이 안고 있는 부작용을 해결하기 위해 아직도 갈 길이 멀다. 그 이유는 이러한 시스템의 경제성과 그들이 창출하는 인센티브로 거슬러 올라간다. 앞서 살펴본 것처럼 작업증명의 외부성은 해당 시스템의 토너먼트 구조와 관련이 있다. 이와는 대조적으로 지분증명은 토너먼트를 폐지하고 그들이 가지고 있는 코인 수에 따라 무작위로 승자를 선택한다. 검증자가 한 번에 오로지 한 명뿐이라는 사실은 합의 문제의 큰 부분을 해결해준다. 선택된 한 명의 검증자만을 갖기 때문에 자칫 블록체인의 포크로도 이어질 수 있는 두 개의 제안을 동시에 가지는 위험이 크게 감소한다. (그렇다고 위험이 제로는 아니다. 블록이 블록체인에 추가될 때마다 다음 블록을 발행하는 데 일정 시간이 걸리며, 그 후 새로운 검증자가 선택된다. 일반적으로 각 블록에 대해 첫 번째 검증자가 특정 시간 내에 새로운 블록을 제안하지 못할 경우 사용될 일련의 검증자들이 선택된다. 예를 들어, 네트워크 지연으로 인해 첫 번째 검증자가 채굴한 블록이 허용된 지연 시간 이후에 도착할 때에는 합의 결렬이 발생할 수 있다.) 블록이 클수록 우발적인 포크가 일어날 가능성이나 거래가 고아가 될 가능성이 줄어들기 때문에 상대적으로 트랜잭션의 처리량을 높일 수 있다. 더욱이 검증자들이 지출된 에너지 측면에서가 아니라 지분 측면에서 경쟁하기 때문에 높은 에너지 소비는 더 이상 필요하지 않게 된다. 사용하는 에너지는 고작 계산상 사소한 검증자의 블록 제안을 확인하는 데 들어갈 뿐이다. 이는 승자가 최고 수준의 컴퓨팅 시스템에 투자할 유인효과가 거의 없어 무분별한 장비 경쟁과 과도한 에너지 소비 문제를 모두 해결한다는 뜻이다.

지분증명은 디플레이션 압력의 문제를 바꾸지 않는다. 시스템이 디플레이션을 겪을지의 여부는 블록 보상의 새로운 코인 생성의 일정에 달려 있다. 피어코인의 알고리즘은 비트코인의 수가 제한된 것과 달리 연간 총 피어코인 수가 1%씩 꾸준히 증가하도록 설정되었다. 동시에 엔엑스티는 모든 코인이 시스템의 초기 사용자들에게 미리 채굴되고 할당되기 때문에 화폐 공급을 고정시킨다. 즉, 모든 엔엑스티 트랜잭션에는 반드시 수수료가 수반되어야 하며, 이 수수료는 네트워크 노드가 지분증명에 기초하여 거래를 검증함으로써 벌어들이게 된다.

전반적으로 지분증명이 가져온 혁신은 비트코인과 여타 작업증명 암호화폐가 겪는 과도한 에너지 소비와 채굴 장비 경쟁을 해결한 영리한 솔루션이다. 그리고 지분증명은 제한된 처리량과 같은 일부 다른 문제들을 완화하는 데에도 꽤 도움이 될 것으로 보인다. 그러나 모든 일이 그렇듯, 새로운 솔루션과 함께 새로운 과제도 덩달아 발생하는 법이다. 지분증명 설계에는 작업증명에 없던 몇 가지 주요한 문제가 있었다.

첫 번째이자 아마도 가장 유명한 쟁점은 소위 아무것도 잃을 게 없음nothing at stake / 직역하면 '걸려있는 게 아무것도 없다'라는 뜻으로 자산증명을 하는데 한계 비용(marginal cost)이 전혀 없어 두 갈래로 갈라진 블록체인 중 어디에 증명을 해도 손해나지 않는 상황이라는 문제다. 이전 챕터에서 살펴본 것처럼, 비트코인 설계의 핵심 목표는 모든 채굴자가 동일한 버전의 블록체인에 의존하여 합의를 보장하는 일이다. 작업증명은 합의를 보장하기 위한 설계의 첫 번째 부분이다. 채굴은 비용이 많이 들기 때문에 채굴자들은 블록체인의 한 갈래에서만 채굴을 수행할 동기를 갖는다. 그리고 최장 체인 원칙은 모든 채굴자들이 같은 버전을 선택하도록 보장한다. 이와는 반대로 지분증명에서 검증자들이 집중하는 스테이크지분는 여러 버전의 블록체인이 공존할 경우 손실되지 않는다. 따라서 지분증명에서 검증자는 블록체인이 포크된다면 오로지 하나의 버전에만 집중할 아무런 동기를 갖지 않는다. 대신 그들이 선택될 때 하나의 블록만 검증할 수 있는데, 이때 그 블록이 어떤 갈래에 있는지는 상관없다. 따라서 어떤 버전의 블록체인이든 고아가 될 이유가 없다.

다만 이 전략을 따랐을 때 암호화폐 코인의 측면에서 검증자들은 잃을 게 없지만, 여러 버전의 블록체인이 만들어지면 암호화폐의 가치를 떨어뜨리므로 부과하는 음의 외부성을 인지할지 모른다. 다른 버전의 블록체인을 유지하면 가격이 떨어지고 그와 함께 검증자의 수입도 줄어들 수 있다는 얘기다. 시스템이 충분히 큰 지분을 가진 자들에게 로테이션으로 검증자의 역할을 제한한다면, 그리고 블록 보상이 지나치게 높지 않다면, 이러한 가치 손실의 위협은 충분한 억제책이 된다. 큰 최소 지분을 부과하는 것은 검증자에게 합의 결렬로 인한 비용이 충분히 높다는 것을 보장한다. 미미한 블록 보상은 의견의 불일치를 유지함으로써 얻는 이득을 감소시키기 때문에 그와 유사한 역할을 한다.

지분증명과 관련된 두 번째 쟁점은 그라인딩grinding이다. 그라인딩은 검증자들이 늘 선택되는 것을 보장하기 위해 사용하는 꼼수다. 우리가 이미 앞에서 설명했듯이, 지분증명에 깔린 기본적인 원칙은 검증자를 지분에 따라 무작위랜덤로 선택한다는 것이다. 이러한 지분증명이 갖는 핵심 문제는 다음 블록을 책임지는 검증자의 정체를 모든 검증자들에게 전달하여 모든 검증자가 이 정체에 동의하도록 보장하는 것이다. 그라인딩 전략에 대한 정확한 설명은 지분증명 메커니즘이 어떻게 구축되어 있는가의 구체적인 세부사항에 따라 달라지겠지만, 일반적으로는 다음 블록에 대한 검증자의 정체가 현재 블록의 해시에 의존하는 함수를 사용하여 결정된다는 것이다. 그래서 다음 검증자의 정체공개키가 모두에게 알려지게 된다. 해시 함수는 예측할 수 없기 때문에 다음 검증자의 선택은 무작위인 것처럼 보인다. 그라인딩은 선택된 다음 검증자가 원하던 사람, 이를테면 동일한 검증자의 같은 지갑이나 다른 지갑이 될 때까지 블록의 일부 변경을 수행하는 것이다. 극단적인 경우에 그라인딩으로 검증자가 블록체인을 영원히 장악할 수도 있다. 피어코인과 엔엑스티는 모두 그라인딩이 가능한 지분증명 알고리즘을 사용한다.

이 문제에 대한 해결책은 해시의 결과, 즉 무작위성의 소스에 영향을 미치는 검증자의 용량을 제한하는 것이다. 지금까지 그 문제에 대한 완벽한 해결책은 없지만, 몇몇 제안들이 실질적으로 그것을 완화시켰다. 첫 번째는 검증자가 앞서서 성실히 맡은 바 소임에 전념하도록 요구하는 것이다. 즉, 다음 검증자를 결정하는 데 사용되는 랜덤 메커니즘이 얼마 전에 추가된 블록(이를테면 이전의 20개 블록)에서 발견된 정보를 활용하는 것이다. 이 솔루션 하에서 검증자는 향후 20번째 블록에 대해서는 검증자로 남는 걸 보장할 수 있지만 다음 19개의 블록들에는 그렇지 않다. 또 다른 솔루션은 보다 기술적인 것으로 고급 암호화 도구(이를테면 차등 암호 분석)를 사용하여 채굴자들이 선택되는 예상 확률에서 벗어나는 사례들을 탐지하는 것이다. 이 솔루션의 유일한 단점은 그라인딩을 선제적으로 막지는 못하고 사후에 감지한다는 점이다.

지분증명이 안고 있는 세 번째 문제는 롱 레인지 공격long range attack이다. 이 문제는 검증자가 블록체인의 히스토리에서 한참 거슬러 올라가 블록체인을 포크할 때, 그리고 유효한 것보다 긴 블록체인을 구축하기 위해 그라인딩 공격을 활용할 때 발생한다. 이러한 공격은 이전 검증자들이 현재까지 비어있는 그들의 지갑, 검증자라는 과거 인증서를 공격자에게 판매할 때 가능할 수 있다. 그러면 공격자는 블록체인의 히스토리에서 이전 검증자들 중 한 명이 지정된 검증자였던 블록으로 돌아가서 그 블록에서 시작하는 블록체인을 포크할 수 있다. 그 공격자는 두 가지 이유로 포크를 할 수 있다. 첫째, 이전 검증자의 개인키를 소유함으로써 공격자는 마치 그가 실제 설계된 검증자인 것처럼 해당 블록에 서명할 수 있게 된다. 둘째, 작업증명과의 주요 차이점은 지분증명 하에서는 유효한 새 블록을 하나 만드는 데 실제로 시간이 걸리지 않는다는 점이다. 따라서 공격자가 적어도 합법적인 버전만큼 긴 블록체인의 대체 버전을 구축할 수 있을지에 대해서는 이견이 없다.

지분증명 하에서 일탈은 사실상 비용이 들지 않기 때문에, 검증자들이 프로토콜을 따르도록 유인하는 유일한 방법은 위반자에게 부과할 수 있는 페널티를 도입하는 것이다. 그러나 패널티를 도입하는 데에는 몇 가지 난제가 있다.

첫째, 이탈자를 식별해야 하며 이탈자에게 페널티를 부과하기 위한 몇 가지 메커니즘이 적재적소에 있어야 한다. 각 블록 뒤에 있는 검증자를 식별하기는 비교적 쉽지만, 사기성 블록을 수용하거나 포크 사본을 보관하여 포크 보급에 도움을 주는 검증자를 식별하기는 훨씬 더 어렵다. 둘째, 벌칙은 집행 가능해야 한다. 원칙적으로 이것은 검증자들이 예치한 지분이 도움이 될 수 있는 부분이다. 위반자들의 지분을 청산하는 것으로 충분하다. 이 방법에는 '슬래싱slashing'으로 알려진 몇 가지 문제가 있다. 우선 지분의 손실은 포크로부터 얻는 이득(일예로 이중지불의 이득)보다 낮을 수 있고, 이는 지분의 손실에 대한 어떠한 위협도 미해결로 만든다. 또 다른 쟁점은 블록체인의 주된 합법적 버전에서뿐만 아니라 공격자가 구축한 버전에서도 지분 손실이 이뤄지도록 보장해야 한다는 것이다. 세 번째 도전은 블록체인의 대체 버전이 사실상 영구화되지 않도록 가능한 한 빨리 이탈이 관찰될 필요가 있다.

최근에는 카르다노와 이더리움 2.0과 같은 새로운 유형의 지분증명 알고리즘이 개발되었는데, 이들은 이러한 주요 인센티브 문제에 대한 신뢰할 수 있는 솔루션을 약속하고 있다. 이 시스템들이 실제로 어떻게 대규모로 작동할지 확인하는 일은 미래의 일이다.

프라이버시 코인

이 장 앞부분에서 논의한 암호화폐는 보다 매력적이고 저렴한 결제 수단으로 거듭나기 위해 비트코인을 개선하기에 이르렀다. 그러나 암호화폐 환경은 또한 프라이버시를 보다 향상시키고, 티핑 기능을 촉진하며, P2P 파일 공유를 용이하게 하고, 스마트 컨트랙트를 통한 더 복잡한 작업들을 수행하는 등 특정 목적을 위해 개발된 많은 암호화폐들을 목격하고 있다. 이 중에서 가장 혁신적인 카테고리는 단연 프라이버시 코인이다.

비트코인은 종종 현금과 동등한 디지털 화폐로 여겨진다. 익명으로 한번 소비되면 추적이 거의 불가능하다. 이것은 기껏해야 단순화에 불과하다. 앞 장에서 논의한 것처럼, 비트코인의 블록체인은 비트코인 거래에 대한 정확하고 투명한 기록을 제공하는데, 이는 비트코인이 익명화폐라기보다는 가명화폐로 더 정확하게 표현된다는 것을 의미한다. 실제로 거래 내역과 비트코인 자산을 현실에 살고 있는 당사자들에게 직접 끌어댈 수 있을 만큼 충분히 정해지거나 충분한 자원을 보유한 관찰자는 거의 없을 것이다. 이것은 심지어 어떤 악의적인 목적에도 불구하고 충분히 익명이 될 정도로 화폐를 불투명하게 만든다. 그럼에도 불구하고, 우리는 충분한 자원을 가진 기관이 지갑을 통제하는 개인을 식별할 수 있을 정도로 비트코인의 움직임을 면밀히 추적하는 사례를 본 적이 있다. 이것이 FBI가 로스 윌리엄 울브리히트를 실크로드의 우두머리로 지목한 방법이다. 그는 종신형을 선고받았다. 블록체인 거래 기록은 여러 실크로드 내 판매자들이 취급한 마약과 불법 물질에 대한 법정 선고를 용이하게 하기도 했다.

결과적으로 다수의 암호화폐는 사용자의 프라이버시를 보호하고 거래의 익명성을 증가시키는 개선을 추구했다. 비트코인보다 높은 수준의 익명성을 제공하는 것을 목표로 한 첫 번째 암호화폐 중 두 가지는 다크코인과 클록코인이다. 다크코인은 2014년 1월 엑스코인으로 먼저 도입됐고 2014년 2월 이름을 다크코인으로 변경했으며 2015년 3월 다시 대시로 이름을 바꿨다. 그것은 코인 믹싱이라고 불리는 과정을 통해 거래들을 묶음으로써 거래의 익명성을 높인다. 예를 들어, A에서 B로, X에서 Y로 두 개의 별도 거래 대신 장부가 하나의 거래 {A와 X}에서 {B와 Y}로 이어지는 거래만을 반영해 개별적인 거래 링크를 따로 읽어내기 어렵게 만든다. 노골적인 코인 믹싱이 안고 있는 문제는 트랜잭션 입력값과 출력값이 같은 크기로 일치될 수 있다는 점이다. A가 2대시를 보내고 X가 5대시를 보낸다면, B가 2대시를 받고 Y가 5대시를 받는 반면, 두 거래는 코인 믹싱으로도 일치될 수 있다. 다크코인은 이미 지갑에 있는 액면가를 미리 섞고 동일한 입력을 조합해 입력값을 출력값과 일치시킬 수 없도록 하는 방식으로 이 문제를 해결했다. 예를 들어, A의 지갑은 1대시씩 두 개의 독립적인 트랜잭션을 보낼 수 있고(따라서 동일한 전송자와 연결할 수 없음), X의 지갑은 각각 1대시씩 다섯 개의 독립적인 트랜잭션을 보낼 수 있다. 그 다음 각각 별도의 주소로 수신된 독립적인 1대시 트랜잭션이 일곱 개 존재하기 때문에 B가 2대시를, X가 5대시를 받은 사실을 직접 확인할 수 없다.

2014년 5월 선보인 클록코인 역시 믹싱 기술을 사용하지만 다크코인보다 수준이 높다. 익명성을 보장하기 위해 각 트랜잭션은 고유한 은닉 주소스텔스 주소를 사용하며 다른 노드'클로커' 라고 부름가 제공하는 트랜잭션과 믹싱된다. 이 모든 트랜잭션이 하나의 트랜잭션으로 병합되어 네트워크로 전송되어 블록체인에 추가된다. 수년간 클록코인은 여러 번의 수정을 거치며 실질적으로 재설계되었다. 클록코인의 메인 웹사이트는 여전히 업데이트 중이며 2021년 이후 계획된 업데이트를 언급하고 있어 프로젝트가 여전히 진행 중임을 시사하고 있다. 하지만 그 코인은 개발자들이 바라던 성공을 이루지 못한 것으로 보인다. 클록코인이 보인 가격과 거래 활동이 모두 저조하게 보이기 때문이다.

믹싱 작업은 대시나 클록코인처럼 명시적으로 설계된 코인에만 국한되지 않는 익명화 전략이다. 현재 비트코인을 위한 믹싱 서비스텀블링 서비스를 제공하는 많은 회사들이 있다. 이러한 서비스는 하나의 거래를 여러 개의 거래들로 나누고, 다른 거래와 병합하여 여러 개의 거래들을 거쳐 의도된 수취인에게 전송된다. 이 같은 믹싱 작업이 대시나 클록코인에 비해 정교하지는 않지만 여전히 상대적으로 효과적일 수 있고 이렇게 하면 블록체인 상에서 거래를 정확히 추적하는 게 거의 불가능하다.

또 다른 두 개의 익명성 코인으로 꼽히는 지캐시와 모네로는 암호화폐의 새 세대를 열었다. 이들은 비트코인과는 독자적으로 개발된 고급 암호화 도구의 사용을 개척한 암호화폐들이다. 매튜 그린Matthew Green과 주코 윌콕스Zooko Wilcox가 비트코인의 코드를 기반으로 구축한 지캐시는 2016년 10월 출시됐다. 지캐시 상에서 사용자는 비트코인처럼 거래를 투명하게 가져가거나 아니면 '차폐'하도록 선택할 수 있다. 차폐된 거래에서는 고작 수수료 금액만 공개되고, 발신자와 수신자의 주소, 거래 금액은 알 수 없게 만들어진다. 거래의 익명성을 달성하기 위해 지캐시는 영지식증명이라는 프로토콜에 의존하는데, 이 프로토콜은 누군가가 어떤 진술이 사실이라는 지식을 드러내지 않고 증명할 수 있게 해주는 프로토콜이다. 비트코인 내에서, 또는 투명한 지캐시 트랜잭션에 대해서 채굴자는 블록에 추가하기 전에 트랜잭션을 검증한다. 즉, 채굴자들은 발신인이 충분한 자금을 가지고 있는지,

그리고 그가 실제로 코인이 발송되는 지갑의 주인인지를 확인할 것이다. 이러한 검증은 채굴자가 확인할 수 있는 송신자의 공개키를 사용하여 수행된다. 지캐시가 사용하는 것과 같은 영지식증명 프로토콜은 송신자가 차폐된 트랜잭션이 유효하다는 것을 채굴자들에게 증명할 수 있게 해준다. 채굴자들이 이를 관찰할 수 없더라도 말이다. 지캐시의 익명화 프로토콜은 비교적 풍부한 편이다. 왜냐하면 익명화 프로토콜이 트랜잭션으로 하여금 차폐된 입력값과 출력값을 투명한 입력값과 출력값에 믹싱하도록 허용해주기 때문이다. 예를 들어, 트랜잭션은 차폐된 입력값과 투명한 입력값의 혼합을 가질 수 있으며, 이 경우 투명한 입력값에 해당하는 양만 볼 수 있다. 이용자들이 회계 감사의 목적으로 차폐 거래를 선택적으로 공시할 수 있는 것도 지캐시가 갖는 특징이다.

모네로는 거래의 익명성을 제공하는 또 다른 암호화폐다. 이 설계은 2013년 10월 니콜라스 반 사베르하겐Nicolas van Saberhagen, 실제 정체가 알려지지 않은 일종의 가명이 쓴 백서에 처음 소개되었다. 모네로는 2014년 4월 18일에 서비스를 시작했다. 에스페란토어로 동전을 의미하는 모네로의 기본 설계는 지캐시와 유사하다. 지캐시의 영지식증명 프로토콜로 난독화된 트랜잭션의 유효성을 검사한다. 그러나 모네로는 한 발 더 나아가 먼저 모든 트랜잭션을 난독화하고 애초에 전송자의 IP 주소를 통해 트랜잭션을 추적할 수 있는 가능성을 없애기 위해 트랜잭션이 네트워크로 브로드캐스팅되는 방식을 제어한다.

모네로와 지캐시는 트랜잭션를 익명화하는 방식은 비슷하다 할지라도 프라이버시에 대한 개념은 서로 다르다. 모네로와 달리 지캐시는 미국과 유럽의 돈세탁 방지 정책을 따르고 있다. 이를 테면, 고객 실사, 의심스러운 거래 보고, 가상 사산 서비스 제공업체거래소의 가상 자산 이전에 필요한 발신자 및 수익자 정보 제공 등과 같은 규정을 준수하고 있다. 이러한 규정을 따르는 것은 언뜻 익명의 암호화폐 설계와는 상충되는 것처럼 보일 수 있지만 사실 그렇지 않다. 지캐시의 설계 목표는 이용자에게 현금과 유사한 개인 정보 수준을 보장하지만 법 집행을 회피하는 건 아니기 때문이다. 따라서 지캐시는 법정화폐의 분산형 디지털 아날로그를 제공하는 시도로 해석할 수 있는 반면 모네로는 법정화폐에서 제공하지 않는 수준의 개인 정보 보호를 제공하는 것을 목표로 한다고 할 수 있다.

암호화폐가 제공하는 프라이버시의 수준은 단순한 도덕적 원칙을 따르는 것을 넘어 코인의 진화에 영향을 미칠 수 있는 타협점을 생성한다. 타협점의 한편에는 규정 준수가 프라이버시 보호를 보장하기 더 어렵게 만들 수 있다. 그러므로 이것은 금융 거래에 대한 정부의 가능한 통제로부터 개인을 보호하는 것을 목표로 한 암호화폐의 원래 원칙에 반하는 것이라고 정당하게 주장할 수 있다. 예를 들어, 높은 수준의 익명성이 모네로를 다크넷 마켓플레이스나 랜섬 공격에서 점점 더 매력적으로 만드는 이유이기도 하다.

그러나 타협점의 다른 한편에는 이러한 높은 수준의 사용이 규제 당국의 주의를 끌 수 있고 제한을 받을 위험이 높아질 수 있다. 실제로 규제 압박으로 몇몇 거래소가 익명의 암호화폐를 상장폐지하기도 했다. 암호화폐와 법정화폐의 연계를 끊으면 궁극적으로 법정화폐를 현금화하는 것이 더 어려워져 시장에서 암호화폐에 대한 매력을 떨어뜨린다. 지금까지는 규제 당국과 법 집행기관이 익명의 코인에 대해 효과적으로 맞서지 못했지만, 코인이 대중화됨에 따라 이 압박은 더욱 거세질 것으로 보인다.

알트코인의 번성과 쇠퇴

짧은 리뷰를 통해 우리는 비트코인의 사촌격인 코인들에 대해 논의했다. 그러나 이런 부분은 단지 수박 겉핥기에 불과할 뿐이다. 기본적으로 비트코인과 라이트코인, 피어코인을 복제하거나 카피한 수백 개의 암호화폐들이 만들어졌다. 예를 들어, 제타코인과 모나코인은 비트코인을 기반으로 하고, 인피니트코인, 골드코인, 에크로나는 라이트코인의 설계를 사용하고 있다. 이들 암호화폐는 대부분 동일한 기술을 사용하고 이전 암호화폐에 비해 사용자에게 의미 있는 개선점을 제공하지 않아 소위 모방화폐copycat currencies로 불린다.

이와 같은 대부분의 암호화폐들은 2013년 말 비트코인 가격이 가파르게 급등한 데에 따라 도입된 것들이다. 이 추세는 2017년까지 지속되었다. 새로운 암호화폐를 만드는 것은 비교적 쉽다. 비트코인은 오픈소스기 때문에 누구나 같은 알고리즘과 코드를 재사용해 비슷한 암호화폐를 만들 수 있어 새로운 암호화폐를 만드는 비용을 매우 낮은 수준까지 내릴 수 있다.

2014년까지 유료로 새 알트코인을 자동으로 설정해 주는 웹사이트가 생겨났고, 이는 알트코인을 만드는 비용을 더욱 절감시켰다. 대표적인 예로는 지금은 사라진 Coingen.io이 있다. 이 사이트를 이용하여 사용자가 핵심 변수들, 이를테면 얼마나 자주 블록을 블록체인에 추가할지, 채굴에 성공한 채굴자들이 얼마나 많은 코인을 보상으로 받을지, 채굴 보상이 얼마나 빨리 감소할지를 선택함으로써 비트코인 상에 기반한 알트코인을 자동적으로 생성시킬 수 있었다.

손쉬운 진입 장벽이 시장에 쏟아져 나온 수많은 알트코인들을 쉽게 설명해주지만, 대부분의 신생 암호화폐들이 실질적인 개선 사항을 제공하지 않는다는 점을 고려할 때 왜 이러한 알트코인들이 시장에서 관심을 끄는지 알기는 더 어렵다. 한 가지 이유는 채굴자들이 대안을 찾고 있는 것일 수도 있다. 그들은 비트코인이나 라이트코인을 채굴할 때 필요한 전문 장비또는 그러한 장비를 구매할 충분한 자금가 부족하기 때문에 오래된 계획에 참여하는 것을 주저할 수 있다. 대신에 그러한 채굴자들은 더 새롭고 덜 붐비는 코인을 채굴하기 위해 적당한 대상을 찾고 있을지 모른다. 왜냐하면 그들은 그러한 화폐로 성공적인 수익을 얻을 더 많은 기회를 가지고 있기 때문이다. 그들은 그런 암호화폐를 디지털 거래소에서 팔기를 희망할지도 모른다.

물론 위의 논쟁은 왜 사람들이 그러한 채굴자들로부터 모방코인을 사는지에 대한 질문을 요구할 뿐이다. 어떤 사람들은 아마도 암호화폐 산업을 잘 알기 위한 실험으로 그것들을 거래할 수도 있다. 그들은 그러한 암호화폐들이 비트코인보다 더 접근하기 쉽다고 인식한다. 그들은 또한 그런 암호화폐들을 '다음의 대박'에 걸면서 비트코인의 잠재적인 경쟁자로 볼 수도 있다. 2013년, 비트코인의 가격이 한창 상승할 때 모든 암호화폐 가격이 덩달아 오른 이유가 여기에 있을 것이다.

이들 중 일부 암호화폐의 가격이 실제로 펌프 앤 덤프pump-and-dump 방식으로 구동될 수 있다는 주장이 제기되어왔다. 암호화폐는 일반적으로 채굴이 미리 끝난 다수의 코인에서 시작한다. 즉, 이들 코인은 블록체인 상의 첫 번째 블록보다 앞서, 그리고 해당 암호화폐가 채굴 커뮤니티로 유입되기 전에 이미 생성된다. 나중에 채굴자들이 새로운 코인을 채굴하여 시장에 팔 때, 미리 채굴한 코인의 주인이 가격을 올리기 위해 그것들을 많이 구매하게 된다. 이를 바로 '펌프'라고 한다. 가격이 올라가면서 알트코인이 주목받고 있다. 더 많은 사람들이 그것을 잠재적인 성공으로 간주하기 때문에, 그들은 그것에 참여하고 싶거나 심지어 그것을 하나의 투자로 보기 시작할지도 모른다. 그들이 암호화폐의 일부 단위를 구매할 때, 그들은 보통 이 계획을 꾸민 사람들에게서 코인을 구매한다. 개발자들은 이를 현금 인출의 기회로 선택한다. 이를 흔히 '덤프'라고 한다. 이후 가격은 보통 떨어지고 결코 회복되지 않는다.

대부분의 알트코인은 시간이 지남에 따라 사라졌다. 많은 암호화폐가 출시 직후 소멸되었기 때문에 거의 눈치 채지 못했다는 단순한 이유만으로 그간 사라진 암호화폐들의 정확한 개수를 파악하기란 매우 어렵다. 그러나 여러 추정치에 따르면, 이제껏 수천 개의 사라진 암호화폐가 있는 것으로 추정된다. 사실 초기 암호화폐의 운명은 2000년대 초반에 있었던 닷컴버블 때 만들어진 많은 웹사이트나 스타트업과 유사한 패턴을 따르는 것처럼 보였다. 즉, 비트코인이 전례 없는 높은 가격에 도달하고 라이트코인이 건재한 존재감을 유지하고 있는 반면, 많은 벤처들은 코인 가격또는 시가총액이나 거래량, 블록체인 활동 수준에 따라 소리소문 없이 사라지거나 시장으로부터 외면당하게 된 것이다. 게다가 초창기의 인기와 장기적인 성공 사이의 유의미한 상관관계를 발견하는 것도 어려운 일이다. 엔엑스티는 가격이 1페니까지 떨어지면서 그야말로 틈새 화폐로 전락했다. 피어코인과 페더코인, 클록코인은 실질적인 활동량을 보여주지 못하고 있다. 이 세 코인의 블록체인은 여전히 지속적으로 업데이트되고 있지만, 채굴자에게 발생하는 새로운 코인을 생성하는 코인베이스 거래를 제외하고, 사실상 다른 거래가 이루어지지 않으며, 그 코인에 대한 교환 활동 역시 거의 없는 편이다. 물론 이러한 코인들이 곧 사라질 것이라고 추론하는 건 성급한 결론일 것이다. 예를 들어, 클록코인은 2021년에 업데이트가 예정되어 있는데, 이는 그 뒤의 개발자들이 여전히 이것을 진행 중인 프로젝트로 간주하고 있음을 시사한다. 그들 중 일부는 도지코인과 비슷한 역주행을 경험할 수도 있기 때문이다.

도지코인은 2013년 12월 빌리 마커스Billy Markus와 잭슨 팔머Jackson Palmer에 의해 만들어졌다. 당시 비트코인은 이미 언론에서 상당한 인기와 존재감을 얻었고, 2013년 가을 실크로드 붕괴와 맞물려 그간 대중에게 알려지지 않은 나카모토 사토시의 선정적인 기원과 불법적인 활동에 이용되면서 악명을 얻은 상태였다. 이 새롭게 얻은 악명은 비트코인을 뉴스에서 보고 듣는 데 흥미로운 개념으로 만들었지만, 아마도 그게 당신이 참여하고 싶은 혁신은 아닐 것이다. 마커스와 파머는 그런 상황을 바꾸고 싶었고, '귀엽고' 더 '사용하기에 재미있는' 암호화폐 설계를 구상했다. 자신들의 새로운 화폐를 더 재미있게 만들기 위해, 그들은 코인에 시바견의 이미지를 씌웠다. 화폐의 이름 또한 틀린 철자에서 유래했거나, 아마도 일부러 더 멋진 방식의 철자로 쓴 '개dog'라는 단어에서 유래했다.

이 암호화폐는 처음에는 '티핑 코인'으로 제안되었다. 목표는 자선활동이나 기부, 팁을 주기에 적합하게 만드는 것이었다. 즉, 작은 금전적 보상을 전달할 수 있는 '좋아요' 또는 '+1' 버튼과 동등하게 말이다. 카르마코인이나 레드코인처럼 비슷한 시기에 만들어진 티핑코인들도 여럿 있었다. (물론 분할성에 있어 비트코인을 이용하여 이와 유사한 티핑 방식이 설계될 수도 있었다. 하지만 비트코인의 평판이 가지고 있는 부정적인 측면은 사람들이 이런 '좋은 일을 하고 기분이 좋아지는 것'과 같은 식으로 화폐를 덜 사용하게 만들 것이라는 우려가 있었다. 게다가 100개의 도지코인을 보내거나 받는 것은 비록 선물 가치가 국가 통화달러 단위로 동일할지라도, 0.00006비트코인을 받는 것보다는 기분이 더 좋을 수 있다.)

도지코인은 의도된 용도에 따라 설계되었다. 원래 알고리즘은 채굴 보상을 무작위로 추출한 '카지노 화폐'인 럭키코인(럭키코인은 라이트코인을 수정해서 블록을 채굴할 때마다 보상을 랜덤으로 제공한다는 특징을 추가했다. 각 블록의 표준 보상은 88개의 럭키코인이다. 그러나 새 블록을 채굴한 채굴자는 5%의 확률로 두 배를 얻을 수 있고, 1%의 확률로는 다섯 배, 0.01%의 확률로는 채굴 보상의 58배를 코인으로 얻을 수 있다.)에서 차용되었는데, 이는 아마도 사용자들이 통화 사용을 더 흥미롭게 만들기 위함이었던 것 같다.그러나 이 기능은 채굴의 비용과 이익에 대한 불확실성을 낳았기 때문에 정작 도지코인 커뮤니티에서는 인기를 끌지 못했다. 그 결과, 2014년 2월, 채굴에 대한 보상은 250,000으로 고정되었다. 새로 생성될 도지코인의 총 개수가 처음에는 팁 등을 지원하기에 충분한 통화 단위를 약속하면서 상대적으로 많은 숫자인 1,000억 개로 고정될 것으로 생각되었다. 그러나 도지코인의 프로그래밍 상 드러난 오류로 인해 이 알고리즘은 블록 당 고정된 숫자의 도지코인을 계속 수여하도록 설정되었고, 이는 시간이 지남에 따라 통화의 공급을 증가시키고 잠재적으로 무제한이 될 수 있게 만들었다. 도지코인 커뮤니티는 이 특징을 제거하지 않기로 결정했다. 도지코인의 설계에 대한 이러한 변화는 의도하지 않은 실수의 가능성뿐만 아니라 암호화폐를 만드는 데 수반된 실험의 양을 보여준다. 블록체인이 소규모 커뮤니티에 의해 유지된다면 포크 없이도 변화를 구현할 수 있다는 것을 도지코인의 사례에서도 알 수 있다.

도지코인이나 다른 티핑 코인은 의도한 대로 채택되지 않았다. 다른 많은 암호화폐와 마찬가지로 도지코인 역시 2016년 이후 가격과 활동이 감소해 상대적으로 무명의 상태에 머물러 있었다. 그러나 대부분의 다른 암호화폐와 달리, 도지코인은 2021년 초에 매우 탄력적인 재등장을 선보였는데, 당시 r/WallStreetBets이라는 레딧그룹 게시판의 몇몇 추종자들에 의해 펌프 계획의 표적이 되었다. 이어

일론 머스크의 여러 차례 트윗질이 코인을 홍보하며 도지코인을 시가총액에서 가장 높은 암호화폐로 밀어 올렸다. 이 코인이 암호화폐에 도달한 데는 2021년 일론 머스크의 공개 성명이 크게 기여했지만, 도지코인이 왜 머스크의 관심을 끌었는지 정확한 이유를 밝히기는 어렵다.

토큰의 출현

2013년 이후 암호화폐 수가 폭발적으로 증가했다. 그러나 이때 개발된 암호화폐 대부분은 내리막길을 가다가 2017년에는 온데간데없이 사라져버렸다. 다만 암호화폐 거래소에서 거래되는 코인 리스트는 그 어느 때보다 길어졌다. 거래되는 코인의 상당수가 실제로 암호화폐가 아닌 암호화폐 토큰이기 때문이다.

스마트 컨트랙트로 광범위한 기능을 지원하는 블록체인 플랫폼인 이더리움 상에 2017년 보통 토큰이라고 불리는 암호화폐 토큰들이 대거 등장했다. 토큰과 스마트 컨트랙트의 기술적 측면에 대해서는 다음 장에서 자세히 논의할 것이다. 이더리움 스마트 컨트랙트로 토큰 거래 장부를 추적할 수 있고 코인을 위한 별도의 블록체인을 운영할 필요 없이 이중지불을 방지할 수 있다. 채굴자들을 새로 분리된 블록체인으로 끌어들일 필요가 없기 때문에 토큰을 론칭하는 건 암호화폐를 론칭하는 것보다 훨씬 간단한 작업이 되어버렸다. 가격이 비싼 암호화폐만이 블록체인을 안전하게 유지하는 데 충분한 수의 채굴자를 유치할 수 있다. 반면 이더리움 블록체인 상의 토큰은 해당 블록체인이 제공하는 보안적 특성을 자동적으로 계승

한다.(대부분의 토큰은 이더리움에서 발행되지만 일부 토큰은 바이낸스체인, 네오, 스텔라 등 다른 블록체인의 스마트 컨트랙트를 통해 발행된다.) 이더리움 채굴자들은 토큰 장부를 유지하기 위해 여전히 수수료를 받아야 하지만, 그 지불은 같은 블록체인 상의 다른 활동, 즉 다른 토큰들과 공유된다.

암호화폐와 토큰은 기술 구조상에 이써 차이가 있지만, 거래에 있어서는 그 차이가 별로 눈에 띄지 않는다. 따라서 토큰들은 암호화폐 거래소에서 쉽게 구별될 수 없다. 2021년 7월 현재 coinmarketcap.com에 등재된 5,528개의 코인 중 4,435개가 토큰이었고 1,093개만이 암호화폐였다. 이것이 그들이 공동으로 '크립토' 또는 '코인'이라고 불리는 이유이기도 하다.

이처럼 암호화폐에서 토큰으로 대전환이 일어난 계기는 코인 개발 이면에 있는 목적상의 변화와 일치한다. 처음에는 코인 간 경쟁의 중요한 원동력이 범용 화폐로 사용하는 것과 관련된 기술적 측면처리량, 익명성, 채굴 프로토콜 등에 있었다. 우리가 봐왔던 것처럼 시간이 지나면서 암호화폐는 점차 익명성이나 티핑, 혹은 전제된 서비스에 대한 접근 등 특별한 용도에 초점을 맞췄다. 예를 들어, 파일코인은 하드드라이브 공간의 공유를 용이하게 하기 위한 암호화폐다. 파일코인 블록체인을 통해 파일을 저장하는 사용자는 파일코인에 돈을 내고, 하드드라이브 공간을 빌려주는 사용자는 파일코인에서 보상을 받는다.

이러한 트렌드는 토큰과 함께 확대되었다. 이는 모두 토큰이 지닌 배치의 용이성, 다른 소프트웨어와의 통합 및 프로그래밍 가능성 때문이었다. 2017년과 2018년 사이에는 토큰이 어떻게 사용될 수 있는지에 대한 기술적 제안들이 폭발적으로 증가했다. 토큰이나 암호화폐의 사용과 관련하여 제안된 다양한 활동이나 목표, 서비스들은 방대하다. 이를테면, 바이낸스 거래소에서 거래 수수료를 낮추기 위한 바이낸스 코인에서부터, 어거의 REP처럼 탈중앙화 앱의 거버넌스를 관리하는 목적의 투표용 토큰, SET처럼 지속가능한 에너지 프로젝트의 모금용 토큰, PUML Better Health처럼 운동 과제의 보상용 토큰, 베이비토큰처럼 가족 관련 서비스의 결제 보상용 토큰에 이르기까지 그 범위가 엄청나다. 코인의 기능성에 대한 최적의 설계는 코인의 용도와 목적에 따라 달라지는데, 특히 코인이 더 큰 서비스 플랫폼의 일부인 경우 더욱 그렇다. 이는 이전 장에서 논의한 플랫폼 기반 디지털 화폐에 대한 설계 상 선택을 연상시킨다. 흥미롭게도 이더리움에서 발행된 토큰은 관련 애플리케이션이나 서비스가 만들어지기 전에 ICO를 통해 토큰을 발행하거나 판매하는 것이 편리하다.

언뜻 보기에는 암호화폐와 토큰의 운명이 비슷한 것 같다. 암호화폐는 마약 판매나 랜섬 공격 등 일부 불법행위와 민간항공 등 일부 틈새 법률시장을 위해 선택한 화폐임에도 불구하고 오래된 결제시스템을 대체하지 못했다. 암호화폐가 제공하는 속성들은 이미 존재하는 결제시스템에 비해 의미 있는 방식으로 어떠한 중요한 요구에 답하거나 우월한 것으로 보이지 않았다. 오히려 암호화폐가 투자 수단으로 활용되는 사례가 늘고 있다. 토큰의 경우 2017년과 2018년 사이 ICO가 한창 붐을 맞았을 때 제안된 플랫폼과 서비스 대부분이 아예 만들어지지 않았거나 아직도 개발 중이거나, 아니면 거의 시장에서 견인력을 얻지 못한 것으로 나타났다. 사실상 그들의 명시적인 목적에 사용된 토큰은 거의 없었다. 대신 암호화폐와 마찬가지로 토큰도 투자 자산으로 거래되는 사례가 늘고 있다.

스테이블코인

아마도 암호화폐가 갖는 가장 눈에 띄는 특징 중 하나는 높은 변동성일 것이다. 하루에도 10%가 넘는 가격 급등과 급락을 반복하는 모습은 드물지 않다. 이러한 변동성은 암호화폐와 법정화폐 간의 환율뿐만 아니라 이더 대 비트코인 가격처럼 암호화폐 사이에서도 나타난다. 환율이 안정되지 않으면 암호화폐가 투기적 도구 외에 다른 어떤 것으로도 활용될 수 있다는 희망은 거의 없다. 스마트 컨트랙트에 의해 통제되면서 자체 블록체인을 유지해야 하는 부담 없이도 토큰은 스테이블코인을 통해 한 가지 솔루션을 제공할 수 있다. 스테이블코인은 그 이름에서도 알 수 있듯이 암호화폐와 법정화폐의 안정적인 환율을 제공하기 위한 목적의 토큰으로 1992년 아르헨티나 등 일부 국가가 미화에 대해 페소화를 고정페깅했을 때와 비슷하다고 할 수 있다.

스테이블코인이 안정성을 달성하기 위해 목표로 삼는 방법은 크게 세 가지다. 화폐의 환율을 안정시키는 첫 번째 방법은 추구하는 균형 가격을 유지하기 위해 코인의 공급을 늘리거나 반대로 줄이는 것이다. 이것이 지금은 사라진 스테이블코인 베이시스Basis의 설계였다. 이 안정화 방법이 갖는 가장 큰 난제는 만에 하나 대량의 코인이 팔릴 경우, 가격이 목표 가격 아래로 떨어지지 않도록 딥 포켓이 필요하다는 것이다. (예를 들어, 코인에 대한 공격이 있을 때 이런 일이 발생할 수 있다. 2010년대 스위스의 프랑을 유로화로 고정하거나 1990년대 초 영국의 파운드를 독일의 마르크화로 고정하는 등 자국 통화를 다른 통화로 고정하기 위해 중앙은행은 이 같은 안정화 메커니즘을 사용해왔다. 그러나 이 메커니즘은 비용이 많이 들고 환율 공격에 취약하다는 게 입증되었다.

가장 극적인 공격은 1992년 조지 소로스의 영국 파운드화 공격이었다.) 이러한 많은 자본량에 대한 필요는 이 메커니즘이 스테이블코인에 일반적으로 사용되지 않는 이유일 수 있다.

두 번째 방법인 보다 일반적인 안정화 설계는 코인이 고정되는 법정화폐를 담보로 사용하는 것이다. 각 코인은 담보된 법정화폐의 한 단위를 나타내며, 원칙적으로 이는 토큰 구매자에 의해 언제든지 교환될 수 있다. 따라서 법정화폐로 뒷받침된 코인은 법정화폐의 예금 수령으로 볼 수 있다. 이러한 스테이블코인은 USD테더와 스타시스유로, JPY코인 등 여러 가지가 있다. (사실 법정화폐를 사용해야 할 의무는 없다. 예를 들어, DGXDigix Gold Token는 금값에 고정된 스테이블 코인이다. 1개의 토큰은 1그램의 금과 같으며, 각 토큰을 구입할 때마다 동일한 양의 금이 싱가포르 금고에 보관된다.)

코인의 환율을 안정시키는 세 번째 방법은 다른 암호화폐와 토큰을 담보로 사용하는 것이다. 따라서 동전의 가격은 본 담보와 구별되는 자산일반적으로 법정화폐에 고정된다. 환율이 담보에서 자연스럽게 나오지 않기 때문에 가격을 유지하기 위해 토큰을 팔거나 사는 개인이나 봇이 가격을 유지한다. 그러한 코인의 예가 다이코인이다.

미화에 고정되어 있지만 여러 이더리움 기반의 코인이더리움 상의 이더나 특정 토큰을 담보로 사용한다. 다이토큰을 획득하고자 하는 개인은 스마트 컨트랙트에 이더를 보내고 그 대가로 다이토큰을 얻는다. 스마트 컨트랙트로 보내진 이더는 발행된 다이토큰이 반환될 때까지 에스크로에 보관된다. 암호화폐로 뒷받침된 스테이블코인은 토큰의 목표가격 대비 담보 자산의 가격 변동성을 감안하려면 발행된 토큰의 가치 이상의 담보를 보유할 필요가 있다.

법정화폐로 뒷받침된 코인과 암호화폐로 뒷받침된 코인이 유사하다는 주장이 솔깃하게 들릴지 모르겠다. 두 종류의 코인이 모두 담보에 의존하고 있으며 결국 법정화폐에 고정되어 있기 때문이다. 하지만 그 두 가지 방식 사이에는 타협점이 있다. 한편으로는 법정화폐로 뒷받침된 코인이 안정적인 가격을 보장해줄 것이 더 확실하다. 우리가 위에서 직감한 바와 같이, 코인을 담보인 법정화폐로 고정하는 것이 일정한 가격을 보장하는 건 당연하다. 각 코인은 처음에 예치된 통화로 언제든지 상환할 수 있다. 이에 비해 암호화폐로 뒷받침된 코인은 일정한 가격을 보장할 수 없다. 사실 다이와 같은 암호화폐 기반의 코인은 일반적으로 소프트페깅, 즉 정확하고 일정한 환율 없이 제시된다. 암호화폐 기반의 스테이블코인은 발행된 토큰의 동일한 가치를 위해 법정화폐 기반의 스테이블코인보다 더 많은 담보를 보유해야 하므로 유지비용이 더 많이 든다. 반대로, 법정화폐 기반의 코인은 관리인에 대한 신뢰 문제를 제기한다. 암호화폐 기반의 코인과 달리 법정화폐 기반의 코인의 경우 블록체인 외부에서 담보화가 일어난다. 따라서 담보 자산을 관리하기 위해서는 반드시 제3자가 필요하다. 반면 암호화폐 기반의 코인의 경우 담보물의 보관이 스마트 컨트랙트 코드에 의해 보장되기 때문에 관리인에 대한 신뢰 문제는 발생하지 않는다.

미국 달러에 고정되어 있는 주요 스테이블코인의 하나인 테더의 역사는 기만이나 사기 가능성이 희박하지 않다는 사실을 보여준다. 테더는 암호화폐 거래소인 비트파이넥스의 보조금인 발행사 테더리미티드Teder Limited가 요구한 바에 따라 달러 예금을 온전히 지원받지 못하고 있는 것으로 드러났다. 투명성에 관한 약속을 여러 번 어기고 가격도 여러 번 하락했음에도 불구하고 테더는 시장의 관심을 되찾았고 1테더가 1달러라는 거의 일정한 가격을 유지했다. 이러한 놀라운 안정성은 목표가격에 대한 공통의 신념이 담보화 대신에 고정 환율을 유지하는 데 충분하다는 사실을 암시한다.

암호화폐 구매자와 판매자가 스테이블코인을 사용하여 거래를 위험 부담 없는 자산에 고정시킬 수 있기 때문에 지금까지의 스테이블코인은 거래소에서 본질적으로 매력적으로 거래되어왔다. 이를테면, 어떤 사람이 비트코인을 판다는 건 다른 휘발성이 심한 암호화폐 대신에 일부 스테이블코인을 교환하면서 거래를 할 수 있다는 말이다. 결제수단으로 기본적으로 사용되는 암호화폐는 현재 스테이블코인이 유일하다는 얘기다.

언론에서 많은 관심을 받은 스테이블코인 중 하나는 페이스북이 제안한 프로젝트인 디엠전에는 리브라로 소개됨이다. 디엠은 미국 달러를 기반으로 한 스테이블코인으로 제안되었다. 미화가 아닌 다른 법정화폐에 기반한 디엠 버전들도 미래에 계획되어 있다고 한다. 다만 디엠 프로젝트는 여러 면에서 대부분의 암호화폐와 차이가 있다. 먼저 디엠의 블록체인은 대부분의 다른 암호화폐와 달리 허가형이다. 둘째, 디엠은 단순히 코인으로 구성될 뿐만 아니라 일종의 결제시스템이기 때문에 벤모나 페이팔과 같은 서비스와 비슷하다. 이 마지막 측면은 디엠 혹은 리브라의 격동의 역사를 설명하는 주요 이유들 중 하나다.

사실 처음에 리브라라고 불리고 비자나 우버, 이베이 등 많은 유명 회사들의 지원을 받았는 이 프로젝트는 여러 나라의 규제 기관들과 프라이버시에 관한 페이스북의 평판에 대해 우려의 시선을 보내던 일반 대중들로부터 걱정을 불러일으켰다. 2019년 6월, 최초로 발표한 이후, 이 프로젝트는 규제에 대한 우려에 대응하는 차원에서 전체적으로 다시 설계되었고, 그 와중에 이름이 리브라에서 디엠으로 변경되었다. 다만 아직 출시일이 정해지지 않은 채 프로젝트가 진행 중이다.

트레이딩 암호화폐

지금까지 우리는 서로 다른 암호화폐와 토큰의 개발 방식에 대해 논의했는데, 화폐들을 사용하고자 하는 사람들이면 벌써 어떤 출처에서든 챙겼을 거라고 가정했다. 우리는 또한 암호화폐를 챙길 수 있는 그러한 원천 중 하나로 채굴에 대해서도 다루었다. 그러나 비트코인의 잠재적인 사용자들 중에서 채굴을 통해 안정적으로 비트코인을 얻을 수 있는 사람은 거의 없다. 우리가 설명했듯이, 이제 채굴은 경쟁이 치열해졌고, 채굴을 성공적으로 수행하고자 하는 누구에게나 상당한 자원과 전문지식이 필요해졌다. 이와 마찬가지로 결제 과정에서 거래 대금으로 비트코인을 받을 수도 있다. 하지만 오로지 비트코인을 받아서 다른 상품을 사는 데 쓰려고 사업을 시작하는 사람은 거의 없을 것이다. 반면 토큰은 채굴이 불가능하다. 암호화폐처럼 결제 과정에서 거래 대금으로 토큰을 받는 수밖에 없다. 토큰은 또한 처음 출시되었을 때 발행자로부터 구매나 무료 배포의 형태로 직접 챙길 수도 있다. 예를 들어, COMP토큰은 컴파운드 파이낸스 플랫폼에서 가장 활동적인 이용자에게 배포된다. 토큰을 발행자에게서 구매할 수 있는지, 아니면 어떤 활동을 통해 '벌어야' 하는지의 여부는 전적으로 설계 상 선택에 달려있다. 이 설계는 우리가 이전 장에서 보았던 아마존이나 세컨드라이프, 월드오브워크래프트와 같은 플랫폼이 자신들의 디지털 화폐에 대해 내린 선택을 연상시킨다.

아마도 암호화폐나 토큰을 취득하는 가장 쉽고 흔한 방법은 단순히 다른 사람들로부터 구입하는 형태일 것이다. 암호화폐와 토큰은 기술적 차이가 있지만 사고 파는 데 있어서는 아무런 차이가 없다. 이러한 거래는 코인베이스나 바이낸스, 후오비글로벌과 같은 거래소에서 이루어지는 경우가 대부분이며, 개념적으로 주식과 같은 금융자산 거래와 유사하다. (우리나라에서는 빗썸, 업비트, 코인원, 코빗 등이 있다.) 암호화폐 거래는 코인과 법정화폐예를 들어, 미국 달러로 사고파는 비트코인 또는 두 개의 코인이더로 사고파는 비트코인 사이에서 이루어질 수 있다. 거래소가 없다면 비트코인 등 암호화폐와 다른 화폐암호화폐와 전통화폐 모두 간 대규모 흐름이 어려워져 암호화폐가 경제에서 제 역할을 하는 데 큰 장애가 빚어질 것이다.

거래소로 향하기 전에 암호화폐를 취득하는 가장 직접적인 방법은 판매자를 직접 찾아 나서는 것이다. 이러한 양자간의 만남은 당사자가 직접 채굴자가 되지 않고도 비트코인을 얻을 수 있는 가장 고전적인 방법이었다. 일반적으로 암호화폐 거래에 관심이 있는 사람들은 게시판이나 이메일 등을 이용하여 인터넷 상에서 만날 것이다. 그 다음 그들은 '실제 세계'에서 만나 직접 거래할 것이다. 구매자는 전통적인 화폐를 제공하고 판매자는 비트코인 전송을 시작할 것이다.

위의 설명은 인류가 교환을 막 시작했던 초기의 물물교환을 연상시킨다. 물물교환이 안고 있는 문제인 욕구의 일치 여부는 여기서도 그대로 발생한다. 만약 여러분이 비트코인을 사고 싶다면, 여러분은 제일 먼저 전통 화폐를 받고 비트코인을 기꺼이 내어줄 누군가를 찾을 필요가 있다. 물론 현대 기술은 이 문제를 인류가 역사적으로 해결했던 것보다 훨씬 빠르고 쉽게 만들지만, 그럼에도 불구하고 그것 역시 일종의 거래 마찰이다. 본서가 다루는 주제들 중 하나는 그러한 마찰이 혁신을 불러오고 새롭고 개선된 화폐 설계를 촉진한다는 것이다. 이번에도 크게 다르지 않다. 몇몇 국가에서 비트코인 ATM이 등장하면서 전통 화폐를 비트코인으로 쉽게 교환할 수 있게 되었다. 흔히 BTM이라고 불리는 비트코인 ATM은 비트코인에 대한 접근권을 모든 사람에게 평등하게 주기 위한 초창기 시도 중 하나였다. 그러나 수년 동안 BTM의 인기는 거의 제자리 수준에 머물러 있었는데, 그 이유는 주로 거래소가 여러모로 암호화폐를 취득하고 판매하는 더 쉽고 편리한 방법임이 증명되었기 때문이다.

온라인 암호화폐 거래소는 구매자와 판매자를 연결하고 이들이 보유한 암호화폐나 토큰을 거래할 수 있도록 돕는 쌍방향 플랫폼이다. 개념적으로 거래소는 전통적인 금융거래소와 유사하다. 이러한 유사성은 거래소 운영에도 그대로 적용된다. 암호화폐 거래소는 나스닥처럼 연속 제한 주문서 거래continuous limit order book trading로 알려진 프로토콜을 사용하여 주식 시장과 비슷하게 운영된다. 이 프로토콜에 따라 개인은 매매 방향매수 또는 매도과 수량이 적힌 주문서를 제출한다. 이 프로토콜에서 가장 일반적인 두 가지 유형의 주문은 시장 순서와 제한 순서다. 매수 제한 주문은 매수자가 기꺼이 지불할 의향이 있는 최고가인 입찰가를 나타낸다. 이와 마찬가지로 매도 제한 주문은 매도자가 기꺼이 받아들이려는 최저자인 호가를 나타낸다. 시장 주문에는 입찰가나 호가가 포함되지 않는다. 이러한 주문을 제출한 대리인은 시장에서 제공하는 가격을 수락한다. 이 프로토콜에 따르면 제출된 주문은 더 일찍 도착했지만 채결될 수 없었던 여러 주문들과 매칭되며, 이 사항은 오더북book of orders이라 불리는 주문 기록 장부에 뜬다.

예를 들어, 이 주문서에 3만 달러의 호가로 1개의 비트코인을 팔라는 영희의 단 하나의 주문만 들어 있다고 가정해 보자. 금융 용어에서, 이때 영희는 유동성 공급자liquidity provider로 일컬어진다. 주문서에서 그녀가 제출한 주문의 존재는 시장이 유동적이라는 신호, 즉 거래할 의사가 있는 사람들이 있다는 신호다. 철수는 영희가 주문서를 제출한 직후 비트코인 당 최대 3만500달러에 비트코인을 3개 사겠다는 한도 주문을 제출한다. 이때 철수는 영희가 요구하는 가격 이상을 기꺼이 지불할 것이기 때문에 거래가 가능해진다. 철수는 유동성 수취자liquidity taker로 불린다. 이때 오직 1개의 비트코인만이 영희와 철수 사이에 3만 달러의 가격으로 거래될 것이다. 거래는 유동성 제공자가 제안한 가격을 사용하여 이루어지며, 이는 단순히 대부분의 시장에서 일어나는 방식, 즉 먼저 고지된 가격에서 거래가 형성되는 방식을 그대로 따라한 것이다. 영희는 비트코인 1개만 제공하기 때문에 3개를 사겠다는 철수의 주문은 완전히 실행되지 못했다. 그의 주문은 이후 업데이트되어 동일한 입찰가인 3만500달러에 2개의 비트코인이 제한 주문으로 걸린다. 영희가 유일한 판매자였기 때문에, 이 주문은 이제 오더북에 저장되어 다른 판매자로부터 나온 주문과 일치하기를 기다리는 수밖에 없다.

다양한 코인들 간의 경쟁을 위해 암호화폐 거래소의 존재는 중요하다. 거래소에 상장된다는 것은 암호화폐나 토큰의 가시성을 높이기 위해 사용되는 주요 도구 중 하나이다. 이들이 거래소에서 거래하는 가격은 각 암호화폐의 상대적 중요성과 가치에 대한 시장의 평가로 해석할 수 있다. 하지만 상장을 통해 얻는 이익은 또한 코인이 거래소에 더 많은 협상력을 넘겨주기 때문에 코인의 입장에서는 약점으로 작용한다.

거래소는 어떤 코인을 상장할지 자유롭게 선택할 수 있으며, 보통 메이저 코인들을 제외하고는 대부분 상장 수수료를 부과한다. 상장 수수료의 규모는 일일 또는 주간 예상 물량과 거래소의 도미넌스에 따라 달라질 수 있다. 바이낸스나 빗트렉스 같은 대형 거래소의 경우, 상장 수수료가 백만 달러까지는 아니더라도 수십만 달러에 이를 수 있다. 거래소에 대한 지불은 종종 새로운 코인의 일정 금액을 거래소에 주는 것으로 이루어지는데, 코인이 거래되기 시작하면 유동성 공급을 늘릴 수 있는 이점이 있다.

암호화폐 거래소의 운영 상 마찰을 분석함으로써 우리는 암호 생태계가 전반적으로 잘 기능하고 있는지 통찰력을 얻을 수 있다. 이를 통해 금융 인프라거래소 자체의 자격뿐만 아니라 사람들이 다양한 코인에 얼마나 많은 관심을 쏟는지 가늠할 수 있다. 예를 들어, 잘 작동하는 시장에서, 거래소 가격은 코인에 대해 이용할 수 있는 모든 관련 정보를 그대로 반영해야 한다. 그런 관점에서 시장이 얼마나 효율적인지 시험하기는 실제로 상당히 어렵다. 다만 시장의 효율성이 어느 정도인지 관계없이 경제학자들이 말하는 '차익거래의 기회'를 허용해서는 안 된다는 게 대체적인 의견이다. 여기서 차익거래란 투자자에게 어떤 위험 없이 순간적인 이익을 보장하는 거래 형태다. 차익거래는 어떤 자산을 어떤 가격에 사들이는 것과 동시에 그것을 더 높은 가격에 팔 수 있는 것으로 이루어진다. 잘 작동하는 시장이라면 지속적인 차익거래의 기회가 매우 드물게 일어나거나 아예 발생해서는 안 된다. 차익거래가 발생하는 정도까지, 그러한 불량한 거래는 보통 시장이 파편화되어 사람들이 거래하는 방법 상 특별한 마찰을 일으킬 때 발생한다. 차익거래는 아마도 시장이 비교적 작고 참여자들이 시장에서 일어나는 일에 충분히 주의를 기울이지 않는다는 증거일 것이다.

차익거래 기회의 첫 번째 예로는 암호화폐를 다른 화폐나 코인을 사용하여 사고 팔 수 있는 경우, 예를 들어 비트코인을 미화와 유로화 또는 라이트코인으로 교환할 수 있는 경우다. 1만 달러에 비트코인을 구매하는 것과 1만 달러에 라이트코인을 구매하고 그 라이트코인을 사용하여 비트코인을 구매하는 것 사이에는 미세하지만 다른 수의 비트코인을 얻을 수 있는 차익거래 기회가 있다. 일예로 비트코인을 1달러로 사면 0.3비트코인이 되고, 라이트코인으로 사면 0.32비트코인이 된다고 가정해보자. 따라서 이 경우라면 라이트코인을 통해 첫 번째 비트코인을 획득한 후 달러로 현금화하면 확실한 이익을 얻을 수 있다. 처음에 10,000달러로 얻은 0.32비트코인은 10,000달러 × (0.32/0.3) = 10,666.66달러에 팔릴 수 있다.

차익거래 기회의 또 다른 예는 동일한 자산 쌍달러와 비트코인이 서로 다른 두 거래소에서 거래되는 경우다. 만약 두 거래소에서 가격이 같지 않다면, 분명 즉각적인 수익을 낼 기회가 발생한다.

대부분의 금융 시장에서 차익거래의 기회는 비교적 빈번하게 일어나지만, 일반적으로 오래 지속되지는 않는다. 거래자들이 여러 시장을 돌아다니며 끊임없이 자산 가격을 확인 비교하고 그 중에서 차익거래 기회가 생기자마자 득달같이 달려들면 시장의 차익거래는 하나둘 사라지기 때문이다. 위의 예에서 보자면, 거래자들은 앞 다투어 라이트코인을 사고 다음에 비트코인을 사들이면 두 개의 코인 가격을 수렴시키는 역학을 만들어낸다. 첫 번째 역학은 수요가 증가함에 따라 라이트코인으로 비트코인을 사는 가격과 달러로 라이트코인을 사는 가격이 상승하는 것이다. 즉, 누구든 0.32 미만의 비트코인을 얻게 된다. 두 번째 역학은 공급 증가로 인해 비트코인 또는 달러 시장에서 비트코인 가격이 하락하는 것이다. 즉, 누구든 0.3비트코인에 10,000달러 미만을 받게 될 것이다. 이러한 두 가지 역학은 차익거래의 기회가 중단될 때, 즉 달러로 사든 라이트코인으로 사든 비트코인의 수가 똑같을 때 비로소 멈추게 된다.

비트코인과 여타 코인들은 원칙적으로 전통적인 금융 기관과 상관없이 독립적으로 작동할 수 있다. 암호화폐 대 암호화폐 거래만 수반되던 초기 암호화폐 거래소도 한때 이런 독립성을 누릴 수 있었다. 하지만 암호화폐 거래소가 법정화폐 대 암호화폐 거래를 제공한다면, 법정화폐를 보유하는 전통적인 은행에 계좌를 가지고 있어야 한다. 따라서 오늘날 암호화폐 거래소는 일반적으로 전통적인 금융시스템과 연계되어 있으며, 이용자들이 암호화폐를 취득하기 위해 자신들의 계좌에 법정화폐로 자금을 대거나, 혹은 반대로 그들의 암호화폐를 팔고 거래소에서 법정화폐를 인출할 수 있게 해준다. 여기서 중요한 사실 하나는 거래소가 중간에서 거래가 이루어지는 환경을 제공하지만 이러한 거래에 직접적으로 관여하지는 않는다는 것이다. 거래소는 주어진 가격에 거래를 원하는 매수자와 매도자를 연결해주는 중개자에 불과하다.

비록 암호화폐 거래소가 많은 면에서 현대 금융 시장과 유사하지만, 그들의 인프라는 나스닥이나 유로넥스트, 뉴욕증권거래소와 비교했을 때 미약하다. 오늘날 암호화폐 거래소는 거래를 채결시키고 현재가와 주문에 관한 정보를 방송하는 데 느리며, 이는 차익거래의 기회를 빠르게 없앨 수 있는 시장 환경을 방해한다. 결과적으로 차익거래의 기회가 더 빈번하게 발생하며 더 오래 지속될 수밖에 없다. 암호화폐 거래소가 완전한 성숙에 도달하려면 아직 시간이 더 필요하다는 의미다.

실제로 거래소의 전망은 아직 상당히 젊고 역동적이다. 우리는 신규 거래소들이 더 오랫동안 자리를 지켜왔던 터줏대감 거래소들과 경쟁하고, 종종 성공적으로 가장 활발한 거래소의 순위에 오르는 상황을 본다.

비트코인이 존재한 첫 해에 가장 중요한 암호화폐 거래소는 도쿄에 본사를 둔 마운트곡스Mt. Gox였다. 일부 추정에 따르면, 마운트곡스는 한때 비트코인 거래의 90%를 처리하는 역할을 했다. 마운트곡스의 소멸은 2011년 시작되었는데, 이때 해당 사이트와 상장된 비트코인 가격을 조작하고 인위적으로 폭락한 가격에 얻은 대량의 비트코인을 자신에게 전송하는데 성공한 해커에 의해 거래소가 커다란 타격을 입었다. 마운틴곡스는 해킹 공격에서 어렵게 회복했지만 일시적인 약점으로 인해 경쟁사들에게 시장 점유율을 빼앗기고 말았다.

이러한 보안상 문제점에도 불구하고, 마운트곡스는 2013년 중반까지 비트코인 거래소의 지배적인 위치를 유지했다. 2013년 초에 들어서면서 미국의 고객들이 마운트곡스에 접근하기 어려워졌다. 역사적으로 미국 고객들은 마운트곡스 자회사 소유의 은행 계좌를 이용했지만, 2013년 5월 FBI에 의해 해당 계정이 폐쇄되었기 때문이다. 2014년 2월, 마운트곡스는 3억5,000만 달러로 추정되는 비트코인을 다시 도난당하는 등 해커들의 무차별적인 공격을 받아 폐쇄되기도 했다.

마운트곡스가 폐쇄된 이후, 비트코인 시장은 일대 혼란에 빠졌다. 예상대로 암호화폐 대 전통 화폐 간 환율이 하락했다. 그럼에도 불구하고 망할 것 같던 암호화폐 시장은 놀라울 정도로 회복력이 있음을 입증했고, 새로운 거래소가 우후죽순 생겨나 마운트곡스의 소멸로 인한 공백을 메웠다. 2021년 7월까지 coinmarketcap.com은 목록에 300개가 넘는 거래소를 올려놓고 있으며, 그 중 바이낸스와 코인베이스, 후오비글로벌 등이 거래소 시장을 주도하고 있다. 오늘날 암호화폐 거래소는 이전보다 더 높은 수준의 성숙도를 확보했고 고빈도 트레이더high frequency traders라고 알려진 전문 투자자들의 등장에 적응했다. 이들은 오늘날 비트코인이나 이더와 같은 대부분의 암호화폐 거래를 담당하는 것으로 알려졌다. 그들의 활동은 차익거래의 기회를 줄이고 암호화폐 시장의 효율성을 높이는 데 먼 길을 달려왔다.

실제로 오늘날 많은 암호화폐 거래소들이 마운트곡스 시대 이후 먼 길을 달려왔고 이제는 규제 당국의 자발적인 준수에 나서고 있다. 그 첫 번째 이유는 거래소가 고객들로부터 신뢰를 얻거나 되찾아야 하기 때문이다. 거래소의 폐쇄와 사기 및 절도 사건은 마운트곡스의 소멸 이후에도 끊이지 않았기 때문이다. 규제를 준수하면 투명성이 높아져 거래소 자체의 가격 조작의 범위가 줄어들지만, 규제가 거래소들이 투자자를 보호하기 위한 보안 수단을 채택하도록 강제하기도 한다. 경제학자들은 오랫동안 시장을 안전하게 만드는 것이 성공의 핵심 요소라고 주장해왔다. 두 번째 이유는 일부 거래소들은 단순히 그들의 고객들이 접근할 수 있는 상태를 유지하기를 원했기 때문이다. 2018년, 미국과 영국의 여러 은행들이 암호화폐 거래소에서 신용카드 구매를 금지하기 시작했다. 이러한 결정은 변동성이 큰 자산과 사기 가능성으로부터 은행의 고객을 보호하기 위한 안전 대책으로 제시되었다. 물론 이번 조치가 금융업에 잠재적 위협 요소인 암호화폐 생태계 발전을 저해하려는 저의가 깔려 있는 게 아니냐는 의구심이 적지 않았다.

아이러니하게도 금융시스템에 반대하는 환경에서 생겨난 암호화폐 거래소가 이제는 주류 금융시스템의 일부가 되어버렸다. 대표 암호화폐 거래소 중 하나인 후오비글로벌은 2017년부터 홍콩 증권거래소에 상장된 공기업이고, 미국 거래소인 코인베이스는 2021년 4월 나스닥에 상장되었다.

우리는 이 장에서 수많은 암호화폐와 토큰, 그 용도, 그리고 관련 인프라에 대해 논의했다. 이 코인들은 이중지불 문제를 해결하기 위한 비트코인의 기발한 방법에 직간접적으로 바탕을 두고 있다. 그러나 나카모토 사토시가 제안한 설계는 디지털 화폐 관리 외에 다른 용도로도 쓰일 수 있는 것으로 나타났다. 따라서 비트코인에서 영감을 받은 블록체인 기술의 적용은 단순한 결제시스템 이상으로 더 넓다. 다음 장에서는 이러한 광범위한 응용 분야에 대해 살펴보고자 한다.

5장

스마트 컨트랙트와 블록체인

암호화폐의 출현과 함께 등장한 여러 개발 계획이나 장밋빛 희망에 대한 모든 주제 중에서 '스마트 컨트랙트'라는 개념은 중요한 위치를 차지한다. 스마트 컨트랙트라는 용어는 닉 재보가 만들어낸 용어로, 그는 다음과 같이 스마트 컨트랙트를 설명했다. '당사자들이 이러한 약속을 이행하는 프로토콜을 포함한, 디지털 형태로 명시된 일련의 약속들.' 즉, 스마트 컨트랙트는 지정된 디지털 입력값을 전달하면 자동으로 실행되는 프로그램이다.

예를 들어, 임대료의 자동 지불은 스마트 컨트랙트의 일종이다. 왜냐하면 오늘날 대부분의 은행은 고객이 지불 날짜, 금액, 수취인 등의 항목을 설정해 자동 지불할 수 있도록 배려하기 때문이다. 이러한 스마트 컨트랙트는 임대료 지불 날짜와 같은 일부 조건이 충족되는 즉시 자동으로 실행된다. 여기서 스마트 컨트랙트와 블록체인은 서로 다른 두 가지라는 점, 즉 블록체인은 스마트 컨트랙트 없이도 작동할 수 있다는 점, 그리고 아마도 더 중요한 점은 스마트 컨트랙트도 블록체인이 필요 없다는 점을 주목할 필요가 있다.

스마트 컨트랙트는 정보의 디지털화 및 당사자 간의 관계와 밀접히 연결되어 있다. 이는 실행 자동화를 위해서 계약 조건의 디지털 인코딩과 계약을 호출하기 위한 정보의 디지털 입력값이 모두 필요하기 때문이다. 비트코인 블록체인도 100% 디지털 환경이기 때문에 스마트 컨트랙트 능력을 갖춘 게 어찌 보면 당연하다. 그러나 비트코인 상의 스마트 컨트랙트는 매우 제한적이다. 계약 조건은 비트코인 거래의 옵션 영역에 암호화되어 있고, 비트코인 스크립트로 불리는 비트코인 시스템의 코딩 언어는 번잡하고, 사용하기 어려우며, 기능이 제한적이다. 이런 것들은 광범위한 채택을 어렵게 만드는 심각한 장애물이 된다. 실제로 언어를 사용하기 어렵다면, 실수와 버그가 나타날 가능성도 더 높다. 또한 그것은 많은 사람들이 가지고 있지 않을 수 있는 특정 기술을 필요로 한다. 비트코인이 스마트 컨트랙트를 이행하는 데 또 다른 한계는 비트코인이 제공하는 지침의 종류가 한정되어 있어 특정 날짜 이전에 일정 금액을 지출하는 것을 허용하지 않는다는 것이다. 또한 거래를 종료하기 위해 둘 혹은 그 이상의 당사자들의 승인을 요구한다는 점이다.

이더리움의 등장

이제 스마트 컨트랙트를 이더리움과 결부시키는 건 일반적인 일이다. 다만 우리가 살펴본 것처럼, 스마트 컨트랙트 개념은 이더리움 이전에 존재했고, 그 구현은 블록체인은커녕 이더리움까지 필요로 하지 않는다. 그럼에도 불구하고, 블록체인의 스마트 컨트랙트는 이더리움의 역사와 밀접한 관련이 있다. 이더리움이야말로 숱한 스마트 컨트랙트를 처리할 수 있는 가능성을 제시한 최초의 블록체인일 뿐만 아니라 이더리움의 역사가 스마트 컨트랙트가 지닌 함정 및 성공과 많은 관련이 있기 때문이다.

앞선 장에서 비트코인의 한계가 암호화폐 생태계에서 광란의 활동을 낳았다는 사실을 설명했다. 2011년 또는 2012년, 새로운 암호화폐들이 규칙적으로 등장했는데, 각 암호화폐는 비트코인의 특징 중 일부를 수정하거나 개선할 것을 제안했다. 마찬가지로 비트코인이 가진 제한된 스마트 컨트랙트 처리 능력이 이더리움을 만든 주요 동기로 보인다. 2013년 초, 당시 17세에 불과했던 러시아계 캐나다 프로그래머 비탈릭 부테린Vitalik Buterin은 비트코인 스크립트를 튜링 완전Turing completeness : 어떤 프로그래밍 언어가 튜링 머신과 동일한 계산 능력을 가지는 상태로 튜링 머신으로 풀 수 있는 계산 문제를 프로그래밍 언어로도 완벽하게 풀 수 있다는 뜻이다. 언어로 확장할 것을 제안했다. (튜링 완전 언어는 일종의 프로그래밍 언어로, 어떤 기계 언어로든 프로그래밍하는 것이 가능한 것이면 무엇이든 프로그래밍하도록 허용한다. 한편 초기 프로그래밍 언어들은 튜링 완전이 아니었는데, 다른 언어로 프로그래밍할 수 있는 일부 연산을 허용하지 않았기 때문이다. 자체의 한계로 볼 때 비트코인 스크립트는 튜링 완전 언어가 아니다. 반면 C언어나 자바, 파이썬과 같은 현대의 범용 프로그래밍 언어들은 대부분 튜링 완전 언어들이다.)

튜링 완전 언어를 비트코인에 도입하는 것은 더 유연하고 복잡한 스마트 컨트랙트를 가능하게 할 수 있었다. 앞서 3장에서 보았듯이, 비트코인 프로토콜에 변화를 주는 건 매우 어렵다. 비트코인의 개발을 한 가지 특정한 방향으로 이끌고 이를 부과할 조직이나 단체도 없다. 그 어떤 제안된 변화라도 과반수의 채굴자들이 받아들여야 하기에, 종종 그렇듯이, 어떤 방향으로 가야 하는지에 대한 이견이 있을 때는 그마저 달성하기 어려워진다. 놀랄 것도 없이 부테린의 제안은 대번 저항에 부딪혔다.

이에 대응하여 2013년 말 비탈릭 부테린은 전혀 새로운 블록체인을 제안한 이더리움 백서를 발표했다. 그 블록체인은 튜링 완전 언어를 포함하고 있었을 뿐만 아니라 비트코인과 달리 스마트 컨트랙트를 최적으로 지원하기 위한 의도로 집어넣은 많은 요소들을 포함하고 있었다. 이더리움도 자체 암호화폐인 이더를 거래에서 활용하기는 하지만, 백서에서 밝힌 부테린의 제안은 나카모토 사토시처럼 암호화폐를 중심으로 한 게 아니라 스마트 컨트랙트로 분산 애플리케이션을 구축하고 금융 자산과 자산증서, 다른 블록체인의 암호화폐와 같은 여타 자산들을 관리할 수 있는 기능의 시스템을 중심으로 삼았다. (이더의 보조적 역할은 암호화폐 거래소 목록에 오르는 방식으로도 드러난다. 거래소가 이더를 사고팔더라도 이를 '이더리움'으로 표기한다.)

이더리움이라는 이름 자체가 부테린의 비전을 말해주는데, 이는 우주에 스며들어 빛이 이동할 수 있게 한다고 믿었던 에테르ether 또는 aether, 영어식 발음은 이더라는 단어에서 직접 영감을 받았기 때문이다. 이더리움은 빛을 전달하는 에테르처럼 애플리케이션과 트랜잭션을 위한 매개체가 되는 것을 목표로 한다.

이더리움 창설을 이끈 주요 요인은 스마트 컨트랙트 개선을 위한 환경 구축이었지만, 비트코인을 개선하려고 시도했던 비탈릭 부테린의 과거 경험은 이더리움 내 지배구조에도 영향을 미쳤다. 컴퓨터와 소프트웨어의 발전은 빠르다. 모든 시스템하드웨어 또는 소프트웨어은 이 속도에 빠르게 적응할 수 있어야 한다. 내일 우리는 새로운 필요와 기회를 가질지도 모른다. 기술적 진보와 변화하는 요구에 발맞추는 것에 있어서는 비트코인이 잘못 설계되었다는 사실에는 의심의 여지가 없다.

결국 비탈릭 부테린은 안소니 디 이오리오Anthony Di Iorio와 찰스 호스킨슨Charles Hoskinson, 미아히 알리시Miahi Alisie, 아미르 체트릿Amir Chetrit과 함께 이더리움을 창설했다. 이더리움의 자금 모집은 그 자체로 흥미롭다. 그 과정은 최초의 초기암호화폐공개ICO로 간주되는데, 이때는 사실 ICO라는 이름조차 없었다. 후원자들은 비트코인을 특정 비트코인 주소로 보내고, 그 대가로 비밀번호가 있는 이더리움 지갑을 받아 플랫폼이 출시되면 자신의 이더리움에 접근할 수 있도록 했다. 따라서 비트코인과 달리, 일부 코인은 미리 채굴된 상태였다. 이후 2015년 7월 30일, 이더리움이 본격적으로 활성화되기 전에 개발팀과 이더리움재단이 공평하게 나누어 거의 1,200만 이더에 가까운 추가 채굴을 이뤄냈다.

| 이더리움은 '다르다' |

비트코인 직후에 만들어진 대부분의 암호화폐들은 비트코인과 동일한 설계를 채택했다. 최종적으로 채굴될 코인의 총 공급량, 작업증명에 사용되는 해싱 알고리즘의 정확한 버전, 블록 크기와 같은 다른 기술적 특징들에 관한 주요 차이점들이 대부분이었다.

이더리움은 비트코인 설계의 기본 구조, 즉 하버Haber와 스토르네타Stornetta가 고안한 것처럼 블록들을 연결하기 위해 해시 포인터를 사용한 것즉, 각각의 블록은 이전 블록의 해시를 포함하고 있다과 시스템이 블록 보상새로 채굴된 코인과 거래 수수료를 받는 채굴자들에 의해 유지되는 것 따위를 그대로 유지했다. 이외에 다른 것들은 이더리움이 처음부터 완전 새롭게 구축했다. 이를 통해 개발자들은 자신들의 목표인 분산형 애플리케이션을 실행하고 스마트 컨트랙트를 위한 비옥한 환경이 될 수 있는 가상 네트워크에 최대한 근접할 수 있었다. 이더리움 시스템에서는 이 네트워크를 '이더리움 가상 머신EVM'이라고 부른다.

비트코인과 마찬가지로 이더리움 참여자들은 주소를 통해 블록체인과 교류한다. 다만 비트코인과 이더리움은 블록체인에 기록된 내용이 다르다. 비트코인에서 사용자나 채굴자는 비트코인을 주고받기 위해 주소를 가지고 있어야 한다. 비트코인의 주요 목적은 비트코인을 전송하는 것이기 때문에, 주소는 지출되지 않은 비트코인 거래 출력값, 즉 이전 거래에 주소로 전송되었지만 아직 사용되지 않은 비트코인을 보관한다. 게다가 비트코인의 블록체인은 거래만 기록한다. 주소가 여러 개의 트랜잭션 출력값을 수신한 경우, 이 주소에서 사용할 수 있는 비트코인의 순이익, 즉 잔액은 블록체인에 직접 기록되지 않는다. 대신 거래 내역을 살펴보고 개인이 개별적으로 집계해야 한다. 이것이 블록체인의 암묵적 스테이트라고 불리는 것이다. 반면 이더리움은 블록체인에 명시적 스테이트를 유지한다. 즉, 각 주소에 대해 현재 이더 잔액이 기록된다. 이 주소로 트랜잭션을 보내고 받을 때 잔액은 업데이트된다.

또 다른 차이점, 무엇보다 더 중요한 차이점으로는 이더리움 내에서는 주소가 계정이나 스마트 컨트랙트가 될 수 있다는 점이다. 계정은 이더를 주고받고 보유하는 주소지만, 추가 코드는 담고 있지는 않다. 스마트 컨트랙트는 이더를 주고받고 보유하는 주소지만, 계약이 호출될 때 채굴자가 실행하는 코드를 담고 있다는 것이 결정적이다. 스마트 컨트랙트 주소는 스마트 컨트랙트의 스테이트도 저장한다. 예를 들어, 스마트 컨트랙트가 토큰 계약(일예로 ERC-20.), 즉 토큰을 생성하고 관리하는 스마트 컨트랙트라면, 컨트랙트의 스테이트는 토큰의 서로 다른 사용자가 보유한 토큰의 현재 잔액을 포함하게 된다. 중요한 것은 이더리움에서 스마트 컨트랙트가 생성되면, 즉 이더리움 블록체인 상에 기록되면, 그 주소와 코드는 절대 변경할 수 없다는 점이다. 그러나 스테이트와 이더의 잔액은 모든 트랜잭션에 따라 시시각각 변한다.

트랜잭션이라는 용어는 비트코인보다 이더리움에서 더 넓은 의미를 갖는다. 비트코인을 보내는 것과 유사하게 한 주소에서 다른 주소로 이더를 보내는 것은 트랜잭션의 한 종류다. 또 다른 유형은 스마트 컨트랙트를 작성하는 것이다. 그리고 이더리움 컨트랙트의 세 번째 유형은 스마트 컨트랙트를 호출하는 것즉, 스마트 컨트랙트의 코드에 의해 정의된 기능을 실행하는 것이다. (스마트 컨트랙트는 몇 가지 기능으로 이루어져 있는데, 그 중 일부는 서로 반대되는 작업-구매, 판매, 기록, 삭제-에 이용된다. 그래서 우리는 스마트 컨트랙트 전체를 호출하는 게 아니다. 이 문구는 스마트 컨트랙트에서 함수를 호출하는 것을 일컫는 약어다.)

트랜잭션을 실행하려면 몇 가지 계산이 필요하다. 간단한 이더 전송처럼 사소한 것도 있지만, 복잡한 스마트 컨트랙트를 체결할 때는 매우 집중적이고 비용이 많이 들 수 있다. 예를 들어, 스마트 컨트랙트는 다른 스마트 컨트랙트를 호출할 수 있기 때문에 특히 그렇다. 때문에 단순한 트랜잭션처럼 보이는 작업에도 광범위한 코드를 실행해야 할 수 있다. 스마트 컨트랙트를 실행하기 위해, 채굴자는 자신의 컴퓨터에서 코드를 실행한다. 스마트 컨트랙트가 채굴자의 컴퓨터에서 실행된다는 사실은 이더리움 설계에서 인센티브가 필요한 핵심 요소가 된다. 스마트 컨트랙트 코드를 실행하는 데는 약간의 컴퓨팅 파워가 필요하므로, 채굴자는 마땅히 이를 보상받아야 한다. 그렇지 않으면 채굴자는 자신의 블록에 간단한 전송 트랜잭션만 포함할 것이다. 이러한 연산을 실행한 채굴자들에게 보상을 하기 위해서는 거래 내용을 게시하는 사용자들이 수수료를 지불해야 하는데, 이더리움에는 가스가 그 역할을 한다. 프로그램을 실행하는 데 더 많은 자원이 필요할수록즉, 스마트 컨트랙트의 경우처럼, 채굴자에게 더 많은 보상을 지불해야 한다. 이더리움 플랫폼에서는 이더리움을 개발한 팀이 특별히 만든 유닛인 가스에 컴퓨팅 자원이 계산된다.

비트코인의 경우, 게시된 거래에서 해당 거래가 블록에 얼마나 많은 공간을 차지하게 될지는 분명하다. 거래 수수료는 자발적이다. 채굴자가 더 적은 공간을 차지하는 더 많은 수의 거래를 포함하는 것을 선호하지 않도록 하려면, 더 많은 공간을 차지하는 거래에는 더 높은 거래 수수료를 제공할 필요가 있다. 이더리움에서 트랜잭션이 얼마나 많은 연산을 수반할지는 보기만 해선 알 수 없다. 거래 수수료는 여전히 자발적이지만, 채굴자들은 제시된 수수료를 고려할 때 어떤 거래를 실행할 가치가 있는지를 알아내는 데 다른 도움이 필요하다. 이것이 이더리움 가스의 역할이다. 스마트 컨트랙트 코드의 각 명령어에는 코드를 실행하는 데 필요한 가스양이 표시되어 있다.

이더리움 시스템에서 특정 거래를 실행하는 데 필요한 가스의 양이 정해져 있지만, 거래의 발신자는 사용할 가스 단위 당 얼마의 이더를 지불해야 할지, 즉 얼마의 가스비를 제공할지 결정한다. 채굴자들은 거래가 실행되기 전까지 알 수 없는 전체 수수료보다 더 높은 가스비를 제시하는 거래를 선택할 것이다. 이는 마치 비트코인 내에서 채굴자들이 전반적으로 더 많이 지불하는 거래보다 바이트 당 더 많이 지불하는 거래를 선호하는 것과 같다. 따라서 가스비는 이더리움 블록체인 상의 활동 수준, 즉 가스에 대한 수요에 따라 달라진다.

채굴자들이 끊임없는 스마트 컨트랙트의 실행에 갇히는 것을 방지하기 위해 메시지 발신자는 채굴자에게 지급될 가스의 최대 단위 수일명 시작가스를 지정해야 한다. 채굴자들이 스마트 컨트랙트의 코드를 실행할 때, 프로그램을 실행하는 동안 그들이 지금까지 얼마나 많은 양의 가스를 소비했는지 셀 것이다. 그리고 소비된 가스 단위를 시작가스에서 빼면 이 거래에 사용될 수 있는 남은 가스를 보여줄 것이다. 만약 실행이 발신자의 시작가스에 의해 지정된 것보다 적은 양의 가스를 필요로 한다면, 스마트 컨트랙트는 고스란히 실행되며 나머지는 반환된다. 그렇지 않으면, 프로그램은 한계에 도달했을 때 멈출 것이다. 이러면 가스는 채굴자에게 지급되지만 스마트 컨트랙트는 시행되지 않을 것이다. 또한 시작가스를 필요한 가스보다 높게 올리는 것이 안전하지만, 너무 높게 설정하면 스마트 컨트랙트가 실행되기 전까지 불필요하게 공시된 가스비시작가스×가스비를 잠가 비용이 많이 들 수 있다. 따라서 스마트 컨트랙트를 호출하는 이용자는 가스 단위가 얼마나 필요할지에 대한 정확한 견적을 얻는 것이 중요하다.

가스 생태계는 비탈릭 부테린이 이더리움의 안정성을 구상한 방식이다. 이용자가 필요한 컴퓨팅 자원의 양에 따라 채굴자들에게 비용을 지불하도록 요구함으로써 그들의 거래가 무의미하고 오래 걸리는 거래에 대한 하나의 보호장치로 작용한다. 또한 스마트 컨트랙트 작성자가 자원 효율적인 코드를 위해 노력하도록 장려하여 이용자가 스마트 컨트랙트를 사용하지 못하도록 할 수 있다.

이더리움의 채굴자들은 비트코인과 마찬가지로 거래가 담긴 블록을 준비하고단순 전송도, 계약 호출, 계약 작성 자신의 블록을 블록체인에 포함시키기 위해 서로 경쟁한다. 거래 수수료는 블록체인에 자신의 블록을 추가하는 데 성공한 노드에서 챙겨가지만, 블록체인에 자신의 블록을 추가하려고 경쟁한 모든 노드들은 블록 내에 포함된 거래에 의해 호출된 코드를 구동시킬 필요가 있다. 왜냐하면 이 작업이 해당 블록에 보고될 필요가 있는 블록체인의 새로운 스테이트를 확인하도록 승인하기 때문이다. 더욱이 최근에 승인된 블록 위에 구축된 노드들은 새로운 블록이 보고하는 새로운 스테이트가 블록에서 승인된 거래의 결과인지 확인하기 위해 코드를 실행할 필요가 있다. 거래 수수료로 보상되는 유일한 노드는 '우승한' 노드다.

거래 수수료와는 별개로 채굴자들에게는 블록 보상이 주어진다. 이더리움 블록체인은 2015년부터 2021년까지 작업증명만으로 합의를 이뤄냈다. 동시에 이더리움의 명시적인 목표는 결국 검증 합의 메커니즘으로 이동하는 것이었다. 이러한 전환을 위한 예비 단계는 2021년 초에 이루어졌지만, 이 글을 쓰고 있는 시점에는 아직 완료되지 않았다.

비트코인과 관련하여 앞서 논의했듯이, 작업증명 합의 메커니즘이 우발적인 포크를 생성하는 건 당연한 귀결이다. 이때 포크는 최장 체인 규칙에 의해 해결된다. 그래서 비트코인에서 메인 블록체인에 진입하지 못한 블록은 고아로 전락하며 블록체인에 기록되지 않고 채굴자들은 아무런 보상도 받지 못한다. 이더리움에서 블록 간 지연은 수 초 단위로 측정되는데, 처음에는 평균 지연 시간이 35초로 설정되었으나 현재는 15초다. 이러한 새로운 블록 생성 속도는 많은 수의 포크를 만들게 되며, 결국 고아가 된 가지에 들러붙는 많은 수의 채굴자들이 생기게 된다. 이는 작업증명 내에서 타당한 논스를 발견하고도 보상을 받지 못할 확률이 높을수록 채굴자들이 블록체인의 유지 관리에 자신의 자원을 투입하지 않을 가능성도 높아지기 때문에 심각한 문제를 야기한다.

바로 이러한 이유 때문에 이더리움 내에서 메인 블록체인으로부터 떨어져 나온 블록들이 고아가 되기보다 삼촌uncle이 되는 것이다. 메인 블록체인 상의 채굴자들은 해시를 포함하여 자신의 블록에 소위 삼촌 블록이라고 불리는 블록들을 연결한다. 그 대가로 삼촌 블록을 링크한 메인 블록체인 경로의 채굴자는 약간의 보상을 받고 삼촌 블록을 채굴한 채굴자는 부분적인 블록 보상을 받는다. 그러나 그는 거래 수수료는 한 푼도 받지 못한다.

비트코인 내에서는 옴짝달싹 없이 고정된 수많은 블록체인 특성들이 이더리움에 와서는 보다 유연하도록 설계됐다. 여기에는 블록 용량, 블록 간 간격, 블록 보상 및 이더 공급이 포함된다. 비트코인에서는 블록 용량이 1MB로 설정되는데, 이를 늘리려다 하드포크가 일어나는 바람에 새로운 암호화폐 비트코인 캐시를 낳았다. 이더리움에서는 블록에 포함될 수 있는 거래 건수가 총 소비할 가스의 양으로 제한된다. 이는 공간을 거의 잡아먹지 않는 단순한 트랜잭션이 복잡하고 비용이 많이 드는, 그래서 더 많은 시간이 소요되는 코드를 실행해야 할 수 있으므로 보다 적절한 방법이 된다. 그러나 가장 큰 차이점은 채굴자들이 주기적으로 한 블록의 가스 한도를 늘릴지 줄일지 투표한다는 것이다. 이렇게라도 해야지 거래 실행 자원에 대한 수요와 공급의 균형을 맞출 수 있다.

블록 용량과 마찬가지로 새로 발행되는 비트코인의 공급 일정도 비트코인 프로토콜에서 정하고 있어 이를 변경하려면 채굴자들의 합의와 하드포크가 필요하다. 비트코인 프로토콜은 50BTC부터 시작하여 매 21만 블록마다 블록 보상을 반감시키도록 고정했다. 보상금이 1사토시 이하로 삭감된 후에는 더 이상 블록 보상금이 지급되지 않는다. 이 계획에 따라 만들어진 총 비트코인의 수는 약 2,100만 개다. 이더리움은 그렇게 고정된 공급 일정과 발행된 총 이더 수에 대한 상한선하드캡을 가지고 있지 않다. 블록 보상으로 지급되는 이더 양은 이더리움 프로토콜 업데이트에 따라 조정된다. 처음에는 모든 블록이 거래 수수료 외에 5이더를 지불했고, 2021년에는 2이더를 지불했다. 하지만 그 변경 사항들은 사전에 예정되어 있지 않다. 따라서 시스템에서 발행할 수 있는 총 이더 수에는 제한이 없다. 이와 유사하게 블록 보상에 대해서도 블록들 간의 목표 간격은 프로토콜 업데이트에 따라 매번 변하고 있다.

이더리움에는 원칙적으로 누구나 프로토콜 업데이트를 제안할 수 있다. 실제 채굴자들이 채택한 업데이트는 2014년 이더리움 개발 초기에 설립된 스위스 기반의 재단인 이더리움재단에서 나온 것이다. 암호화폐가 채굴자나 이용자에 대한 공식적인 권한 없이 블록체인 기반 플랫폼의 개발과 유지를 중심으로 노력을 조정하는 것을 목표로 하는 주체인 '재단'을 갖는 것은 드문 일이 아니다. 비트코인재단이나 피어코인재단 등이 대표적인 사례다. 이러한 토대들은 그 효과에 있어 매우 다르다. 비트코인재단은 2015년 해체된 반면, 이더리움재단은 그 명성과 영향력 덕분에 이더리움 진화에 중요한 역할을 지금도 계속하고 있다. 비탈릭 부테린이 재단에 적극적으로 참여한 것은 이러한 명성과 영향력을 유지하는 데 중요한 요인이 될 수 있다. 이와는 대조적으로 비트코인의 창시자인 나카모토 사토시는 비트코인을 만든 지 약 2년 뒤부터 대중에 모습을 드러내지 않고 있다. 그가 남긴 마지막 메시지는 2010년 12월 포럼 bitcointalk.org에 게시되었다.

제안된 이더리움 업데이트가 블록 보상을 낮추면 채굴자들은 채택을 망설일 수 있다. 상충되는 인센티브는 조정 문제를 야기한다. 각 채굴자는 자신들에게 더 높은 보상을 제공하기 때문에 오래된 프로토콜을 고수하기를 선호할 수 있다. 그러나 대부분의 다른 채굴자들이 업데이트를 채택하면, 그는 보상을 전혀 받지 못할 것이다. 왜냐하면 그들의 블록이 더 이상 블록체인에 의해 인식되지 않기 때문이다. 이런 일이 일어날 때, 재단의 비공식 권한은 일종의 조정 장치처럼 작용한다. 채굴자들은 재단이 제안한 업데이트 버전을 채택할 의무가 없지만, 전부는 아니라 할지라도 대부분의 다른 채굴자들도 그렇게 할 것으로 예상하여 새로운 버전을 암묵적으로 받아들이는 게 각 채굴자의 이익이다. 재단의 도덕적 권위로서의 역할은 2016년 이른바 '더다오' 사건 때 더욱 뚜렷해졌다.

스마트 컨트랙트를 통해 독립된 당사자 간의 합의 사항을 자동으로 실행할 수 있게 되면서 전체 조직을 자동화할 수 있다는 전망이 나왔다. 이를 위해 복잡한 다중 계약 구조가 필요하지만 튜링 완전 프로그래밍 언어 덕분에 이더리움 블록체인에서 구성이 가능했다. 이러한 복잡한 구조의 첫 번째 유형은 2015년에 이더리움 블록체인에 전개되었고, 2016년에 실질적인 관심을 끌었는데, 바로 분산형 자율 조직, 다오DAO가 그것이었다.

다오는 전체 조직이나 법인이 스마트 컨트랙트로 자동화되고 조직의 모든 구성원에 의해 관리될 수 있으며 이를 악용하거나 가치를 빼갈 수 있는 인적 관리자들의 결정적 힘에 의존할 필요가 없다는 전제를 깔고 있다. 다오는 대시, 스팀 또는 메이커다오와 같이 다양한 이름으로 출시되지만, 그것들 중에서 2016년 4월에 시작된 다오는 '더다오The DAO'라고 불렸다.

다른 많은 다오와 마찬가지로 더다오 역시 이사회는커녕 다층화된 스마트 컨트랙트 외에 감독이나 경영진으로 불릴만한 아무 것도 갖고 있지 않았다. 더다오의 목표는 벤처 캐피털을 분산시키는 것이었다. 다오의 원리는 비교적 간단했다. 투자자들은 이더를 다오 스마트 칸트랙트에 보내고, 더다오에 제출된 프로젝트에 투표할 수 있는 일정 수의 토큰이더 당 100개의 다오 토큰을 교환 받는 방식으로 참여했다. 투자 수익은 투자 금액에 비례하여 투자를 모은 자에게 재분배된다. 원리는 간단했지만, 다중으로 연결된 스마트 컨트랙트와 이른바 자녀 다오children DAO 때문에 실현되기가 꽤나 복잡했다. 다른 무허가 블록체인의 응용 프로그램과 마찬가지로 더다오는 모든 사람들에게 어필하는 것을 목표로 하고 있지만, 그러한 복잡한 스마트 컨트랙트를 지배하는 코드를 면밀히 조사할 수 있는 전문 지식을 가진 사람은 거의 없다.

2016년 4월 30일, 더다오의 토큰 판매가 시작되었고, 5월 21일까지 크라우드 펀딩은 1270만 이더, 당시로 약 1억5천만 달러 가치의 이더를 모금했다. 2016년 6월 17일, 한 해커가 더다오의 스마트 컨트랙트 코드의 여러 취약점을 이용하여 360만 이더약 5천만 달러 상당를 탈취했다. 중요한 건 이 공격이 스마트 컨트랙트의 강령을 위반하지 않았다는 사실이다. 대신 해커가 자금을 훔칠 수 있었던 것은 코드의 허점이 허락될 의도가 다분하지 않았을 작업을 허용했기 때문이다. 이러한 취약점들 중 일부는 공격 한 달 전에 이미 확인되었지만, 이를 해결하기 위한 조치가 필요하다는 요청에 누구도 응답하지 않았다.

당시 해킹은 더다오 계약에서 초기 소수의 유권자들을 보호하기 위한 방법으로 고안되었던 조치를 악용했다. 그 조치는 더다오의 자금조달 결정에 동의하지 않았던 후원자들이 자신의 자금을 회수해 다른 프로젝트에 자금을 댈 수 있게 해주는 회수와 펀드Retrieve & Fund 기능이었다. 이러한 기능은 더다오의 스마트 컨트랙트에서 사용자가 펀드에서 자신의 이더를 검색하여 일정 기간 동안 자녀 다오에 예치할 수 있는 분할 기능을 통해 코딩되었다. 이후 이용자는 자유롭게 다른 프로젝트에 자금을 댈 수 있었다. 문제는 해당 분할 기능이 먼저 자녀 다오로 자금을 보내고 그 후에야 메인 다오와 이용자의 잔액을 업데이트하는 허점이 있었다는 점이다. 해커는 기능 전체가 실행되지 않는 방식으로 이 분할 기능을 반복적으로 호출할 수 있었다. 기능을 호출할 때마다 자녀 다오에게 자금이 입금됐지만, 메인 다오와 잔액을 업데이트하기 전에 해당 기능을 중단시켰다. 따라서 해커는 더다오에 가지고 있던 자금을 여러 번 인출해낼 수 있었다.

이 절도 사건은 모든 사람이 볼 수 있을지라도 복잡한 코드가 정밀하게 조사되기에는 너무 어려울 수 있다는 사실과 문제를 고치는 작업이 너무 느릴 수 있으며, 완전히 분산되고 리더가 없는 세계에서는 결코 일어나지 않을 수 있다는 사실을 여러 사람들에게 고통스러운 방식으로 보여주었다. 이는 이제 막 첫 발을 뗀 이더리움과 같은 스마트 컨트랙트 생태계에 심각한 타격이자 미래에 대한 리스크였다. 이 절도 사건은 또한 딜레마를 야기했다. 이더리움 커뮤니티의 일부 회원들은 이번 공격에 짜증이 나긴 했지만 블록체인이 코드에 의해 유일한 객관적 참고자료로 지배되어야 하며 스마트 컨트랙트를 설계할 때 이 사건을 교훈으로 삼는 것 이외에 다른 아무 조치도 이뤄져서는 안 된다고 주장했다. 그러나 다른 많은 사람들은 도덕적 이유로 도난당한 자금을 원래 주인에게 돌려줄 것을 요구하며 이 주장에 동의하지 않았다. 결국 후자의 그룹이 토론에서 이겼고, 이후 생각지도 못한 일이 일어났다. 이더리움재단이 해당 기금을 다시 충당하기로 결정한 것이다.

도난 사건을 되돌리기 위해 해킹 피해자들이 이더를 돌려받는 새로운 거래가 추가되었다. 그러나 그 보상은 해커에 의해 발행되지 않았다. 이러한 거래는 기술적으로 유효하지도 않으며 정상적인 상황에서는 이더리움 채굴 소프트웨어가 플래그를 지정하고 거부할 사안이었다. 그럼에도 불구하고 이더리움재단이 2016년 7월 발행한 소프트웨어 업데이트는 이 거래를 블록체인에 기록할 수 있도록 허용했다.

채굴자들이라면 자발적으로 업데이트를 받아들이는 편이다. 그러나 상당수의 채굴자들이 훔친 자금을 재충당하려는 아이디어에 반대 입장을 고수했다. 결국 이는 보안의 보증서와 같은 '블록체인의 불변성'이라는 결과를 만들어냈다. 채굴자들은 이더리움재단이 제안한 소프트웨어 업데이트를 받아들이지 않고 단순히 역사적 블록체인인 더다오 해커가 자신의 전리품을 보관하는 블록체인 상의 블록을 계속 채굴을 했다.

그러나 채굴자 대다수가 이더리움재단의 업데이트를 수용해 이더리움 메인 블록체인에서는 더다오 공격에서 빼돌린 자금이 재충당되었다. 업데이트를 받아들이

지 않은 채굴자들이 메인 이더리움 블록체인에 참여할 수 없다는 의미로 이를 이른바 '하드포크 업데이트'라고 불렀다. 대신 이 결정적인 업데이트를 따르지 않고 원래 이더리움 위에 여전히 구축 중인 블록체인을 '이더리움 클래식'이라고 부른다.이더리움의 블록체인 #1920000에서 #1920009까지의 블록들에서는 이더리움에서 이더리움 클래식을 분리한 해당 포크를 여전히 볼 수 있다.

포크된 블록체인의 존재는 이더리움만의 것이 아니다. 우리가 일전에 보았듯이, 비트코인도 여러 번의 포크를 겪었는데, 그 중 가장 유명한 사례는 아마도 2017년 8월에 있었던 비트코인 캐시 생성이었을 것이다. 이 모든 포크는 채굴자들 간의 의견 불일치에 기인한다는 공통점이 있다. 일부 채굴자들은 동일한 소프트웨어로 블록체인을 계속 유지하기를 원하고, 다른 채굴자들은 이전 소프트웨어와 호환되지 않는 새로운 기능을 업데이트하고 추가하기를 원한다. 새 버전이 생성한 블록은 이전 버전에서 읽을 수 없을지 모르지만 두 버전의 블록체인에서 거래의 유효성에 대해서는 아무런 문제가 없다. 이더리움의 하드포크는 많은 이들이 공식 버전으로 간주하는 버전이 유효하지 않은 트랜잭션을 포함하고 있다는 점에서 독특하다.

압도적 다수의 채굴자들이 이 논쟁적인 이슈에 대해 이더리움재단의 선도를 따랐다는 사실은 재단의 도덕적 권위와 함께 블록체인의 적절한 기능에 있어 공동체의 합의가 중요하다는 사실을 말해준다. 블록체인 상에 기록 히스토리가 불변하다는 주장은 기술적인 속성이 아니다. 자신의 목적에 따라 결정을 내리는 무수한 개인들이 함께 조정을 내린 결과다. 그러나 이 포크가 선의였음에도 불구하고, 블록체인이 불변의 히스토리 기록을 보장한다는 개념에 심각한 흠집을 냈다는 사실에는 의심의 여지가 없다. 더욱이 더다오 사건은 스마트 컨트랙트 애호가들과 지지자들에게 강력한 경고이기도 했다. 잘못 설계된 컨트랙트는 극적인 결과를 낳을 수 있다는 경고 말이다.

스마트 컨트랙트

스마트 컨트랙트가 무엇을 할 수 있고 무엇을 할 수 없는지 이해하기 위해서는 스마트 컨트랙트의 작동 방식을 자세히 이해하는 게 무엇보다 중요하다. 이더리움 상에서 스마트 컨트랙트가 어떤 모습을 띠는지 검토하는 것도 우리가 이더리움 작동 방식을 조금 더 깊이 들여다보는 데 도움이 될 것이다. 블록체인이 다 제각각이라도 스마트 컨트랙트는 모두 비슷하게 작동한다.

| 이더리움 상의 스마트 컨트랙트 |

이 장 앞부분에서 설명했듯이, 스마트 컨트랙트는 이더리움이나 그밖에 유사한 플랫폼들의 경우 블록체인 상에 탑재되는 컴퓨터 코드다. 스마트 컨트랙트는 이더리움의 트랜잭션 세 가지 유형 중 하나인 계약 생성 트랜잭션에 의해 블록체인 위에 올려진다. 계약 생성 후 스마트 컨트랙트는 주소와 스테이트, 잔액이 있는 이더리움 계정이 된다. 또 다른 유형의 트랜잭션인 컨트랙트 콜 트랜잭션은 스마트 컨트랙트 코드의 함수를 실행하는 데 쓰인다. 종종 그 함수는 몇몇 매개변수들을 취하는데, 매개변수들은 컨트랙트 콜 트랜잭션에 산입될 필요가 있다. 스마트 컨트랙트 기능이 실행되면 스마트 컨트랙트의 스테이트가 바뀐다. 동시에 스마트 컨트랙트의 코드는 절대 변하지 않는다.

이더리움에 쓰인 프로그래밍 언어가 튜링 완전 언어기 때문에 스마트 컨트랙트는 다양한 가능성을 제공한다. 한 가지 예로 스마트 컨트랙트는 배송을 추적하는 데 사용될 수 있다. 영국 런던에서 뉴멕시코 주 앨버커키 교외의 베르날릴로로 소포를 보낸다고 생각해 보자. 이 소포는 런던에서 뉴욕까지, 뉴욕에서 애틀랜타까지, 애틀랜타에서 앨버커키까지, 그리고 베르날릴로까지 여러 단계를 거쳐 배송될 것이다. 각 단계에서 소포는 스캔되고, 스캔 결과는 스마트 컨트랙트로 전송된다. 그러면 스마트 컨트랙트는 누군가에게 업데이트를 보내거나, 혹은 단순히 배송업체의 데이터베이스를 업데이트할 것이다. 이런 작업은 페덱스나 UPS 같은 배송업체들이 실제로 하는 일이기 때문에 매우 친숙해 보인다. 여기서 유일하게 독창적인 부분은 이더리움 상에서 배송을 추적하는 스마트 컨트랙트가 서로 다른 배송업체가 운반하는 배송물을 더 쉽게 추적할 수 있다는 점이다. 페덱스나 UPS에 의한 추적 서비스는 오로지 그들이 직접 취급하는 소포로만 작동할 수 있다.

스마트 컨트랙트 활용이 가능한 또 다른 예는 날씨보험이다. 이러한 계약에서 강우량이나 기온이 특정 변수를 초과할 때예를 들어, 미리 정한 기간 동안 기온이 너무 높거나 강우 기간이 너무 긴 경우 보험금이 자동으로 수취인에게 지급된다.

사실 프로그램을 작성할 수 있는 한, 스마트 컨트랙트는 상상하는 거의 모든 것이 될 수 있다. '컨트랙트'라는 용어는 여러 당사자들이 특정 조치를 취할 것을 약속하는 것을 암시하지만, 이는 스마트 컨트랙트에 대한 필수조건은 아니다. 어떤 사람들은 계산기나 알람시계 기능을 하는 스마트 컨트랙트를 작성했다. 이러한 스마트 컨트랙트가 얼마나 유용한지는 다른 논쟁이 된다. 요점은 프로그래밍할 수만 있다면 뭐든 스마트 컨트랙트가 될 수 있다는 사실을 강조하는 것이다. 여기서 유일한 제한은 작업을 프로그래밍할 수 있는지의 여부가 되기 때문에 스마트 컨트랙트도 우리가 제시한 사례들보다 훨씬 더 복잡할 수 있다. 예를 들어, 어떤 스마트 컨트랙트는 다른 스마트 컨트랙트에서 돌아가는 함수의 실행을 촉발하는 것일 수도 있다.

스마트 컨트랙트를 만들고 호출하는 것이 이더리움 내에서 이더를 보내는 것과 비슷한 트랜잭션이지만, 스마트 컨트랙트는 블록체인 상에서 암호화폐를 옮기는 것과 근본적으로 다르다. 그러한 근본적인 차이 중 하나는 블록체인 바깥의 세상과 연결할 수 있는 스마트 컨트랙트가 필요하다는 점이다. 이와는 대조적으로 이더와 비트코인들은 자체 블록체인 내에서 자급자족적이다. 스마트 컨트랙트가 블록체인 상에서 그와 유사하게 자족적이라면 그 사용성이 매우 제한적일 것이다. 앞서 제시한 두 가지 사례를 이용하여 이 문제를 설명해보자.

우선, 이더리움이 배송을 추적하는 스마트 컨트랙트를 생각해보자. 소포가 애틀랜타 물류창고에 도착하면 어떤 일이 일어나는지 보자. 그곳에서 소포를 스캔하면 블록체인 외부의 데이터가 스마트 컨트랙트로 전송된다. 이 데이터를 보내는 것은 마치 비트코인의 두 지갑 사이에서 거래가 이루어지는 것과 동일한 거래 형태를 취한다. 유일한 차이점이라면 비트코인이나 이더를 주소로 보내는 대신 일부 데이터를 보내고 있으며, 수신자의 주소는 사실 스마트 컨트랙트의 주소라는 것뿐이다. 이 트랜잭션은 스마트 컨트랙트에서 함수라고 불리는데, 스캐너의 입력으로 일단 실행되면 새로운 메시지를 생성한다. 그 메시지는 이더리움의 블록체인에 저장

될 것이며 단순히 우리 트랜잭션의 결과값일 뿐이다. 하지만 어떻게 하면 소포가 애틀랜타에 도착했다는 이메일을 받을 수 있을까? 그러기 위해서는 블록체인을 정기적으로 체크하는 컴퓨터가 필요하다. 그 컴퓨터는 스마트 컨트랙트 출력값이 블록체인에 뜨는지를 검색한다. 이 메시지를 발견하자마자, 컴퓨터는 우리에게 오랫동안 기다려온 이메일을 보낸다. 여기에는 중요한 단점이 있는데, 그것은 이더리움 상에서 스마트 컨트랙트가 블록체인 외부에서 작업을 수행할 수 없다는 점이다. 여기서 이메일 발송은 블록체인 외부에서 일어나는 작업이다. 그 작업을 수행하려면 이더리움의 블록체인을 읽어낼 수 있는 시스템을 이더리움 외부에 가지고 있어야 한다. 마찬가지로 이더리움 상에서 스마트 컨트랙트도 외부에서 디지털 입력값이 필요하며, 외부에서 호출될 필요가 있다. 비트코인 블록체인은 외부 세계와 완전히 격리될 수 있고 비트코인이 필요한 유일한 입력값은 암호 개인키로 서명된 처분disposition 전송뿐이지만, 격리된 블록체인 상의 스마트 컨트랙트는 그 기능에 심각한 제약이 있을 수밖에 없다.

스마트 컨트랙트의 가장 두드러진 취약점은 잠재적인 코딩 실수일명, 스마트 컨트랙트 리스크이다. 더 다오 사태는 컨트랙트가 잘 작성되지 않았을 때 일어날 수 있는 가장 유명한 사례일 것이다. 그러나 외부 입력값 및 실행 시스템의 필요성 때문에 추가적인 문제들과 취약성이 발생할 수 있다. 여기서 두 번째 날씨보험의 사례를 예로 들어볼 수 있다. 스마트 컨트랙트는 강우량이 특정 임계값을 넘을 때 보험금을 지급한다. 이때 계약 당사자들은 강우 정보의 출처에 대해 합의할 필요가 있다. 예를 들어, 그것은 지정된 센서를 통해서나 정보 사이트를 통해서 얻어질 수 있다. 이러한 정보 출처를 '오라클'이라고 부른다. 이 사례들에서 정보는 센서나 웹사이트 API의 디지털 서명으로 서명된다. 스마트 컨트랙트가 수용 가능한 오라클로 지정한 소스가 서명한 정보를 제공함으로써 계약이 호출될 수 있다. 정보가 조건을 만족하면 사용자는 보험금을 받게 된다. 앞선 추적 예제에서는 오라클이 단순히 소포의 위치를 기록하는 스캐닝 장치가 될 것이다.

오라클이 필요한 상황이 스마트 컨트랙트에 대한 소위 '오라클 리스크'를 발생시킨다. 오라클에는 두 가지 문제가 내재해 있다. 하나는 오라클이 잠재적으로 조작될 수 있다는 점이다. 사용자들이 해당 지역 센서에 물을 부어서 많은 강우량을 인위적으로 만들어 지급금을 거뒀기 때문에 이전의 스마트 컨트랙트 기반의 날씨 보험 계획 중 하나가 실패했다. 두 번째 문제는 외부 소스에서 이 정보를 수동적으로 가져오는 것이 난해하고 번거로우며 그 과정에서 기술적 실수가 발생하기 쉽다는 점이다.

이러한 문제를 극복하기 위해 새로운 솔루션이 도입된다. 예를 들어 오라클 컨트랙트는 외부 정보를 블록체인에 탑재하는 데 초점을 맞춘 스마트 컨트랙트다. 이 시스템이 갖는 장점 중 하나는 오라클이 블록체인에 입력하는 데이터에 화폐 거래가 갖는 것과 같은 수준의 불변성을 부여한다는 점이다. 데이터를 더 쉽고 안정적으로 활용해 다른 스마트 컨트랙트를 호출할 수 있는 것도 이 시스템이 갖는 또 다른 장점이다. 여러 스마트 컨트랙트에서 동일한 데이터가 필요하다면 그 데이터를 다시 블록체인에 넣을 필요가 없다. 하나의 오라클 컨트랙트에 저장된 데이터를 두루 공유할 수 있어 시스템 효율성이 더욱 높아진다.

동시에 오라클의 조작 가능성을 줄이는 것을 목표로 하는 오라클 컨트랙트에서 많은 설계들이 등장하는데, 이것들은 주로 여러 정보 출처와 이 정보의 다중 검증자들이 참여하도록 인센티브를 제공하고자 한다. 그러나 지속적으로 설계를 개선하면서 오라클 리스크를 완화할 수는 있지만 완전히 제거하지는 못한다.

이러한 사례들은 스마트 컨트랙트 생태계의 중요한 특징 중 하나로 블록체인과 현실 세계 사이의 가교가 필요하다는 점을 강조한다. 결론은 이더리움이 제공하는 보안이 부분적으로 오라클의 보안에 달려 있다는 점이다. 이더리움을 해킹하는 것이 불가능하지는 않더라도 어려울 수 있지만 오라클을 손상시키는 건 그보다 더 쉬울 수 있다. 만약 그런 일이 발생한다면, 이행되지 말아야 할 계약을 이행하거나, 이행되어야 할 계약을 이행하지 않을 수 있다.

따라서 일단 외부 데이터에 의존하게 되면 스마트 컨트랙트의 보안을 보장하는 건 더 어려워진다. 이는 앞서 언급한 스마트 컨트랙트 리스크, 즉 다른 프로그램과 마찬가지로 스마트 컨트랙트에 버그나 허점이 있을 리스크와는 별개의 취약성이다. 버그가 없고 허점이 전혀 없는 컨트랙트를 작성하기 위해서는 모두가 다 가지고 있지는 않는 특정 기술이 필요하다. 스마트 컨트랙트를 신뢰할 수 있는 오라클에 연결하려면 추가적인 기술과 지식이 필요하다. 그래서 스마트 컨트랙트를 작성하여 블록체인에 포함시키는 게 누구에게나 허용되지만 모두가 가능한 건 아니라는 점에서 스마트 컨트랙트는 들리는 것처럼 '민주적'이진 않다. 또한 모든 사람이 이미 블록체인에 존재하는 스마트 컨트랙트이 정상적으로 코드화되어 있고 신뢰할 수 있는 오라클을 참조하고 있는지 평가할 수 있는 것은 아니다. 이는 충분한 프로그래밍 기술과 능숙한 지식을 가진 사람, 혹은 이러한 기술과 지식을 가진 사람을 고용할 여유가 있는 사람만을 위한 것이다. 이는 또한 표준화된 스마트 컨트랙트를 제공할 수 있고 제공된 스마트 컨트랙트의 정확성에 자신들의 명성을 걸 수 있는 중개자가 부상할 수 있는 기회를 창출한다.

위에서 논의한 리스크와 취약성과는 별개로, 컴퓨터 코드로서의 스마트 컨트랙트의 성격은 종종 사람들이 간과하거나 오해하는 또 다른 한계를 낳는다. 스마트 컨트랙트가 바로 그 계약이나 협상의 행위를 쉽게 만든다고 생각하면 큰 오산이다. 많은 컨트랙트들은 합의와 설계가 어렵기 때문에, 보통 전문가의 기술이 필요하다. 스마트 컨트랙트의 핵심은 계약 이행의 자동화에 있다. 그러한 자동화는 당사자들이 그러한 계약을 매력적이라고 생각하는 시점에 영향을 미칠 수 있다. 그러나 스마트 컨트랙트가 어떻게 협상을 더 쉽게 만들고 인센티브에 관한 계약 당사자들의 근본적인 이견들을 극복하도록 만들지는 알 수 없다.

마지막으로 스마트 컨트랙트의 중요하고 의미심장한 한계는 본질적으로 적용가능성이 상당히 제한적이라는 것이다. 스마트 컨트랙트는 명백한 디지털 입력값을 요구하기 때문에 그러한 계약은 '명백한 증거hard evidence'에 관한 것일 수 있으며, 따라서 처리할 수 있는 상황의 범위를 제한하게 된다. 스마트 컨트랙트는 일반적으로 법적 고려대상인 모호성이나 의도를 다룰 수 없기 때문이다.

| 스마트 컨트랙트는 블록체인을 어디에 활용하는가? |

닉 재보가 정의한 스마트 컨트랙트의 개념은 비트코인보다 10년 이상 앞선다. 게다가 스마트 컨트랙트는 컴퓨터 코드기 때문에 작동을 위해 블록체인이 꼭 필요한 것도 아니다. 우리는 모든 관련자들이 접근만 할 수 있다면 비非블록체인 플랫폼에서도 얼마든지 스마트 컨트랙트를 실행할 수 있다. 따라서 스마트 컨트랙트라는 맥락에서 블록체인이 제공하는 기능이나 장점이 무엇인지 묻는 건 정당한 질문이라 할 수 있다.

블록체인 이전, 스마트 컨트랙트가 작동하는 대표적 사례로는 자판기와 신용카드 잔액 자동결제 등이 있다. 이 같은 스마트 컨트랙트는 은행과 같은 사업자가 제안한 규제로 제약을 받았다. 반대로 이더리움 상에서 스마트 컨트랙트는 어떤 이용자라도 코드화할 수 있는 계약 합의에 대한 스마트 컨트랙트를 생성시킬 수 있게 허용한다. 이더리움의 스마트 컨트랙트는 P2P이기 때문에 사용자 지정이 가능하다. 그러나 이러한 스마트 컨트랙트는 이 거래를 위해 중앙이 관리하는 플랫폼이 호스팅할 수도 있다. 왓츠앱이나 이베이, 도큐사인DocuSign 등은 P2P 상호 교류를 가능하게 한다. 이때 플랫폼들은 각기 사용자에 맞는 콘텐츠를 가지고 하는데, 왓츠앱의 경우는 메시지로, 이베이의 경우는 판매용 상품으로, 도큐사인의 경우는 서명용 문서로 한다.

블록체인은 또한 불변성을 약속한다. 일단 블록체인에 업로드되면 스마트 컨트랙트는 변하지 않는 형태로 영원히 존재한다. 이 불변성에는 두 가지 측면이 있다. 하나는 영구성이고 다른 하나는 불변성이다. 스마트 컨트랙트가 블록체인에 영원히 존재하기 위해서 우리는 블록체인이 영원히 유지되도록 할 필요가 있다.

비록 블록체인과 암호화폐가 비트코인의 시작 이후 큰 지지와 인기를 얻었지만, 누구도 그러한 시스템이 향후 20년 또는 30년 뒤에도 존재할 거라고 단언할 수 없다. 스마트 컨트랙트를 호스팅하는 중앙 관리 플랫폼이 영원히 존재할 가능성은 어떨까? 어떤 플랫폼이라도 먼 미래에 운영을 유지할 가능성이 높을 거라는 걸 장담하기는 어렵다는 점을 인정해야 한다. 역사는 한때 지배적이었으나 결국 쇠퇴한 플랫폼이나 기술 표준의 사례들로 가득하다.

불변성의 두 번째 측면은 불가변성이다. 스마트 컨트랙트 등 기록이 변경되지 않는다는 점은 대부분 이해하는 경우가 많다. 전자 기록은 언제든지 변경할 수 있지만, 무허가 블록체인이 잘 작동하면 기록을 효과적으로 변경하는 데 매우 많은 비용이 든다. 3장과 4장의 논의에 따라, 허가가 필요 없는 잘 작동하는 블록체인은 많은 수의 검증자와 기존 암호화폐의 높은 가치를 가진 잘 설계되고 인기 있는 블록체인을 의미한다. 이더리움 클래식과 비트코인 골드의 사례에서도 보듯이, 기존 암호화폐의 가치가 작아지면 튼튼한 설계에도 불구하고 최장 체인 공격에 문을 열어줄 수도 있다. 더욱이 이더리움의 더다오 사건은 무허가 블록체인 스마트 컨트랙트가 잘 작동하더라도 얼마든지 취소될 수 있다는 사실을 보여주었다. 스마트 컨트랙트로서 기록의 불가변성, 즉 스마트 컨트랙트의 호출은 디지털 서명에 의해 확보된다. 무허가 블록체인의 이중지불은 비싸고 난해한 것은 차치하고라도 채굴자들이 하는 거래 상에서만 가능하다는 점을 상기하기 바란다. 우리는 사용자 맞춤형 P2P 스마트 컨트랙트를 위해 잘 설계된 플랫폼이 서명을 엑세스할 수 있게 해줄 거라고 기대할 것이다. 플랫폼이 작성자의 개인키 없이 스마트 컨트랙트의 코드를 소급 변경하려고 하면 스마트 컨트랙트가 제대로 체결되지 않은 것을 쉽게 알 수 있을 것이다. 이용자는 그런 계약을 체결해서는 안 된다. 따라서 중앙집중화 플랫폼도 스마트 컨트랙트를 눈에 띄지 않고 효과적으로 변경할 수 없다. 기록 변경이 감지되면 중앙집중화 플랫폼과 무허가 블록체인도 마찬가지로 평판 우려와 사용자 손실의 대상이 되기 때문이다.

무허가 블록체인과 중앙집중화 플랫폼허가형 블록체인 포함의 주요 차이점은 검열 저항으로 귀결된다. 무허가 블록체인은 엑세스를 제한하는 것이 어렵다. (충분히 많은 검증자들이 특정 주소의 블랙리스트에 '커밋Commit : 소스코드의 저장소에 변경사항을 기록하는 행위' 할 경우는 가능하다.) 중앙에서 관리되는 스마트 컨트랙트 플랫폼은 특정 개인이 스마트 컨트랙트를 생성하거나 호출할 수 있는 권한을 제한하거나 플랫폼에서 허용된 스마트 컨트랙트 유형을 제한할 수 있다. 이는 중앙 관리 플랫폼이 허가형 블록체인을 실행하든 다른 데이터베이스 구조를 실행하든 간에 사실이다. 따라서 여기서 스마트 컨트랙트가 블록체인을 통해 얻는 것이 무엇이냐는 질문에 대한 답은 검열 저항이다. 주목할 점은 그 혜택이 블록체인이 아니라 일부 블록체인 시스템의 무허가 성격에서 오는 것이라는 점이다. 이건 '블록체인이냐 블록체인이 아니냐?'의 문제가 아니라 '무허가 시스템이냐 허가 시스템이냐?'에 대한 것이다.

토큰

토큰은 이더리움과 이후에 개발된 다른 블록체인이 대중화시킨 스마트 컨트랙트와는 별개로 또 다른 개념이다. 토큰이라는 용어가 수 세기 동안 일반적으로 사용되었지만, 블록체인의 맥락에서 토큰은 '지하철 토큰'과 같이 보조적인 것을 나타내는 일상용어에서 유틸리티 토큰이나 NFT 같은 전혀 새로운 가능성을 나타내는 흥미진진한 용어로 바뀌었다.

많은 대체 가능 토큰들이 암호화폐와 같은 방식으로 거래되지만, 토큰이 지닌 기술적 설계는 다르다. 비트코인이나 라이트코인, 이더와 같은 암호화폐는 자체 블록체인 상에서 전송된다. 반대로 토큰은 스마트 컨트랙트에 의해 관리되며, 스마트 컨트랙트를 호스팅하는 블록체인가장 일반적으로 이더리움에 의해 지원된다. 스마트 컨트랙트는 토큰의 기능성과 한계성을 모두 프로그래밍할 수 있기 때문에 암호화폐보다 더 폭넓은 가능성을 제공한다.

| 토큰의 정의 |

토큰은 일반적으로 이더리움 상에서 스마트 컨트랙트에 의해 생성되고 관리된다. 그러한 스마트 컨트랙트는 어떤 이더리움 주소가 얼마나 많은 토큰을 소유하는지, 또는 어떤 토큰을 소유하는지 추적하는 장부가 해당 스테이트에 포함시킨다. 예를 들어, 마이토큰을 관리하는 스마트 컨트랙트의 스테이트 '0xd26114cd6ee289accf82350c8d8487fedb8a0c07'에는 다음의 정보가 담겨 있다.

주소 '0xd2fc6738287b458797d8a9d4a1331f80a5daf73e' 본 책에서 이해를 돕기 위해 '영희' 라고 부르겠다는 3개 토큰을 통제하고,

주소 '0x11bc2f043bf8a63fcbc5dc6e4239635a13195cbb'이해를 돕기 위해 '철수' 라고 부르겠다는 1.7개의 토큰을 통제한다.

토큰을 관리하는 스마트 컨트랙트에서 전송 함수를 호출하여 사용자 간에 토큰을 전송한다. 이 함수가 호출된 후, 새로운 소유권을 반영하기 위해 계약 스테이트의 장부가 업데이트됩니다. 이에 영희가 마이토큰을 지배하는 스마트 컨트랙트에서 전송 함수철수, 1.5를 호출한 뒤, 스마트 컨트랙트의 업데이트된 스테이트는 영희가 1.5개 토큰을, 철수가 3.2개 토큰을 제어하는 것으로 기록한다. 이제 영희의 잔고 함수를 호출하면 계정의 잔고로 1.5를 반환할 것이다.

스마트 컨트랙트가 잔액을 추적하기 때문에 이러한 디지털 토큰의 이중지불 문제는 자연스럽게 해결된다. 특정 시간에 해당 계정이 얼마나 많은 토큰을 제어소유하는지 명확하게 결정할 수 있다. 즉각적인 결과는 토큰이 암호화폐와 유사하게

거래될 수 있다는 것이다. 암호화폐와 토큰의 차이점은 토큰이 자체 블록체인을 유지할 필요가 없다는 점이다. 그것이 복잡성의 단계를 한 꺼풀 제거해준다. 새로운 암호화폐가 제 기능을 하려면, 코인을 전송하는 사용자들, 그리고 다른 코인을 채굴하는 것보다 이 코인을 채굴하는 게 더 가치 있다고 여기는 채굴자들만 있으면 된다. 토큰은 스마트 컨트랙트를 호스팅하는 블록체인의 채굴자를 활용하면서 사용자들을 그저 끌어 모으기만 하면 된다. 거기에는 또한 위험도 수반된다. 호스팅 블록체인이 실패할 경우, 토큰을 지배하는 스마트 컨트랙트도 그와 함께 무너질 것이다. 이런 우려는 이더리움의 매력을 증가시킨다. 즉, 이더리움의 인기를 감안할 때 채굴자들이 이더리움에서 채굴을 중단할 가능성은 낮다.

많은 토큰들이 ERC-20 표준을 준수하는 스마트 컨트랙트를 기반으로 발행된다. 이러한 토큰의 초기 예로는 어거의 REP, 유니스왑의 UNI, 테더USDT 등이 있다. 이더리움의 설계는 협업 프로젝트인데, 이런 많은 프로젝트에서처럼 개인이 제안을 하면, 그 제안에 의견과 토론이 달린다. 이 같은 토론을 관리하기 위해, 이더리움 배후에 있는 개발팀은 협업자들이 제안서를 내고 토론할 수 있는 포럼을 꾸렸다. 처음 제기된 제안을 EIP Ethereum Improvement Proposal, 이더리움 개선 제안서라고 부른다. 제안이 토론을 거쳐 종결과 승인이 이뤄지면, 승인된 제안서는 표준 목록의 일부가 된다. 이를 ERC Ethereum Request for Comment, 이더리움 평가 요청서라고 한다.

이더리움은 스마트 컨트랙트와 탈중앙화된 애플리케이션을 호스팅하는 블록체인이 될 것으로 구상됐다. 맨 처음부터 토큰은 스마트 컨트랙트와 애플리케이션의 기능을 촉진하는 필수불가결한 부분으로 여겨졌다. 따라서 최초의 이더리움 개선 제안서 중 하나는 토큰 표준을 만드는 것이었다. 그것은 스무 번째 제안서였고, 그래서 그 제안서는 EIP-20이 되었다. 수용된 뒤에는 ERC-20이 되었다. 이더리움 창

시사 비탈릭 부테린이 파비안 포겔슈텔러Fabian Vogelsteller와 함께 제안한 것으로 표준은 ERC-20 토큰이 되기 위해 스마트 컨트랙트가 인코딩해야 하는 함수들의 목록으로 이루어져 있다. 목록에는 전송 함수와 잔액 함수, 그 밖의 함수들 외에도 총공급량 함수가 포함된다. 이 함수는 이 스마트 컨트랙트에서 생성할 수 있는 최대 토큰 수를 지정한다. 따라서 ERC-20 표준을 충족하는 토큰 생성 컨트랙트는 토큰의 총공급량에 대한 명시적인 약속이 있다. 많은 이용자들은 이러한 약속을 평판효과가 없을 때 토큰이 일부 가치를 가질 수 있도록 보장하기 위한 충분조건은 아니라 하더라도 필요조건으로 간주한다.

ERC-20 표준은 또한 토큰이 얼마나 분할될 수 있는지를 지정하는 십진법과 같은 몇 가지 선택적 함수들을 가지고 있다. 예를 들어, 소수점4은 0.0001이 토큰에서 가능한 가장 작은 부분임을 뜻한다. 토큰의 명칭과 기호를 코드에 기록할 수 있는 다른 선택적 함수로는 명칭 함수와 기호 함수가 있다. 이러한 기능은 ERC-20 토큰의 유용성을 향상시키지만 토큰이 ERC-20으로 간주되는 데에 반드시 필요한 건 아니다.

튜링 완전 프로그래밍 언어를 사용하면 토큰을 생성하고 관리하는 스마트 컨트랙트를 설정할 수 있는 다양한 방법들이 있다. 그것들은 ERC-20 표준을 꼭 준수하지 않아도 된다. 그러나 오늘날 토큰들의 절대 다수는 ERC-20 표준을 준수한다. 따라서 ERC-20의 지배는 일종의 분산형 표준화로 볼 수 있다. 하나의 기준이지만, 그 어떤 중앙집중적 규제기구에 의해 강제로 부과된 건 아니다.

무엇이 앞 다투어 이 표준을 채택하도록 촉진하는가? 여기에는 몇 가지 요소가 있다. 하나는 템플릿 역할을 하는 표준이 새로운 토큰을 더 쉽게 설정할 수 있도록 한다는 점이다. 다만 가장 중요한 요인은 ERC-20 표준을 준수하면 거래소와 지갑 내에서 토큰의 유용성이 크게 향상된다는 점이다. ERC-20 토큰에 사용되는 함수들이 잘 지정되어 있고 다른 토큰에서도 동일한 기능과 맞춰 사용될 수 있기 때문에, 제3자 교환 및 지갑 코드는 자동으로 원하는 수의 토큰을 원활하게 채택할 수 있다. 이러한 표준이 없다면, 각 토큰은 지갑이나 교환과 상호작용하기 위해 별도로 통합될 필요가 있을 것이다.

시각적 수준에서 특정 이더리움 주소와 연동된 토큰들은 이더와 동일한 이더리움 지갑에 표시된다. 그래서 영희는 그녀의 이더리움 지갑에서 그녀가 제어하는 다른 토큰들과 그녀의 이더와 함께 1.5개의 마이토큰들을 볼 수 있다. 주소에 토큰 외에 이더가 몇 개 남아있는 게 중요하다. 왜냐하면 토큰을 판매하는 것은 해당 스마트 컨트랙트의 전송 함수를 호출하는 거라서 결국 이더로 가스비를 지불해야 하는 이더리움 거래기 때문이다.

동시에 표준을 준수한다고 해서 모든 ERC-20 토큰이 동일하다거나 모두 안전하다는 건 아니다. 그 표준이라는 건 안전을 보장하는 어떤 기관에 의해 제정된 게 아니기 때문이다. 표준은 생태계의 다른 요소와의 상호 운용성을 촉진하기 위해 제안되었을 뿐이다. 표준이 전송과 관련된 함수들은 거의 명시하지 않지만, ERC-20 토큰은 해당 토큰의 신뢰성에 상당한 영향을 미치는 추가적인 기능들을 가질 수 있다. 예를 들어, 가상현실 디샌트럴랜드 플랫폼에 사용되는 마나MANA에는 '주조'와 '소각' 기능이 추가돼 있다. 만약 이러한 기능이 올바르게 프로그래밍되어 있지 않다면, 기금은 계정에서 제 멋대로 떴다 사라졌다 할 것이며 계정 스테이트는 오해를 불러일으킬 소지가 있거나 완전히 부정확해질 것이다. 게다가 많은 토큰들이 특정한 앱에서만 사용될 수 있기 때문에 그러한 토큰들의 효용성은 해당 앱의 효용성에 의존할 수밖에 없다. 앱이 실패하거나 사라지면 토큰은 효용성을 잃고 가치가 떨어질 수밖에 없는데, 이는 폐업한 항공사의 축적된 마일리지와 비슷하다.

| 토큰의 용도 |

ERC-20 토큰의 프로그래밍 가능성은 다양한 종류의 용도로 토큰이 쓰일 수 있도록 허용한다. 토큰을 용도에 따라 유틸리티 토큰과 거버넌스 토큰, 시큐리티 토큰이라는 세 가지 범주로 구분하는 것이 유용할 것이다.

토큰은 프로그래밍이 자유롭기 때문에 특정 서비스에 접근하는 유일한 방법이 되도록 프로그래밍할 수 있다. 예를 들어, 파일코인은 파일코인 토큰으로만 접근이 가능한 블록체인 기반의 P2P 파일 스토리지 시스템이다. 우리는 이러한 종류의 토큰을 '유틸리티 토큰'이라고 부른다. 대부분의 다른 유틸리티 토큰과 마찬가지로 파일코인 토큰도 거래소에서 구매할 수 있지만, 파일 저장 공간을 제공하는 자신의 컴퓨터가 대신 벌어들이기도 한다. 유틸리티 토큰의 최적의 설계는 제3장에서 논의한 플랫폼 기반 디지털 화폐와 유사한 문제다.

ERC-20 토큰의 프로그래밍 가능성이 지니는 또 다른 효과는 토큰이 투표나 기타 거버넌스 결정 과정에 사용될 수 있다는 점이다. 그래서 이들 토큰을 '거버넌스 토큰'이라고 한다. 블록체인 바깥에 있는 외부 주체들은 투표를 용이하게 하기 위해 거버넌스 토큰을 설정할 수 있다. 또한 토큰은 블록체인 상의 프로토콜에 대한 거버넌스 결정 과정에도 사용될 수 있다. 블록체인 상의 거버넌스에 대한 스마트 컨트랙트의 중요성은 이중적이다. 첫째, 거버넌스 토큰은 스마트 컨트랙트를 통해 설정된다. 둘째, 많은 경우에 있어 거버넌스 토큰을 이용해 접속한 온체인 거버넌스를 통해 제안되고 검토되고 투표 처리된 변경사항들이 스마트 컨트랙트 덕분에 자동으로 적용된다. 가장 오래된 거버넌스 토큰 중 하나는 다오DAO다. 다오는 앞서 논의한 분산형 자율 조직으로 2016년 이더리움에서 이더리움 클래식이 포크되는 결과를 낳았다. 거버넌스 토큰은 그 목적과 설계상 다오에 매우 중요하다. 다오가 성공을 거둔 가장 비근한 예는 MKR 거버넌스 토큰을 가진 메이커다오MakerDAO다. MKR 보유자들은 다오와 관련된 분산형 대출을 지배하는 경제 규칙을 변경하는 데 투표권을 행사할 수 있다. 예를 들어, 이 프로토콜의 부채 한도를 높여야 하는지에 대한 투표가 여기에 해당한다. 기존 거버넌스 토큰은 일반적으로 거래소에서 거래된다. MKR과 같은 새로운 토큰은 최고 입찰자에게 판매될 수 있으며, 복합 금융의 거버넌스 토큰인 COMP로서 플랫폼에서 가장 활동적인 이용자에게 수여될 수 있다.

ERC-20 표준을 따르는 또 다른 목적은 거래가능성을 높이려는 것이다. 토큰이 서비스나 거버넌스에 대한 접근성을 약속하지 않더라도, 거래가능성은 토큰을 주식이나 채권처럼 투자로 활용할 수 있는 가능성을 열어준다. 따라서 거래소에서 거래되는 대부분의 토큰은 '시큐리티 토큰'이다. 유틸리티 토큰과 시큐리티 토큰 사이의 구별은 상대적으로 모호하다. 그 이유는 유틸리티 토큰도 거래가 충분히 가능하며 이를 활용하는 플랫폼이 개발되기 전에 유틸리티 토큰이 잘 팔리고 거래될 수 있다는 점을 고려할 때 이들의 취득은 투자일 수 있기 때문이다. 실제로 이런 가능성 때문에 유틸리티 토큰이 모금활동에 많이 쓰이고 있다.

토큰을 발행하고 판매하는 것은 프로젝트의 자금을 미리 조달하는 빠른 방법이 될 수 있다. 그 방법은 킥스타터나 인디고고 같은 플랫폼에서 볼 수 있는 것과 비슷하다. 프로젝트를 지원하는 이용자들은 코인비트코인, 이더 등을 스마트 컨트랙트로 보내야 하며, 그 대가로 일정 수의 토큰을 받을 수 있다. 모아진 돈은 그들로 하여금 프로젝트를 개발할 수 있게 할 것이다. 앞서 언급했듯이, 후원자들이 토큰을 받을 최초의 크라우드 펀딩은 이더리움 자체였다. 이더리움이 론칭되기 몇 달 전부터 개인들은 비트코인을 담보로 잡고 일정량의 이더를 교환받을 수 있었다. 이는 이더리움이 활성화된 후에야 사용할 수 있었다. 이더리움은 이런 방식으로 약 1,800만 달러를 모았다. 이더리움의 크라우드 세일이 성공을 거둔 이후, 이와 유사한 크라우드 세일이 대거 출시되면서 2017년과 2018년 호황을 누렸던 ICO 시장 전체가 형성됐다.

ICO

대다수의 ICO는 이더리움 상에서 세팅된다. ICO가 갖는 기본 구조는 블록체인에 스마트 컨트랙트를 얹는 것이다. 프로젝트를 지원하기 위해서는 스마트 컨트랙트에 이더를 보내야 하는데, 스마트 컨트랙트는 이더를 받고 새로 생성된 토큰을 다시 보낸다. 프로젝트가 기존의 암호화폐를 가지고 신규 블록체인을 만드는 것이라면, ICO에서 구매한 토큰은 나중에 기존 코인으로 교환되도록 설계되어 있다.

ICO를 론칭하려는 이유에는 여러 가지가 있다. 첫째, 소프트웨어 엔지니어와 컴퓨터 과학자로 이루어진 팀을 운영하려면 누구라도 자금이 필요하다. 비트코인은 워낙 독창적이었기 때문에 무보수로 일하는 소수의 재능 있는 사람들을 끌어모을 수 있었지만, 대부분의 후속 프로젝트들은 개발자들에게 돈을 지불하는 데 상당한 비용이 들었다. 토큰을 이용한 크라우드 펀딩은 기업가들이 일부 자금을 조달할 수 있는 빠르고 손쉬운 방법이 될 수 있다. 특히 헌신과 부채의식이 전적으로 강제될 수 없는 건 아니더라도 필요 이상으로 강제하기 어려운 암호화폐 세계에서는 더욱 그러하다. 은행이나 투자자와 같은 전통적인 경로에서 자금을 조달하는 것은 도리어 더 어렵고 비용이 많이 들 수 있다. 이러한 신생 산업은 역사가 짧다 보니 전통적인 투자자들이 암호화폐 개발 프로젝트의 잠재적인 성공을 예측하기란 여간 어려운 일이 아니다. 이런 상황에서 기업가들이 잠재적인 성공에 대한 개런티를 제공하는 것은 더욱 어려운 일이다. 결과적으로 기업가들은 자금은 더 적게 제공하면서 지분은 더 많이 요구할 것이다. 이는 프로젝트의 진정한 잠재력을 고사시킬 수 있다. 반면, 암호화폐 사용자들에게 직접 손을 벌리는 건 이러한 제약들을 미연에 차단할 수 있을 것이다. 누구에게나 열려 있고 어떤 금융 기관의 검토도 필요 없이 ICO는 대출이나 지분 교환 투자보다 자금을 모으는 더 빠르고 유망한 방법이다.

그러나 크라우드 펀딩에는 단점도 있다. 생태계의 참신함을 감안할 때, 견고한 가치평가의 틀이 없다면 좋은 프로젝트와 나쁜 프로젝트를 구분하기 어려울 수 있다는 점이다. 그런 점에서 게임 이론가들이 풀링 균형pooling equilibrium이라고 묘사하는 현상을 보게 되는 건 그리 놀랄만한 일이 아니다. 프로젝트의 가치에 대한 불확실성 속에서 덜 건전한 프로젝트의 지지자들은 잠재적으로 좋은 프로젝트의 움직임과 외관을 모방하려고 할 것이다. 블록체인과 토큰 이면에 놓인 기술합의 메커니즘, 해시 함수 등을 요약한 백서와 함께, 그들의 프로젝트가 세계를 혁신할 것이라는 점을 설명하는 웅장한 캐치프레이즈로 가득 찬 매끄러운 웹사이트처럼 매우 빠른 ICO 제안들은 죄다 모양과 느낌에 있어 비슷했다. 그러나 가치 제공에 관해서는 거의 아무 것도 없었다. 수백만 달러에 이르는 막대한 자금을 조달한 많은 프로젝트들이 기업 분석가들의 첫 번째 검사도 통과하지 못했을 것이라는 데에는 의심의 여지가 없다. 몇몇 대규모 ICO의 실패는 많은 후원자 기반이 반드시 프로젝트의 높은 가치를 의미하는 것은 아니라는 사실을 여실히 보여준다. 이처럼 군중의 지혜가 실패할 수 있는 한 가지 이유는 많은 ICO가 펀더멘털에 대한 치밀한 분석보다는 과대광고를 바탕으로 지지를 얻었기 때문이다. 그러한 분석은 종종 프로젝트에 대해 이용할 수 있는 정보의 양이 제한되다 보니 그 정보에 기초해서 가능하지 않았을 것이다. 인기와 건전성 사이의 혼란은 ICO를 론칭하는 두 번째 목적이자 덜 숭고한 목적, 즉 빠른 수익을 얻을 수 있는 기회를 열었다.

ICO를 운영하는 세 번째 이유는 ICO가 프로젝트의 인기에 대한 정보를 어느 정도 줄 수 있기 때문이다. 토큰 발행은 잠재적인 이용자들로 구성된 견고한 기반을 빠르게 구축할 수 있는 기회를 제공한다. 얼마나 많은 사용자가 토큰을 구매하는지를 관찰함으로써 우리는 얼마나 많은 사용자가 우리 서비스에 관심을 가지고 있으며 향후 우리 서비스를 이용할 것인지 가늠할 수 있다. 다시 말해, 토큰은 여론조사와 조금 비슷한 구석이 있다. 그러나 결국 토큰을 구매하는 이용자가 해당 서비스를 이용할 거라는 건 여론조사와는 다른 반전이라고 할 수 있다. 결국 특정 서비스를 이용할 생각이 없다면 해당 토큰을 구매하는 데 관심도 거의 없을 것이다. 물론 이 추론은 순전히 투기적인 목적으로 구매하지 않는 한 타당하다.

많은 ICO가 실패했지만, 그 중 모금액 면에서 눈부신 성공을 거둔 사례는 거의 없었다. ICO의 성공을 평가하는 자연스러운 방법은 금융업의 표준 도구인 투자자본수익률ROI을 살펴보는 일이 될 것이다. 여기서 ROI는 투자자의 투자 가치가 몇 퍼센트 증가했는지를 나타낸다. 토큰과 암호화폐의 변동성이 크다는 점을 감안하면, ROI별 순위는 거의 아무런 의미가 없다. 무엇보다 순위가 자주 바뀔 가능성이 높기 때문이다. 대신 ICO로 조달된 금액을 살펴보는 것이 표준이 됐다. 그러나 그러한 측정 기준조차도 자금을 조달한 벤처의 성공에 대해서는 그다지 많은 정보를 제공하지 못한다. 일례로, 지금까지 가장 성공적인 ICO 세 가지 사례를 살펴보자.

이러한 표준조달된 금액에 따르면, 지금까지 가장 성공한 ICO는 파일 스토리지블록체인 상에 존재하는 일종의 드롭박스와 같음 분산을 목적으로 했던 파일코인이라는 프로젝트였다. 2017년 9월 ICO를 통해 약 2억5,700만 달러가 모금되었다. 파일코인에 대한 기본 아이디어는 매우 단순단하다. 미래에는 파일을 저장할 수 있는 더 많은 스토리지 공간이 필요할 것이라는 것은 의심의 여지가 없으며, 클라우드 스토리지의 급격한 증가는 이러한 추세를 보여주는 완벽한 증거다. 파일코인은 기본적으로 누구나 하드드라이브의 일부를 공유해 파일을 호스팅할 수 있도록 허용하므로 우리가 필요로 하는 스토리지를 탈중앙화하기 위한 프로젝트다. 개인은 네트워크에 파일을 저장하기 위해 파일코인의 토큰인 FIL로 비용을 지불하며, 이러한 지불은 호스팅하는 파일을 보상하는 역할을 한다. 이 비즈니스 모델은 언뜻 괜찮아 보이지만, 핵심적이고 구체적인 세부 사항들이 이 문제를 보기보다 더 복잡하게 만든다. 파일 저장 방법, 장비 요구사항, 합의 메커니즘의 설계 및 기타 쟁점들과 같은 기술상의 구체적 문제들은 대번에 호스트와 사용자 및 채굴자 인센티브 간의 적절한 균형점을 찾기 어렵게 만든다. 한 편으로는 누구나 그 서비스가 광범위한 채택을 가능하게 할 수 있을 정도로 가능한 한 저렴하기를 원한다. 다른 한 편으로는 잠재적인 수익이 충분히 높아서 그들의 컴퓨터에 파일을 호스팅하고 채굴자의 참여를 확보하고자 하는 많은 사람들을 끌어 모으기를 원한다. 2017년 ICO가 성황리에 끝났음에도 이 프로젝트는 아직까지 개발이 끝나지 않았다. 플랫폼의 복잡한 설계와 관련하여 몇 가지 중요한 진전이 있었지만, 2021년 제안된 파일코인 플랫폼이 경제성이 있는지는 아직 확실치가 않다.

두 번째로 큰 ICO는 2017년 7월에 2억3천만 달러를 모금한 테조스다. 테조스는 스마트 컨트랙트 활용을 보다 쉽게 하기 위한 범용 플랫폼이다. 특히 테조스의 설계는 거버넌스를 용이하게 하도록 되어 있다. 그러나 테조스의 역사는 그리 순탄하지 않았다. 테조스의 개발은 설립자들 간의 이견과 미국계 투자자들이 테조스 재단과 다이나믹레저솔루션스테조스의 개발을 감독하기 위해 설립된 회사를 증권법 위반으로 고발하며 시작한 집단 소송으로 얼룩졌다. 다시 말해, 테조스 토큰의 판매는 유가증권의 불법 제공이었다는 주장이 제기되었던 것이다. 다만 파일코인과 달리 프로젝트가 가까스로 진행되면서 테조스 블록체인은 2018년 6월 활성화됐다. 이후 테조스는 이더리움 같은 주요 블록체인 플랫폼 가운데 자리를 잡으며 맥라렌 레이싱이나 레드불 레이싱 등 유명 기업에 서비스를 제공하고 있다.

세 번째로 큰 ICO는 시린랩스Sirin Labs다. 시린랩스의 프로젝트가 특정 애플리케이션을 위한 새로운 블록체인이나 플랫폼을 만드는 것이 아니기 때문에 이번 사례는 파일코인이나 테조스, 또는 많은 다른 ICO와는 근본적으로 다른 사례라 할 수 있다. 시린랩스는 사실 블록체인 애플리케이션과 상호 작용하도록 특수 설계된 컴퓨터와 휴대폰을 제조하는 회사다. 그 기기들은 사용자들이 그들의 지갑을 저장하고, 앱스토어와 유사한 기능인 블록체인 기반 애플리케이션에 접근할 수 있도록 하는 운영체제OS를 갖추고 있다. ICO는 2017년 12월에 열렸으며 약 1억5,700만 달러를 모금했다. 첫 번째 블록체인 폰인 피니Finney는 2018년 12월에 첫 출시되었다. 시린랩스는 파일코인이나 테조스와는 다른 벤처였지만 역사가 순탄치 않았던 건 유사했다. 경영난은 그 회사를 대규모 정리해고로 이끌었고, 회사와 CEO는 여러 줄소송에 직면해야 했다. 그럼에도 불구하고 시린랩스는 목표를 유지하는데 성공했다. 다만 시린랩스가 론칭한 토큰은 아직까지 재정적으로 큰 성공을 거두지 못하고 있다. 2018년 1월에 도입된 이 토큰은 빠르게 3달러까지 치솟았지만 지금은 1페니 이하로 곤두박질쳤다.

NFT

점점 더 인기를 끌고 있는 또 다른 유형의 토큰은 소위 대체 불가 토큰, 즉 NFT다. 이 토큰은 각각 독자적으로 식별된다는 점에서 일반적인 ERC-20 타입의 토큰과는 다르다. 이더리움에는 2017년에 도입된 대체 불가 토큰 전용 표준인 ERC-721이 있다. 새로운 표준인 ERC-1155는 대체 가능 토큰과 대체 불가 토큰, 그리고 세미 대체 토큰 모두를 허용한다. ERC-20을 기반으로 하는 대체 가능 토큰과 ERC-721을 기반으로 하는 대체 불가 토큰 사이에는 두 가지 주요 차이점이 있다. 첫 번째 차이점은 대체 불가 토큰은 분할할 수 없다는 것이다. ERC-20 토큰은 일부를 소유하는 게 가능한 반면, 대체 불가 토큰은 전체를 온전히 소유해야 한다. 기술 수준에서 ERC-721 표준은 소수점 함수를 지원하지 않기 때문이다. 두 번째 차이점은 대체 불가 토큰의 장부가 누가 각 토큰의 소유자인지를 표시해야 한다는 것이다. 그것은 ERC-20에서 지원되지 않지만 ERC-721에 의해 요구되는 토큰 ID인 소유자 함수의 역할이기도 하다. 이와 대조적으로 ERC-20 토큰의 장부는 각 계정이 얼마나 많은 토큰들을 제어하는지만 나타낸다.

대체 가능 토큰과 비슷하게, 대체 불가 토큰의 표준은 스마트 컨트랙트에서 실행되는 앱즉, 디앱의 기능성을 용이하게 할 목적으로 설계되었다. ERC-20 표준은 NFT를 추적하기에 불충분하다. 왜냐하면 각각의 대체 불가 자산은 구별되고 별도로 추적되어야 하기 때문이다. 디앱의 가장 인기 있는 종류 중 하나는 게임이며, ERC-721 표준이 가장 먼저 사용된 곳이다. 실제로 이더리움에서 가장 먼저 선보인 게임은 크립토키티인데, NFT가 중심으로 2017년 배포된 게임이다. 이 게임에서는 '키티'를 사서 번식시킬 수 있다. 각각의 크립토키티는 독자적인 '게놈'을 가진 개별 NFT다. 게놈은 시각적인 속성으로 번역되며, 속성에 다른 기능성이 없기 때문에 비록 심미적 이유를 위해서라도 게이머들이 더 선호한다. 두 마리의 크립토키티는 '부모'의 게놈을 받아 생성된 새로운 게놈을 가진 키티를 번식시킬 수 있다. 이 가상 고양이들은 이더로 사고 팔린다. 이 게임에 대한 인기가 절정이었을 때 크립토키티들은 수천 달러에 팔리곤 했다. 가장 비싼 크립토키티는 2018년에 600이더, 당시 가치로는 17만 달러에 주인이 바뀌었다.

비슷한 원리에 기반한 게임의 가장 최근의 예로는 제드런Zed Run이 있다. 제드런은 플레이어가 디지털 고양이가 아닌 디지털 말馬을 거래하고 번식시킬 수 있는 게임이다. 말들이 경주에 참가하는 부가 기능을 갖추고 있으며, 플레이어들도 일반 경마에서처럼 승자에게 베팅할 수 있다. 이밖에 다양한 디자인의 NFT를 활용하는 많은 게임들이 있다. NonFungible.com에 따르면, 2021년 3월까지 NFT의 40% 이상이 게임 산업에 분포되어 있다고 한다. 두 번째 카테고리는 NBA 톱샷 또는 크립토펑크와 같은 수집품들로, 24x24 픽셀로 된 10,000개의 독특한 사진 시리즈였다.

2020년, NFT는 점점 인기를 끌었지만 헤드라인을 장식한 NFT는 크립토키티나 제드런의 디지털 경주마와는 다른 존재 이유를 갖고 있었다. 주요 차이점은 NFT를 블록체인 밖의 아이템과 연관시키는 데에 있다. 오늘날까지 그중 가장 멋진 예는 비플Beeple로도 알려진 디지털 아티스트 마이크 빙켈만Mike Winkelmann의 <Everydays : The First 5,000 Days>라는 한 장의 JPEG 이미지와 관련된 토큰이다. 해당 토큰은 비그네시 순다레산Vignesh Sundaresan이 구매했는데, 해당 작품은 메타코반Metakovan이라고도 불리는 그에 의해 2021년 3월 크리스티 경매에서 6,930만 달러에 낙찰됐다.

크립토키티와 제드런 경주마는 오로지 블록체인 상에만 존재하며 막대한 돈을 벌 수 있지만 개별적인 게임 밖에서는 아무 것도 대표하지 못한다. 그러나 토큰은 프로그래밍이 가능하기 때문에 블록체인 외부에서 온 디지털 파일의 해시를 포함할 수 있다. 이러한 방식으로 토큰이 이 파일과 연결될 수 있다. 이러한 연결성은 대체 가능 토큰과 대체 불가 토큰 모두에 가능하다. 이더리움 이전에는 비트코인을 프로그래밍할 수 있도록 하기 위해 외부 자산과의 연관성 등 비트코인 색채를 띤 코인들을 이용한 실험들이 있었다. 그리고 2017년에는 ERC-20 토큰과 관련된 크립토펑크Crypto Punks라고 불리는 일련의 수집 가능한 디지털 아트 파일이 있었다. 그러나 개별 대체 불가 토큰의 고유성과 추적성은 이러한 연관성에 더 적합하게 만든다.

토큰은 외부 파일과 연결될 수 있기 때문에 디지털 아트의 토큰화가 가능하기 때문에 많은 사람들이 이러한 토큰을 이 파일의 표현으로 보고 싶어 한다. 많은 사람들이 디지털 아트, 즉 디지털 자산의 토큰화를 스마트 컨트랙트를 통해 그러한 자산의 관리를 실질적으로 단순화하는 도구로 보고 있다. 일예로 예술가들은 한 작품이 팔리면 소유권과 그것에 대한 어떠한 형태의 권한도 완전히 잃게 된다고 오랫동안 불평해왔다. 사람들은 스마트 컨트랙트가 그 문제에 대한 미묘한 차이나 심지어 해결책을 가져온다고 믿는다.

| 소유권 문제를 해결하지 못하는 NFT와 스마트 컨트랙트 |

가장 직접적인 단계에서 아티스트는 자신의 디지털 아트와 연관된 NFT를 팔 수 있다. 그러나 스마트 컨트랙트는 매각된 후에도 NFT와의 지속적인 관계를 허용할 수 있다. NFT를 통제하는 스마트 컨트랙트는 제작자가 미래의 모든 판매에서 자동으로 가격의 일부를 받는 방식으로 설정될 수 있다. 또는 NFT의 제작자가 미래의 판매에 대해 별도 승인을 해야 한다는 요구사항을 포함할 수 있으며, 아티스트가 잠재적인 구매자에 대해 거부권을 행사할 수도 있다. 이러한 절차는 물론 전통적인 계약으로도 설정할 수 있지만, 토큰과 스마트 컨트랙트는 이를 자동화하여 시행을 보다 용이하게 할 수 있다.

보다 일반적으로, NFT는 많은 사람들에 의해 디지털 자산에 대한 오랜 질문, 즉 '디지털 자산에 물리적 자산과 동일한 소유권을 부여하는 게 가능한가?'라는 질문에 대한 답으로 간주되고 있다. 그러한 속성은 단순한 이유 때문에 물리적 자산에 관한 한 쉽게 정의되고 이해될 수 있다. 즉 물리적인 물체는 배타성의 개념을 가지고 있다는 이유 말이다. 일예로 영희가 특정 물건을 가지고 있다면 철수는 그것을 가지고 있지 않다는 말이 된다. 만약 영희가 철수에게 이 물건을 넘겨준다면 영희는 더 이상 그 물건을 갖지 못하게 된다. 다른 말로 하자면, 어떤 물리적인 물체도 그 자체로 유일하다. 하지만 디지털 자산정보에 관한 한 이러한 배타성의 개념은 의미가 없다. 영희가 파일을 가지고 있다면 복사본을 만들어 원본 파일을 가지고 있으면서 철수에게 복사본을 건네줄 수 있기 때문이다. 이것은 실제로 파일을 누군가에게 보낼 때 언제나 발생하는 현상이다. 즉, 컴퓨터가 파일의 복사본을 만들어 수신자에게 보내지만, 언제나 파일은 더 존재한다. 두 개의 파일이 정확히 동일하기 때문에 구분할 방법도 없다. 해당 파일이 원본이고 다른 파일이 복사본이라고 말하는 건 애초에 불가능하다. 디지털 정보의 소유권 관리가 본질적으로 저작권, 특허 또는 상표 관리로 귀결되는 이유다. 예를 들어, 저작권은 단순히 다른 복사본들을 구별하는 방법이다. 노래나 이미지 또는 텍스트에 대한 저작권을 가진 사람은 그 노래나 이미지 또는 텍스트의 사용을 결정할 권리를 가지고 있다. 그래서 다른 당사자가 해당 작업파일을 소유할 수 있지만 해당 작업에 대한 어떠한 권리도 누리지 못한다. 다른 물리적 사물과 마찬가지로 저작권은 배타적이며 양도될 수 있다. 대체 불가 토큰이 그 문제에 대한 해답이라고 사람들은 믿는다. 아이디어는 매우 간단하다. NFT는 설계상 물리적 자산과 동일한 배타적 속성을 향유하기 때문에, 디지털 자산을 NFT에 연결하여 후자를 배타적으로 만드는 것만으로도 충분하다.

지금까지 우리가 대체 불가 토큰에 대해 제시한 설명은 블록체인, 스마트 컨트랙트, 토큰이 결국 디지털 자산 관리와 관련하여 상당한 개선을 가져올 수 있다는 가능성을 시사한다. 그러나 이것은 어쩌면 성급한 결론일 수도 있다. 토큰을 통한 디지털 자산 운용 문제는 이보다 더 복잡하다.

이 복잡성의 주요 원인은 다음과 같은 비대칭성이다. NFT는 해시 포인터를 통해 외부 디지털 파일에 명확하게 링크될 수 있고 NFT의 소유권 역시 블록체인 장부에 의해 명확하게 결정되지만, 디지털 아트는 반드시 아티스트를 대리할 필요는 없는 여러 명의 주체에 의해 생성될 수 있다. NFT의 생성을 통제하는 다른 세력이 없는 상황에서 NFT는 외부 자산의 의심스러운 표현이 된다. 자산이 암호화폐나 토큰처럼 블록체인 안에 있을 때 이런 문제가 발생하는 것은 그러한 코인과 토큰이 블록체인 밖에서는 아무 것도 나타내지 않기 때문이다.

따라서 NFT를 살 때에는 무엇을 얻는지 명확히 하는 것부터 시작할 필요가 있다. NFT가 디지털 아트 작품과 연동되면 아트 자체가 블록체인에 저장되지는 않기 때문이다. 종종 저장되는 건 자산에 대한 정보를 포함한 토큰에 첨부되는 메타데이터들 뿐이다. 비플의 이미지와 같은 토큰의 경우, 메타데이터에는 작가나 이미지를 인증하는 비플의 서명이 포함되어 있다. 이 서명은 단순히 비플의 개인키와 토큰의 해시이미지 해시도 포함를 사용하여 만들어진다. 메타데이터에는 이미지가 저장되는 인터넷 주소도 포함된다. 메타데이터의 정보가 공개되어 있기 때문에 누구나 비플이 만든 원본 이미지에 액세스할 수 있으며 얼마든지 다운로드할 수도 있다. 즉, NFT의 배타성이 예술작품 파일로는 옮겨지지 않는다는 말이다. NFT에 연결된 많은 디지털 자산은 사용자들이 파일을 교환할 수 있는 P2P 네트워크인 IPFS에 저장된다. NFT와 관련된 메타데이터는 일반적으로 파일을 다운로드할 수 있는 IPFS 주소를 포함한다. 이때 파일을 호스팅하는 IPFS 서버가 사라지면 포함된 파일에 더 이상 액세스할 수 없게 된다는 주의사항에 유의할 필요가 있다. NFT를 구입해 관련 파일을 검색할 수 없는 사람들의 이야기는 인터넷에서 얼마든지 쉽게 찾아볼 수 있다.

관련 파일에 접속하는 데 문제가 없더라도 판매 중인 NFT에는 저작권 양도가 포함되지 않는다. 즉, NFT를 만든 발행자는 일반적으로 저작권을 계속 보유한다.

구매자들은 기껏해야 해당 자산을 개인적인 용도로 사용할 수 있는 부분적인 권리를 일부 가질 뿐, 그 이상은 아니다. 대부분은 그들이 NFT를 받을 때 단지 토큰을 받을 뿐이다. 더욱이 비플이 작품의 저작권을 여전히 보유하고 있다는 점을 고려할 때, 그는 이 자산과 관련된 더 많은 NFT를 발행할 수도 있다.

하나의 NFT가 하나의 특정 자산과 연결되어 있다지만, 동일한 자산이 복수의 NFT와 연결될 수도 있다. 비플은 <Everydays : The First 5,000 Days>와 관련된 새 NFT를 얼마든지 발행할 수 있다. 더 좋은 예는 2021년 초 엄청난 인기를 끌었던 NBA 톱샷이라는 또 다른 유형의 NFT다. 그것들은 토큰으로 표현되는 몇 가지 중요한 순간을 포착한 단순한 비디오 영상이다. 해당 토큰들은 비플의 <Everydays : The First 5,000 Days>와 연동된 토큰처럼 팔려나갔다. 비플의 예술작품에서 본 것처럼, 이 짧은 비디오 영상들 역시 토큰을 구매한 사람이 소유하고 있는 게 아니다. 그건 그냥 토큰에 불과하다. 하지만 비플과 달리 각 영상에 대해 NBA는 시리얼넘버 외에 구분이 불가능한 다량의 NFT를 마구 발행하고 있다. 이러한 토큰은 얼마든지 재판매할 수 있는 토큰을 소유하고 있다는 사실 외에는 구매자들에게 그리 많은 것을 가져다주지 않는다. 사실 곰곰이 생각해보면, 이런 토큰들은 종이로 된 NBA 농구카드나 MLB 야구카드와 별반 다르지 않다. 이런 카드를 소유한다고 해서 카드를 소지하고 있다는 뿌듯함 외에 다른 의미는 없다. 그 소유권은 카드에 담긴 선수의 이미지나 커리어에 대한 어떠한 권리나 로열티도 주지 않는다. 다시 말해, NFT의 소유권도 관련 자산의 소유로 해석되지 않는다는 말이다.

예술계에서 NFT를 둘러싼 또 다른 희망은 토큰들이 예술가들의 저작권을 보호하고 장차 진품증명서의 역할을 할 것이라는 것이다. 거의 모든 유형의 정보를 메타데이터에 포함시킬 수 있으므로 이에 대한 쉬운 해결책은 창작자가 작품을 완성한 즉시 작품에 디지털 서명을 추가하는 것이다. 이를테면, 개인키로 자신의 창작 해시를 서명하는 방식 말이다. 다시 말해, NFT는 공증인notary 역할을 할 수 있다. 따라서 블록체인을 이러한 용도로 사용하는 일은 하버Haber와 스토르네타Stornetta가 제안한 본래의 블록체인 개념으로 되돌아가는 것과 같다. NFT는 문서의 타임스탬프를 기록하는 역할을 할 수 있으며, 디지털 작업의 저자는 단순히 그 문서를 가지고 NFT를 만든 최초의 사람이 될 것이기 때문이다. 이에 대해 순서대로 두 가지 코멘트가 가능할 것이다. 첫째, 우리는 그 작업을 위해 굳이 NFT가 필요하지 않다는 사실이다. 거래에는 저자의 디지털 서명과 함께 디지털 작품의 해시를 첨부하는 것으로 충분하며, 비트코인도 이를 충분히 뒷받침할 수 있다. 둘째, 이 타임스탬프가 작동하려면 블록체인을 이용해 디지털 작품을 타임스탬프한 첫 번째 사람이 그 작품의 정당한 저자라는 것을 우리 사회, 특히 법원이 인정해야 한다. 문제는 무허가 블록체인이 이 규칙을 이행하지 않는다는 사실이다. 스탠퍼드대학교의 모함마드 아크바르Mohammad Akbar와 하버드대학교의 이성우 두 경제학자가 2021년 4월 NFT의 생성과 경매 과정을 조롱하는 학술 논문을 패러디한 우스꽝스런 사례가 있다. 그들의 매우 짧은 논문에서 두 사람은 해당 논문도 경매에 부쳐질 NFT와 연계될 것이라고 주장했다. NFT가 약탈적인 행위로부터 자유롭지 못하다는 사실을 보여주고 NFT 시장의 합법성에 의문을 제기하기 위해, 뉴욕대학교의 또 다른 경제학자인 압둘라예 은디아예Abdoulaye Ndiaye는 앞서 아크바르와 이 교수가 자신들의 논문으로 NFT를 만들기 전에 선수를 쳐서 해당 논문을 가지고 NFT를 만들기도 했다. 그 결과, 동일한 작업논문에 연결된 두 개의 서로 다른 NFT가 등장했다. 이러한 NFT는 현재 블록체인 내에 있으므로 삭제할 수도 없다. 경제학자들 사이에서 떠도는 즐거운 조롱과는 별개로, 이 세 경제학자들이 벌인 놀이는 우리에게 하나의 명백한 메시지를 던진다. NFT의 창조자가 반드시 그것이 연결된 디지털 자산의 창조자는 아니라는 사실이다. 따라서 NFT는 저작권을 침해할 수 있지만, 저작권을 강제할 수는 없다. 저작권이나 진위 여부, 지적재산권과 관련된 여타 분쟁들은 블록체인은커녕 NFT로도 결코 해결되지 않을 것이다. 따라서 우리는 다시 원점으로 돌아간다. 오직 법원 같은 제3자만이 이러한 재산을 보장할 수 있다고 말이다.

이러한 문제는 앞에서 설명한 게이트웨이 문제에 의해 발생한다. <Everydays : The First 5,000 Days> 토큰과 NBA 톱샷 토큰은 블록체인 외부에 있는 지적 자산과 연동되어있다. 이러한 토큰의 소유권은 본래 관련 자산의 소유권을 나타내기 위한 의도가 결코 아니었다. 그러나 토큰의 소유권이 관련 자산의 소유권을 대표하기를 원한다고 가정해보자. 이를 위해서는 자산고유성과 소유권 집행과 관련된 NFT가 단 하나뿐이라는 보장이 필요하다. 블록체인 내의 토큰과 블록체인 밖의 자산 간의 이러한 연결성이 블록체인 밖에서도 보호될 필요가 있다. 따라서 NFT가 소유권 문제를 해결하도록 할 수 있지만, 이는 어느 크리에이터의 NFT가 존중되는지에 대한 명확성과 크리에이터가 각각의 자산에 고유한 NFT를 발행하고 있다는 보장이 있을 때에만 가능하다. 게다가 NFT에 의해 기록된 자산의 소유권은 관련 당사자들에 의해 존중되거나 법체계에 의해 집행될 필요가 있다.

세계 미술 시장에서 NFT를 통해 미술품을 소장하기 위해서는 아마도 국제적으로 공인된 권위나 NFT를 발행하는 기관이 있어야만 독특함을 확보할 수 있을 것이다. 그러나 보다 작은 규모에서는 NFT가 그러한 권한의 개입 없이도 유용할 수 있다.

예를 들어 NFT는 행사용 티켓으로 사용될 수 있다. NFT 토큰의 독특함은 좌석번호가 달려있는 티켓과 완벽한 유사성을 가지고 있기 때문이다. 행사 주최 측이 발행한 NFT만 해당 행사장에서 예우되며, 주최 측이 동일한 좌석에 대해 복수의 NFT를 발행할 경우, 전자 방식을 쓰지 않고 초과 발행된 티켓의 사례와 마찬가지로 모두 예우를 받거나 환불을 받을 필요가 있다. 더욱이 그러한 티켓의 재판매는 완벽한 보안이 확립될 수 있다. 해당 티켓은 결제가 이뤄질 때까지 구매자에게 전달되지도 않으며 판매자 역시 토큰의 전송 없이는 현금화할 수 없다. 또한 암표상에 의한 가격 부정행위를 방지하기 위해 토큰을 발행한 주체에 의해 통제될 수 있다.

NFT가 열어놓은 새로운 시장

디지털 아트와 같은 상품에 대한 재산권을 집행한다는 점에서 NFT에 큰 기대를 걸고 있지만, 우리의 이전 논의는 NFT의 중요한 한계를 조명했다. 이러한 희망을 실현하는 것은 여전히 어려운 과제다. 동시에 행사 티켓 사례는 NFT가 그러한 한계에도 불구하고 상황을 개선할 수 있는 다른 기존 경제 활동이 있음을 보여준다.

흥미롭게도 NFT는 새로운 시장을 창출한다. 이 새로운 시장은 모든 한계를 지닌 NFT 그 자체를 위한 시장이라는 사실은 주목할 만하다. 우리는 이미 크립토키티와 제드런의 사례에 대해 논의했다. 이것들은 순수하게 블록체인에 존재하는 NFT 시장의 흔한 예들이다. 이 외에 더 많은 그와 같은 시장이 존재한다. F1 델타

타임F1 Delta Time은 사용자들이 포뮬러원 경주용 자동차를 사고, 팔고, 모으고, 경주할 수 있게 해준다. 이러한 시장들은 틈새시장일 수 있으며, 종종 불과 몇 년 동안만 지속된다. 하지만 그들은 꽤 많은 돈을 벌 수 있다. 2017년에 판매된 100,000달러의 크립토키티를 제외하고, 일부 제드런 경주마는 2021년에 400,000달러에 팔렸다.

비록 크립토키티와 같은 NFT가 그들의 게임 밖에서는 어떤 것과도 연관되어 있지 않지만, NFT 이면의 기술은 해당 게임을 넘어 NFT 그 자체에 대한 소유권을 허용하고 있다. 블록체인의 스마트 컨트랙트에 NFT의 소유권이 기록되기 때문에 게임이 더 이상 작동하지 않더라도 소유자는 NFT를 활용할 수 있다. 이를 전시하거나, 판매하거나, 다른 게임에 활용하거나 이더리움 언어는 튜링 완전하므로 그 가능성은 한 마디로 무궁무진하다. 이와는 대조적으로, 린든랩스가 세컨드라이프 서버를 폐쇄하는 날, 플레이어들은 게임 내 모든 물품에 접근할 수 없게 된다.

디앱과는 독립적인 소유 개념을 통해 NFT는 게임 내 사물과 수집품 사이의 경계를 모호하게 한다. 크립토키티, 제드런, F1 델타타임 등이 트레이딩, 사육, 레이싱과는 별개로 수집을 강조하는 이유다. 우리는 3장에서 게임 내 디지털 아이템 시장이 이미 존재했음을 살펴보았다. 그러나 NFT는 대체 불가능성과 이중지출의 불가능성으로 인해 디지털 수집품도 처음으로 허용한다. NBA 톱샷은 이들을 위한 다른 기능은 없다는 의미에서 이러한 순수 디지털 수집품의 한 예라고 할 수 있다. 따라서 NFT는 야구카드가 '야구카드 시장'이라는 새로운 시장을 창출한 것과 같은 방식으로 디지털 수집품이라는 새로운 시장을 창출했다. 동시에 NBA 톱샷은 크립토키티와 달리 블록체인 외부의 디지털 자산과 연관된다. 마치 야구카드가 현실세계에서 선수 및 팀과 관련된 것과 유사한 방식인 셈이다. NFT의 저작권 및 발행은 NBA에 의해 관리된다.

NFT가 가능하게 만든 또 다른 신규 시장이 있다. 이더리움 상에서 누구나 NFT 스마트 컨트랙트를 설정할 수 있다는 점에서 개인이 NFT를 만드는 데에 여러 관심이 쏠리고 있다. 이 같은 자체 제작된 NFT를 구매하는 것에도 관심이 집중된다. 이 새로운 시장이 번창하는 데는 두 가지 장애물이 있다.

NFT를 관리하는 잘 작동하는 스마트 컨트랙트를 이더리움에서 생성하는 작업은 생각보다 까다롭고 특정 전문지식을 요구한다. 그래서 이더리움 기술이 누구라도 그러한 계약을 짤 수 있게 하는 것 같아도 모두가 다 그 계약을 설정할 수 있는 건 아니다. 이러한 마찰은 많은 사람들이 그들의 파일과 관련된 NFT를 만드는 것을 방해하여 공급을 지연시킬 수 있다. 이것이 자체 제작된 NFT가 번창하는 데 걸림돌이 되는 첫 번째 문제다.

두 번째는 시장의 충분한 깊이를 달성하는 것이 쉽지 않다는 사실이다. 두터운 시장은 대체 가능한 토큰을 포함한 모든 거래 가능한 상품의 유동성에 필수적이다. 그러나 대체 불가 토큰의 경우, 상품 자체가 특이하기 때문에 이 깊이를 달성하는 게 훨씬 어렵다. 다양한 아이템이 다양한 구매자의 예술적 취향에 어필할 것이기 때문이다. 따라서 구매자들은 그들의 취향에 맞는 아이템을 어디에서 찾을 수 있는지 파악하는 게 중요하다. 구매 대상 NFT를 선정하는 과정에서 검색보다 더 많은 브라우징이 이뤄지는 만큼 그것들을 한 곳에 모아두는 게 중요하다. 사용자가 이더리움에서 NFT를 생성하는 방법을 안다고 해도 완전히 분산된 세계에서 잠재 구매자가 자신이 원하는 NFT를 찾기는 백사장에서 바늘을 찾는 것처럼 어려울 것이다.

다행인 건 이 시장의 창출을 촉진하기 위해 플랫폼과 앱이 이미 만들어졌다는 사실이다. 일부는 특정 유형의 외부 자산과 관련된 NFT에 초점을 맞추기도 한다. 예를 들어, 센트Cent는 트위터 상의 트윗과 관련된 NFT 시장이다. 다른 시장들도 사용자가 제공하는 임의의 디지털 파일과 관련된 NFT들에 열려 있다. 이러한 예로는 오픈씨OpenSea와 민터블Mintable, 래러블Rarable이 있지만, 이 외에 더 많은 것들이 만들어지고 있다. 이들은 일반적으로 두 가지 기능, 즉 쉽고 사용자 친화적인 프로세스를 통해 NFT의 생성을 촉진하고 NFT 판매를 위한 시장을 제공한다. 이러한 마켓플레이스는 많은 부분 이베이와 유사하게 경매나 공시가격과 같은 다양한 판매 옵션을 제공하여 디스플레이와 브라우징, 검색 따위를 용이하게 한다. 그러나 이더리움 블록체인이 관련 파일의 저작권 사용 여부나 특정 파일과 관련된 NFT의 고유성을 확인하지 않는 것이 일반적이다. 앞서 말한 것처럼, 실사實査 부족으로 인해 은디아예 교수는 아크바르와 이 교수가 쓴, 저작권이 없는 논문 파일과 연동된 NFT를 먼저 만들 수 있었고, 나중에 아크바르와 이 교수가 실지로 자신들의 논문인 동일한 자산과 연동된 NFT를 만들 수 있었다.

자체 제작된 NFT 시장에서 시장의 깊이에 대한 요구는 하나의 범주 내에서 강력한 네트워크 효과를 창출한다. 구매자들은 가장 많은 상품을 제공하는 시장에 먼저 갈 것이고, 많아야 몇 개의 시장만 확인하고 싶을 것이다. 판매자들은 대부분의 구매자들과 함께 시장에 그들의 NFT를 상장하기를 원할 것이다. 이러한 양면 네트워크 효과는 일반적으로 강력한 플레이어가 거의 없는 시장을 초래하는 승자독식의 역학을 낳는다. 우리는 21세기의 첫 10년 동안 이러한 역할을 보아왔다. 야후! 옥션과 다른 경쟁사들이 퇴장했고 이베이가 독특한 상품 경매 시장을 거의 독식했다.

흥미롭게도, NFT 시장은 다른 온라인 시장들과 매우 유사한 문제에 직면해 있으며, 모두 비슷한 해결책에 도달한다. 그들의 사업 모델은 거래 수수료 부과에 의존한다. 일부는 NFT가 설치되면 NFT를 만드는 데 들어간 비용을 청구하고, 일부는 만들어진 NFT가 팔리면 비용을 청구하고 있다. 그들 모두는 판매 가격의 일부를 거둬들이고 있는 셈이다. 그들은 광고와 입소문에 의존하여 새로운 사용자에게 다가가고, 네트워크 효과와 함께 전략적 가격을 사용하여 경쟁사로부터 판매자를 끌어낸다. 구매자가 많은 시장은 더 많은 구매자를 유치하고, 따라서 더 높은 수수료판매가격의 1퍼센트를 부과하면서도 판매자를 끌어들일 수 있다. 한두 곳이 지배적이 되면 작은 업체들은 더 이상 수익성을 낼 만큼 수수료를 높게 매길 수 없어 시장을 탈출하거나 무명으로 전락하게 된다. 그래서 NFT를 위한 많은 시장들이 만들어지고 더 많은 것들이 설치되고 있지만, 경제학자들은 그들 중 극소수의 사람들만이 장기적으로 그 시장에 머물 것이라고 말한다. 그렇게 하는 사람들은 더 높은 수수료를 부과하고 네트워크 효과에 의해 창출된 가치를 추출할 수 있을 것이다.

흥미롭게도 이더리움과 같은 분산 개방형 기술은 독점적이고 중앙에서 관리되며 시장에서 가치를 추출할 수 있는 플랫폼과 중개자를 생성할 수 있다. 이는 인터넷의 탈중앙화 기술이 아마존이나 우버 같은 플랫폼과 중개자를 탄생시킨 사례와 유사하다고 할 수 있다.

디앱

처음부터 이더리움은 스마트 컨트랙트를 가지고 유연한 분산형 애플리케이션, 즉 디앱을 구축하는 플랫폼으로 구상됐다. 따라서 디앱은 블록체인 상에서 스마트 컨트랙트를 활용하는 애플리케이션이라고 할 수 있다. 스마트 컨트랙트는 디앱의 필수 요소다. 그래서 이더리움에 직접 접속할 수 있는 스마트 컨트랙트라면 디앱이라고 불릴 수 있다. 하지만 그것은 더 다양한 청중에게 제한적인 기능성과 제한적인 소구력을 가질 수 있다. 전형적으로 디앱은 다중 연결된 스마트 컨트랙트(스마트 컨트랙트가 다른 스마트 컨트랙트를 호출할 수 있다는 사실을 기억하라), 그리고 웹사이트와 같은 사용자 친화적인 인터페이스를 포함한다. 대부분의 경우, 디앱은 또한 사용자 인터페이스와 밑에 깔린 스마트 컨트랙트 사이에 한 겹혹 두 겹의 추가 소프트웨어를 가지고 있다.

초창기 디앱은 죄다 게임이었다. 이더리움 상에 처음 등장한 게임은 2017년 대퍼랩스Dapper Labs가 만든 크립토키티였다. 이 게임은 이용자들 사이에서 상당한 관심을 끌어모은 최초의 디앱으로 꼽힌다. 앞서도 언급했듯이, 이 게임의 목적은 각기 독특한 256비트 게놈을 가진 디지털 고양이를 사고팔고 번식시키는 것이다. ERC-721 표준을 따르는 NFT 스마트 컨트랙트는 디앱을 구성하는 네 가지 스마트 컨트랙트들 중 하나다. 다른 스마트 컨트랙트들은 새로운 0세대 고양이를 출시하는 과정이나 판매로 올라온 크립토키티의 경매 매커니즘을 통제한다. 스마트 컨트랙트와는 별개로 크립토키티 디앱은 부모 고양이의 게놈을 결합해 만든 새로운 키티인 1세대 고양이를 위한 고유한 게놈을 생성하는 오프-블록체인 알고리즘을 가지고 있다. 마지막으로 크립트키티 디앱에는 디지털 고양이를 쉽게 구매하거나 판매하고 번식하고 전시할 수 있는 사용자 인터페이스도 포함되어 있다. 사용자는 디앱 인터페이스를 통해 자신의 크립토키티를 사고 팔 수 있다. 그런 다음 미리 정해진 경매 유형과 대퍼랩스가 징수한 거래 수수료 등이 포함된 앱이 정한 메커니즘에 따라 판매가 진행된다. 하지만 NFT 스마트 컨트랙트를 통해 고양이들을 직접 판매할 수도 있다. 대퍼랩스는 여전히 정해진 수수료를 챙기고 있지만, 경매를 회피할 수도 있다. 스마트 컨트랙트가 블록체인 상에 있기 때문에 이는 일반적인 특징을 보여준다. 만일 이용자가 앱을 통해 스마트 컨트랙트를 호출할 수 있다면, 해당 스마트 컨트랙트의 주소만 알면 블록체인 상에서 직접 똑같은 스마트 컨트랙트를 호출할 수 있다.

앞서 논의한 내용에서는 게임용 디앱의 다른 예들인 제드런과 F1 델타포스를 소개했다. 우리는 또한 NFT를 통해 디지털 수집품을 용이하게 하는 디앱에 대해서도 이야기했다. 크립토키티는 게임 내에서의 역할과는 별개로 블록체인에 제약을 받는 일종의 수집품으로도 볼 수 있다. 그러나 대부분의 수집품은 NBA 톱샷이나 크립토펑크와 같은 디지털 아트와 관련이 있다.

하지만 2017년 초부터 디앱의 사용은 매우 많아졌다. 인기 있는 디앱에는 사용자가 토큰을 거래할 수 있는 거래소 마켓플레이스와 저축 및 대출 계약, 결제 메커니즘 등이 있다. 우리가 앞서 언급한 자체 제작된 NFT의 마켓플레이스인 오픈씨도 사실 디앱이다. 훨씬 더 다양한 디앱들은 이른바 DeFi 디앱이라고 불리는 대체 가능 토큰과 관련이 있다.

DeFi는 분산형 금융decentralized finance을 의미한다. DeFi 디앱은 대출, 보험, 크라우드펀딩, 파생상품, 베팅예측 시장과 같은 다양한 금융 서비스를 제공한다. 그들은 스마트 컨트랙트에 의존하여 흔히 '중개인을 파낸다'라고 주장한다. 한 가지 예가 암호화폐 대출과 차입 상품이다. 유니스왑이나 컴파운드 파이낸스 같은 디앱은 유동성 풀을 통해 차입과 대출 옵션을 제공한다. 이런 풀은 스마트 컨트랙트를 활용해 수요와 공급에 따라 자동으로 가격이 책정된다. 대출을 위해 특정 토큰을 내놓는 토큰 소유자가 많아지면 금리는 자동으로 낮아진다. 부족할 때는 당연히 금리가 올라가면서 더 많은 토큰 소유자들이 토큰을 시장에 내놓게 된다.

대출자 쪽에서도 금리가 수급에 반응한다. 그러나 유동성 풀이 삭감될 수 있기 때문에 대출자가 받는 금리와 반드시 같을 필요는 없다. 이 삭감은 독립적인 유동성을 공급하기 위해 유동성 풀에 보관하거나 유동성 풀을 만든 이가 현금화할 수 있다. 무허가 환경에서 대출을 받는 것과 관련된 특별한 난제는 대출자들이 죄다 익명이라는 것이다. 그렇게 되면 그들에 대한 후속 조치와 납기 금액 회수가 어려워진다. 따라서 차입자는 일반적으로 차입금과는 다른 코인으로 담보를 게시할 필요가 있다. 그리고 코인의 가격은 매우 변동성이 크기 때문에, 그 풀들은 빌린 금액에 대해 여러 배의 담보를 필요로 한다. 차입금액의 150%나 200%에 해당하는 담보를 요구하는 것도 낯설지 않다. 그러므로 대출은 은행이 제공하는 소상공인 대출이 아니다. 그러나 대출은 공매도 및 차익거래를 촉진하여 거래소 전반의 코인 가격을 안정시키는 데 유용할 수 있다.

DeFi 디앱의 사용을 옹호하는 주요 주장 중 하나는 중개자나 중개인이 없는 것이 더 낮은 수수료를 수반한다는 것이다. 이 주장은 좀 미묘한 구석이 있다. 디앱이 블록체인 상에서 스마트 컨트랙트에 의존하므로 수수료를 한 푼 내지도 않고 디앱을 사용하는 건 불가능하기 때문이다. 블록체인 처리량이 크게 증가하지 않더라도 디앱의 활동량 증가만으로 과밀이 발생할 것이고, 이는 이용자들이 더 높은 거래 수수료를 부담해야 하는 것으로 해석될 수 있다. 더군다나 블록체인 거래 수수료는 차치하더라도 디앱이 중개업자로 설정되어 자체적으로 높은 수수료를 챙길 수 있다.

디앱이라는 용어는 분산형 응용 프로그램을 뜻한다. 하지만 그 이름은 오해의 소지가 있다. 디앱이 블록체인에서 실행되는 스마트 컨트랙트에 의해 구동되는 반면, 완전히 탈중앙화되고 허가가 필요 없는 블록체인이라도 그 위에서 실행되는 디앱이 탈중앙화된다는 보장은 없다. 사실 디앱이 유니스왑처럼 스마트 컨트랙트에 의해서만 관리될 수도 있지만, 많은 디앱들은 NBA 탑샷이나 크립토키티와 같은 그들의 개발자들에 의해 중앙에서 관리된다. 계약 작성자가 가격 및 잠재적 변화 측면에서 참여자에게 상당한 권한을 행사하는 등 스마트 컨트랙트 자체가 허가될 수 있기 때문이다. 스마트 컨트랙트의 코드가 블록체인에 구현된 후에는 바뀔 수 없다는 점을 감안하면 놀랍게 들릴 수 있다. 그러나 스마트 컨트랙트 코드는 계약 작성자가 제어할 수 있는 외부 라이브러리를 지칭할 수 있다. 게다가 스마트 컨트랙트 외에도 디앱은 접근을 제한하고 가격을 올릴 수 있는 다른 소프트웨어 층도 가지고 있다. 그러므로 일단 디앱이 충분한 존재감을 얻으면 네트워크 효과가 있는 환경에서, 그들은 전통적인 인터넷 플랫폼들과 같은 방식으로 그들의 시장 지배력을 레버리지시키기 위해 네트워크 효과를 활용할 수 있다. 스마트 컨트랙트와 블록체인이 막강한 중개자에 맞서는 만병통치약은 아니라는 뜻이다.

디앱이 성공적으로 전통 플랫폼에서 중개자를 제거했다고 호평하는 주장은 누구든 디앱을 설정할 수 있고 블록체인이 투명하다면 블록체인 상에서 스마크 컨트랙트의 코드가 확인 가능하다고 말한다. 이런 주장에서 주의할 점은 동일한 논리가 인터넷 상에서 강력한 중개자들이 부상浮上하는 현상을 맞받아치기에 충분치 않다는 사실이다. 우버나 페이스북을 대체하는 데에 장벽으로 작용하는 건 동일한 기능을 가진 소프트웨어를 만드는 게 어렵거나 그 기능이 알려지지 않았다는 게 아니다. 진정한 어려움은 그 대안이 정말로 매력적일 정도로 충분히 네트워크를 키우는 것이다. 이러한 중개자들은 강력한 네트워크 효과로 보호되고 있다. 이와 똑같은 상황이 디앱에서도 얼마든지 일어날 수 있다.

동시에 전적으로 스마트 컨트랙트만으로 관리되는 분산형 디앱은 위키피디아나 오픈 소스 소프트웨어와 같은 블록체인 이전의 어떤 분산형 애플리케이션과 플랫폼보다 훨씬 더 효과적이다. 따라서 블록체인과 스마트 컨트랙트는 우리가 기존에 가지고 있던 도구들을 아예 대체하기보다는 보완할 가능성이 높다.

블록체인 거버넌스와 디앱 거버넌스 그리고 스마트 컨트랙트

탈중앙화된 P2P 전자화폐가 존재하려면 신뢰하는 제3자 없이 어떻게든 스스로 관리와 통제가 가능한 자율 플랫폼이 필요하다. 이 전제는 플랫폼이 컴퓨터 코드와 하드웨어로 구성될 때 특히 문제가 되는데, 컴퓨터 과학과 전자제품의 기술 발전으로 인해 시간이 갈수록 시스템의 업데이트가 불가피해지기 때문이다. 또한 컴퓨터 코드가 복잡해질수록 버그나 허점이 있을 가능성 역시 높아진다. 그래서 매일 사용하는 프로그램과 운영체제는 이전 세대 하드웨어에서 구동되지 않는 새로운 기능을 추가할 뿐만 아니라 효율성을 개선하고 오류와 버그 및 기술상 허점을 수정하기 위해 지속적으로 업데이트된다. 비트코인이나 이더리움과 같은 플랫폼의 컴퓨터 코드는 이런 플랫폼에 비해 그리 복잡한 것은 아니지만, 그렇다고 해서 모든 컴퓨터 코드가 안고 있는 운명으로부터 업데이트의 수고를 막아주지는 못한다. 어떤 버전이라도 수정이 필요한 버그와 허점을 갖고 있을 수밖에 없으며 새로운 하드웨어 가능성에 적응하기 위한 여러 개선사항들을 포함하게 될 것이다. 무허가 블록체인 플랫폼의 경우, 이는 중대한 문제다. 조만간 코드를 수정하고, 다시 작성하고, 수정해야 할 것이다. 여기서 중요한 질문이 나온다. 이러한 시스템을 과연 어떻게 업그레이드 할 것인가? 즉, 거버넌스 구조는 무엇인가?

이런 점에서 비트코인의 사례는 계발적이라 할 수 있다. 비록 어떤 개인들은 어떤 종류의 영향력을 가지고 있지만, 비트코인은 어떠한 거버넌스 구조도 완전히 결여되어 있기 때문이다. 나카모토는 이 문제를 잘 알고 있었고, 지금은 유명한 표현이 되어버린 하나의 CPU 당 하나의 투표권이라는, 즉 비트코인이 채굴자들의 컴퓨팅 파워에 의해 단순히 투표권이 정의되는 민주적인 시스템으로 설계돼 있다고 여겼다. 이러한 투표 절차는 자발적이든 우발적이든 포크를 따라 채굴자들이 서로 다른 버전에 직면했을 때 어떤 버전의 블록체인이 살아남을지 선택하는 것을 목표로 하는 나카모토의 합의 메커니즘에서 직접 나왔다. 채굴자들의 50% 이상이 동일한 버전에서 작업할 경우, 최장 체인 규칙을 적용하는 다른 모든 채굴자들도 해당 버전에서 채굴할 수 있게 된다. 시스템에 업데이트나 수정이 필요할 경우, 이러한 변경 사항도 논의를 거쳐 투표에 부쳐질 수 있다. 투표 과정은 매우 간단하다. 채굴자는 자신의 서버에서 실행 중인 프로그램을 업데이트할 때만 동의하면 된다. 만약 50% 미만이 그러한 변화를 실행한다면, 즉 [illegible] 채굴자의 대다수가 이 변화를 채택하지 않는다면, 이 변화는 살아남지 못할 가능성이 높다.

이 추론에는 몇 가지 기억해야 할 주의사항이 있다. 첫째, 1인 1표라는 원칙이 하나의 CPU 당 하나의 투표권과 같지 않다는 사실이다. 모든 채굴자가 동일한 컴퓨팅 파워모든 CPU가 동일한 컴퓨팅 파워를 가지고 있다면 채굴 전용 CPU의 수가 동일함를 갖는다면 물론 이러한 구호는 타당할 것이다. 그러나 실제론 이와 거리가 멀다. 현재 비트코인에 대한 채굴력의 대부분은 각각 수천 명의 채굴자또는 서버가 뭉친 기업적 마이닝 풀들이 차지하고 있기 때문에 문제가 더욱 심각하다. 둘째, 1인 1표제는 투표에 대한 다소 순진한 접근법이다. 투표 절차에 대한 공식적인 분석은 18세기 후반 프랑스의 철학자이자 수학자인 콩도르세 후작의 연구로 시작되었다. 사회적 선택Social Choice으로 알려진 학문 분과의 일부를 이루는 투표 이론은 1950년대와 1970년대에 일련의 결과를 통해 큰 변화를 겪었다. 현재 유명한 첫 번째 결과는 1950년 케네스 애로우Kenneth Arrow의 소위 불가능성 정리Impossibility Theorem다. 불가능성 정리는 특정한 기본 속성을 충족시키기 위해 이러한 집합이 필요하다면 대안에 대한 개인의 선호도를 집계하는 것은 사실상 불가능하다고 말한다. 이상적인 투표 시스템에 대한 희망은 1973년 앨런 지바드Allan Gibbard와 1975년 마크 새터스웨이트Mark Satterthwaite에 의해 증명된 또 다른 불가능성으로 타격을 받았다. 이 결과는 세 가지 이상의 대안이 있는 즉시, 어떤 투표 시스템도 독재결정은 유권자 한 명에게만 의존하며 다른 유권자의 투표는 결과에 전혀 영향을 미치지 않는 방식나 전략적인 투표즉, 진정성 있는 투표의 부재에 빠지기 쉽다는 것을 보여주었다. 그러므로 비트코인 소프트웨어의 실질적인 변화에 대한 비트코인 채굴자들의 대규모 합의가 지금까지 아예 존재하지 않았다고 말할 순 없더라도 거의 드물었다는 건 그리 놀라운 일이 아니다. 이 사실은 비트코인의 시스템이 다소 원시적이라는 데 의문의 여지가 없기 때문에 유감스럽다. 왜냐하면 비트코인이 이더리움이나 테조스, 혹은 최신 블록체인 설계와 같은 복잡한 계약을 허용하지 않고, 비트코인의 처리량이 극단적으로 낮으며, 너무 많은 에너지를 잡아먹기 때문이다. 이는 비트코인이 세계적인 화폐가 되는 걸 막는 요소이기 도 하다. 근본적인 업데이트를 실현하려는 대부분의 노력들은 비트코인 소프트웨어를 업데이트하는 방법을 두고 불거진 의견 불일치 때문에 실패로 돌아갔다. 그러한 불일치는 바로 애로우의 불가능성 정리에 속한다. 비록 비트코인이 업데이트가 필요하다는 사실에 대해 분명 만장일치를 이루고 있지만(개중에 몇몇은 나카모토의 원래 설계를 고수해야 한다고 생각하는 이들도 있기 때문에 완전한 만장일치는 아닐 것이다), 업데이트의 방법을 두고 서로 선호하는 해법이 너무나 이질적이다 보니 업데이트의 합의를 얻어내는 일이 극악할 정도로 어려운 일이 되어버렸다.

이처럼 비트코인에 거버넌스가 부재하다는 사실이 금세 드러났고, 그래서 나카모토 이후 전부는 아니더라도 대부분의 새로운 블록체인 설계자들은 이러한 거버넌스의 문제를 고려하기 시작했다. 이 질문은 무허가 블록체인에 대한 명확한 답을 가지고 있지 못하다. 단지 어떠한 변경이라도 강제할 방법이 없다는 단순한 이유 때문이다. 채굴자들은 어떠한 권고도 따르지 않아도 되고, 따라서 제안된 변경사항을 이행하지 않아도 된다. 또한 업데이트가 이루어지는 방식은 대다수의 채굴자들의 동의가 필요하다. 실제로 이더리움 등의 플랫폼은 단순히 블록체인을 포크하는 것만으로 업데이트가 진행된다. 즉, 합의된 시간에 채굴자들은 새로운 버전의 소프트웨어로 채굴을 시작하기로 하는 것이다. 동의하지 않거나 또는 단순히 시스템을 제때 업데이트하지 않은 일부 채굴자들이 있기 때문에, 이 경우 블록체인은 두 갈래로 갈라질 것이다. 하나는 기존 시스템으로 채굴하는 것이고 다른 하나는 새로운 버전으로 채굴하는 것이다. 이처럼 포크로 이루어진 업데이트는 커뮤니티 내에 분열과 혼란을 조장하기 때문에 이상적인 해결책이라고 말할 수 없다.

그동안 이것이 이더리움에 문제가 되지 않았던 이유는 해당 시스템을 개발하는 과정에서 주도적 역할을 했던 이더리움재단의 도덕적 권한이 있었기 때문이다. 재단이 업데이트를 발표할 때, 채굴자들은 대개 새로운 버전을 채택한다. 왜냐하면 다른 채굴자들도 이 버전을 채택할 것으로 충분히 예상할 수 있기 때문이다. 이 방법은 이더리움재단과 같은 조직이 채굴자들에게 충분한 영향력을 가지고 있는 한 잘 작동한다(이는 시스템을 어느 정도 중앙집중화시킬 수 있다). 그러나 100% 그렇지는 않다. 제안된 변화가 너무 많은 논란을 일으키거나 조직이 권위를 잃게 될 경우, 플랫폼의 원활한 진화는 더 어려워질 수 있다.

그렇다면 무허가 블록체인과 진화 능력에 대한 불가능성 결과가 있을까? 아마 아닐 것이다. 테조스의 설립자들은 독창적이고 매우 전도유망한 방법을 찾았다. 테조스 소프트웨어의 구조 자체는 포크할 필요 없이 프로토콜을 업데이트할 수 있게 허용한다.

프로토콜 업데이트는 블록체인의 설계 자체의 변화를 의미할 수 있다. 예를 들어, 이러한 설계 기능에는 해시 함수의 유형, 수수료 구조, 블록 크기, 성공적인 채굴자가 선택되는 방식작업증명, 지분증명 등이 포함된다. 이러한 모든 특수 사양은 매개변수로 이해될 수 있으므로 블록체인 자체의 변수로 인코딩될 수 있다. 이런 특성은 모든 설계 특성이 하드코드화된 비트코인 프로토콜과는 매우 대조적이다. 그러면 추가된 어떤 블록이라도 단지 최신 사양을 따르기만 하면 된다. 하지만 그렇다면, 이런 변화들은 어떻게 결정될까? 테조스가 찾아낸 해답은 단순히 업데이트를 위한 투표 제안서를 넣는 것이다. 참가자들은 스마트 컨트랙트를 통해 투표를 하게 되며, 제안서가 충분한 표를 얻으면 스마트 컨트랙트는 새로운 사양을 업데이트해버린다.

그래야 포크할 필요 없이 블록체인 설계를 업데이트할 수 있다. 그러나 이것이 포크의 위험을 완전히 제거하지는 못한다. 변경사항에 동의하지 않는 채굴자나 참여자는 여전히 블록체인을 포크하고 이전 사양으로 채굴을 계속할 수 있다. 그러나 적어도 테조스는 무허가 블록체인에 내재된 거버넌스 문제의 해결책을 찾았다. 이 해결책이 장기적으로 정말로 효과적일지는 우리가 미래에 가봐야 알 수 있을 것이다.

테조스가 블록체인 전반에 대한 거버넌스를 위해 스마트 컨트랙트를 이용하는 반면, 많은 디앱들은 디앱 시스템의 거버넌스를 위해 거버넌스 토큰과 스마트 컨트랙트를 이용한다. 향후 조정 가능성 없이 영구적으로 설정된 디앱들은 거의 없다. 크립토키티나 NBA 톱샷처럼 디앱이 중앙에서 관리되는 경우, 조정이 허용되는 시점에서 디앱의 개발자들이 일방적으로 조정을 시행할 수 있다. 디앱의 경우, 거버넌스 토큰을 이용하여 변경사항이 제안되고 투표에 회부된다. 거버넌스 토큰은 메이커다오의 MKR처럼 매입할 수도 있고, 컴파운드 파이낸스의 COMP처럼 얻을 수도 있다. 이용자는 프로토콜 변경을 제안하기 위해 최소한의 거버넌스 토큰을 가지고 있어야 한다. 그리고 나서 그 변화를 받아들이기 위한 투표는 거버넌스 토큰으로 스마트 컨트랙트를 통해 이루어진다. 거버넌스 토큰 비중이 큰 이용자는 제안서를 제안하고 투표할 수도 있다. 이는 설계에 의해 분산된 디앱이 실제로 중앙집중화될 수 있음을 다시 한 번 보여준 셈이다.

6장

기업 블록체인

암호화폐의 발전은 스마트 컨트랙트, 토큰의 잠재적 사용과 함께 블록체인 기술이 거의 전 분야에서 활용될 수 있다는 기대감을 낳았다. 블록체인 기술의 유형은 다이아몬드 추적에서 의료 데이터 공유 또는 아티스트에 대한 지적재산권 관리에 이르기까지 다양하다. 흥미롭게도 많은 계획된 용도들은 이 기술에 대한 보다 일반적인 시각을 가짐으로써 토큰이나 코인에 대한 생각을 제쳐두고 있다. 블록체인은 이중지불이 중요한 취약점인 데이터 관리, 특히 가치 전송과 관련한 데이터 관리의 보다 일반적인 시스템으로 간주된다. 블록체인에 대한 이러한 일반적인 견해는 컴퓨터 과학과 데이터 관리에서 모두 잘 알려진 개념인 분산 데이터베이스와 관련되어 있다.

분산 데이터베이스 : 그 정의와 용도

우리는 이미 나카모토가 비트코인의 도입을 제안하기 훨씬 전부터 비트코인 설계의 많은 측면들이 이미 실제로 존재해왔다는 것을 보았다. 해시함수와 작업증명 개념, 공개키 암호화는 비트코인이 만들어진 2008년에 잘 이해되었던 도구나 설계였다. 예를 들어, 우리가 이미 언급했듯이, 해시 포인터에 의해 링크된 데이터인 블록체인의 손대 흔적이 명백한 속성은 1990년대 초에 하버와 스토르네타의 연구에서 이미 탐구되었다. 블록체인이라는 용어가 나카모토가 비트코인을 발표한 뒤에야 만들어졌지만 말이다.

마찬가지로 분산 데이터베이스도 비트코인 이전부터 존재해왔다. 분산 데이터베이스를 사용하는 주된 이유는 기술적 오류를 방지하기 위함이다. 동일한 데이터베이스를 호스팅하는 여러 서버가 있는 경우, 즉 데이터베이스가 분산되어 있는 경우는 하나의 서버만 데이터베이스를 호스팅하는 경우에 비해 데이터에 액세스할 수 없는 위험이 줄어든다. 복제된 서버 중 하나에 오류가 발생하면 다른 서버에서 데이터에 액세스할 수 있기 때문이다. 모든 서버에 동시에 장애가 발생하는 드문 경우에만 데이터에 액세스할 수 없게 된다. 스케일링이 분산 데이터베이스에 관심을 가질 수 있는 또 다른 이유다. 이용자의 요청 수가 매우 많아질 경우, 이러한 요청을 여러 서버에 분산시키면 혼잡을 완화하여 보다 시기적절한 서비스를 제공할 수 있다.

사실 우리는 구글과 같은 검색엔진이나 페이스북과 같은 소셜미디어 사이트에 접속할 때 매일 분산 데이터베이스와 상호작용한다. 이러한 웹사이트의 트래픽 양은 너무 커서 거의 동일한 여러 대의 서버가 필요하다. 세상의 어떤 서버도 이러한 서비스가 시시각각 수신하는 모든 검색 요청들을 다 처리해 낼 수 없다. 이에 대한 해결책은 동일한 데이터를 복제하는 여러 대의 서버를 갖는 것이며, 검색 쿼리가 생성될 때마다 요청이 구글이 보유한 수십만 대 혹은 그 이상의 서버 중 하나로 전송된다(서버의 정확한 수치는 공개되지 않았지만 약 250만 개일 것으로 추정된다). 검색 쿼리가 서로 다른 서버에서 처리될 때 결과값이 크게 다르다면 바람직하지 않은 상황이다. 따라서 구글은 언제나 모든 서버가 동일한 정보, 즉 동일한 데이터베이스를 가지고 있는지 확인해야 한다. 인터넷에서 이용 가능한 정보가 끊임없이 진화하고 있기 때문에, 구글은 자사의 데이터베이스들을 지속적으로 업데이트할 필요가 있다. 이때 여러 대의 서버를 일관된 방식으로 업데이트하는 작업은 매우 어려운 과제에 속한다. 서버 간에 데이터를 전송하는 데 시간이 걸리기 때문에, 만약 데이터 업데이트가 빈번히, 그것도 예측할 수 없을 만큼 늦게 도착한다면, 컴퓨터 과학 분야에서 잘 확립된 결과는 어느 순간에도 모든 서버가 정확히 동일한 데이터 복사본을 가진다고 보장할 수 없음을 보여준다.

데이터 업데이트 문제는 단순히 기술적인 문제가 아니다. 이 문제를 이해하기 위해, 페이스북에 사진을 올린다고 가정해 보자. 우리 컴퓨터나 휴대폰은 페이스북의 서버들 중 하나에 연결되어 있다. 해당 서버가 사진을 가진 첫 번째 서버가 되며, 거의 즉시 다른 서버들에도 이 사진을 브로드캐스팅한다. 사진을 업로드한 직후 페이스북 피드에 접속한 친구들이 있다면 사진을 본 친구도 있고 보지 못한 친구도 있을 수 있다. 일부 친구들은 이미 사진 복사본이 있는 서버에 연결되고 다른 친구들은 아직 사진을 받지 못한 서버에 연결되어 있기 때문이다. 우리가 페이스북에 올린 사진 한 장에 대해서만 이야기하고 있기 때문에 지금까지는 이게 별로 중요한 문제가 아니라고 생각할 수 있었다.

좀 더 복잡한 문제는 다음과 같다. 최근 사람들은 구글 닥스Google Docs와 같은 온라인 사이트를 점점 더 많이 사용하고 있다. 이러한 서비스는 '독립 실행형 프로그램standalone program'이 가질 수 있는 모든 기능을 가지고 있지는 않지만 사용자들이 동일한 문서에서 동시에 함께 작업할 수 있게 해준다. 하지만 만에 하나 거의 같은 순간에 그 문서에 대해 두 명의 공동작업자가 상호 모순된 조작을 가한다면 어떤 일이 벌어질까? 즉 한 명의 공동작업자가 문장의 서체를 이탤릭체로 바꾸고 또 다른 공동작업자는 문장의 일부 단어를 바꾼다면? 구글의 서버들은 보나마나 충돌하는 정보를 받을 것이다. 한 서버는 이탤릭체로 문장을 입력하고 다른 서버는 일부 단어를 변경할 것이다. 그렇다면 최종 결과는 어떻게 될까? 이런 상황을 해결하기 위해 구글은 비트코인과 마찬가지로 갈등 해결 프로토콜이 필요하다. 비트코인 내에서는 채굴자들이 서로 충돌하는 블록체인 버전들을 마주쳤을 때 따르는 프로토콜이 최장 체인 규칙이다. 구글 닥스와 같은 단순한 서비스의 경우, 남게 될 버전은 단순히 구글이 서버에서 받은 가장 최신 버전, 즉 가장 마지막으로 받은 버전이다. 사용자는 항상 버전 제어 옵션을 사용하고 변경 내역을 볼 수 있기 때문에 정보의 손실은 그리 큰 문제가 되지 않는다. 드롭박스와 같은 파일 스토리지 서비스에서도 이와 유사한 충돌이 발생한다. 만약 드롭박스의 서버들이 두 개의 충돌하는 업데이트, 즉 두 개의 서로 다른 장치에서 수정된 동일한 파일을 수신한다면, 드롭박스는 가장 최근에 일어난 업데이트를 유지하고 다른 파일의 복사본을 만들어 거기에다 '충돌하는 복사본conflicting copy'이라고 표시해둔다. 그래서 어떤 정보도 손실되지 않는다.

이제 은행이나 신용카드 회사가 안고 있는 훨씬 더 복잡한 문제를 생각해 보자. 많은 은행들이 오늘날 이용자 수가 많기 때문에 여러 서버 상에 트래픽과 운영을 분산시킬 필요가 있을지 모른다. 문제는 이런 기관들은 우리 은행계좌나 신용카드 잔고가 한 가지 버전만 있을 수 있기 때문에 구글 닥스처럼 충돌하는 항목을 가질 여유가 없다는 점이다. 예를 들어, 만약 누군가가 은행계좌에 100달러만 남아 있지만, 동시에 각각 80달러씩 두 번 구매한다면, 그 거래 중 한 번만 통장에 기록될 수 있다. 누군가는 이것이 일부 은행들이 자사 고객들 중 일부가 마이너스 잔고를 갖도록 허용하는 이유라고 주장할 수 있다. 하지만 그것은 그저 문제를 유예할 뿐이다. 만약 어떤 사람이 마이너스 1,000달러까지 승인된 마이너스 잔고를 가지고 있고 80달러를 두 번 구매할 때 마이너스 900달러의 잔고를 보유하고 있다면 어떻게 될까? 항목이 충돌하는 문제는 여전히 해결되지 않았다. 물론 은행과 신용카드 회사는 이러한 충돌이 발생할 수 있는 횟수를 최소화하기 위해 빠르고 신뢰할 수 있는 네트워크 아키텍처에 엄청난 투자를 해왔다. 그러나 그 문제가 완전히 제거되지 않았다. 어느 순간이든 완벽하게 동기화된 데이터베이스는 결코 가질 수 없다는 점은 그 누구도 피할 수 없는 분산 시스템의 기본 속성이다.

하지만 비트코인의 이중지불 문제는 은행권의 당좌대월當座貸越 : 은행이 당좌예금 거래처에 대하여 잔고 이상으로 과도하게 발행된 수표나 어음에 대해서 일정 한도까지 대부하는 형태의 거래 문제와 비슷하지 않은가?

비트코인은 우리가 이미 언급한 '충돌'에 대한 해결 방법을 갖고 있다. 사용자가 충돌하는 두 개의 트랜잭션을 보낼 경우, 블록을 구성할 때 채굴자가 이 중 하나만 선택한다. 두 명의 채굴자가 동시에 자신의 블록에 유효한 논스를 발견하고 서로 다른 트랜잭션을 선택했다면 블록체인은 갈림길에 서게 된다. 다만 최장 체인 규칙에 따라 결국 한 버전의 블록체인만 살아남게 되고, 이에 따라 상충되는 거래 중 하나만 기록된다. 다만 비트코인이 신뢰할 수 있는 분산형 가치 이체 장부를 완성하는 데 성공했음에도 은행 등 기성 기업이 이런 블록체인을 구현해 그와 같은 혜택을 받기는 어려울 것으로 보인다.

사업용 비트코인 블록체인의 한계

비트코인이 다수의 독립된 당사자들 사이에서도 일관되게 암호화폐 데이터를 관리하는 데 성공했다면, 다른 맥락에서 비슷한 블록체인 설계가 기업에도 유용할지 묻는 건 어찌 보면 당연한 질문이다. 여러 서버에서 빅데이터를 처리하고 개체 간에 데이터를 공유해야 할 필요가 단지 구글이나 페이스북과 같은 공룡 기업들뿐만 아니라 여타 많은 기업들에게도 존재한다. 그래서 표면적으로는 비트코인 블록체인이 이러한 기업의 요구를 완벽하게 충족시키고 있는 것처럼 보인다. 그러나 조금만 자세히 들여다보면, 비트코인 블록체인의 기능에는 몇 가지 심각한 주의사항이 수반된다는 것을 금세 알 수 있다. 그 주의사항을 이해하기 위해서는 비트코인의 블록체인이 화폐 거래를 처리할 수 있도록 맞춤화되어 있다는 점을 기억해야 한다. 이미 앞서 3장과 5장에서 보았듯이 비트코인이나 이더리움 블록체인이 누리는 불변성과 보안적 속성은 자체 암호화폐의 높은 가치가 보장하는 경제적 인센티브 제도에서 비롯한 것이다. 이러한 인센티브는 비용이 많이 드는 채굴과 그에 따른 귀중한 보상에 의존한다. 가치가 있는 자체 암호화폐가 없는 블록체인이 어떻게 같은 인센티브를 유도할 수 있을지는 명확하지 않다.

비트코인의 블록체인 설계에는 이 기술을 기업용으로 쓰기에 덜 매력적일 수 있는 몇 가지 측면이 존재한다. 하나는 앞서 설명한 비트코인 블록체인의 낮은 처리량과 긴 트랜잭션 지연 시간이다. 거래 당사자 간의 신뢰 부족은 트랜잭션, 즉 데이터 업데이트의 검증이 더딜 수 있음을 암시한다. 10분 간격으로 블록을 추가하는 것은 물론, 실수로 포크가 발생할 경우를 대비해 여섯 차례의 확인을 기다리는 것을 추천한다. 물론 고객들은 신용카드 결제를 판매자가 받아들일 때까지 한 시간을 죽치고 기다리는 사태를 결코 받아들이지 않을 것이다. 기다리는 것의 대안은 확률적 정산, 즉 데이터 업데이트를 받아들이는 것이다. 다시 말해, 다른 더 긴 블록체인 갈래가 나타나서 빠르게 실행된 트랜잭션을 무효화할 위험을 감수하는 것이다. 설상가상으로 비트코인이나 이더리움의 정산은 권고된 확인 횟수를 기다린 뒤에도 고작 확률론적인 것일 뿐, 다른 갈래가 블록체인을 대체할 확률은 크게 떨어질 뿐이다. 분명 어떤 은행이나 신용카드 회사도 그러한 확률적 정산이나 기나긴 기다림이 매력적이라고 느끼지 않을 게 분명하다.

시스템 운영비용이 많이 드는 것도 문제다. 비트코인과 이더리움은 적어도 현재로서는 보안을 달성하기 위해 비용이 많이 드는 작업증명에 의존한다. 채굴자들에 의해 얻어지는 많은 보상이 마이닝에 필요한 투자와 에너지에 대한 비용을 지불하기 때문에 그들은 자급자족 할 수 있다. 비트코인 가격이 5만 달러를 넘어서면서 10분마다 채굴자들에게 주어지는 6.25 비트코인 블록 보상은 30만 달러가 넘는다. 하루로 계산하면 총 4천5백만 달러에 이른다. 기업이 비슷한 블록체인 시스템을 구축하려면 같은 수준의 보안을 달성하기 위해 채굴자들에게 비슷한 금액을 지급해야 할 것이다. 이런 방식이 매력적이라고 여기는 기업은 거의 없을 것이다.

높은 시스템 비용과 지연에 따른 문제, 확장성 및 확률적 정산의 문제는 비트코인 시스템이 어떤 주체가 다른 주체를 신뢰하지 않는 무허가 환경에서 합의를 이루도록 설정되었기 때문에 발생하는 셈이다. 블록체인이 기업에게 어필하는 기능들은 많지만, 완전한 무허가의 신뢰 부족이 그만큼 중요하지는 않은 것으로 나타났다.

허가형 분산 시스템의 합의

비트코인의 설계가 기업용으로 맞춰지지 않았다고 해서 블록체인이 기업이나 조직에 쓸모가 없다는 것은 아니다. 블록체인은 비트코인과 같은 방식으로 설계될 필요가 없다. 비트코인은 무허가, 즉 누구나 블록체인에 접근해 채굴자가 될 수 있기 때문에 참여자가 서로를 신뢰할 수 없다는 암묵적 원칙에 따라 설계되었다. 무허가 블록체인의 경우, 악의적인 행동을 방지하기 위해 플랫폼을 통제할 수 있는 중앙 당국이 없다는 사실은 참여자들이 서로를 알지도 못하고 신뢰하지도 못할 때 시스템의 무결성과 신뢰성을 보장할 수 있는 설계를 필요로 한다.

이와 대조적으로 대부분의 기업이나 단체가 처한 환경은 참여자들이 대개 알려져 있고 그들 사이에 어느 정도의 신뢰, 즉 법에 따라 계약을 이행할 것에 대한 최소한의 신뢰가 있다. 만약 기업 스스로 어떤 당사자와 거래할지, 특히 누가 데이터에 대한 쓰기 접근 권한을 가지고 있는지에 대한 일종의 통제권을 가질 수만 있다면, 신뢰의 부족이 비트코인에서처럼 무허가 시스템에서와 마찬가지로 그렇게 커다란 장애물이 되지는 않을 것이다. 접근을 제한할 가능성이 있을 때 그러한 블록체인을 허가형이라고 부른다.

허가형 블록체인은 접근권에 대한 미세조정을 수월하게 허용할 수 있다. 예를 들어, 일부 데이터는 참가자의 하위 집합만 액세스할 수 있도록 만들 수 있다. 이와 마찬가지로 일부 참여자들은 블록체인에 데이터를 추가하는 능력과 이러한 권리가 있는 데이터 유형에 대해 일정한 제한을 받을 수 있다. 그 모든 제한들은 암호학을 이용하여 쉽게 시행될 수 있는데, 이는 마치 지갑과 연관된 개인키가 없으면 비트코인 내의 지갑에서 거래를 할 수 없는 것과 비슷하다. 따라서 허가형 블록체인은 데이터에 손을 대거나 대혼란을 일으킬 가능성이 있는 참가자들을 더 쉽게 저지할 수 있다. 허가형 블록체인에 대한 쓰기 권한을 가진 참가자를 검증자라고 부른다.

모든 분산 시스템은 허가된 환경에서조차 합의를 보장하기 위한 프로토콜이 필요하다. 사실 이것은 컴퓨터 과학에서 꽤나 연구된 문제다. 분산 시스템에서 새로운 데이터가 있는 노드는 다른 모든 노드들로 데이터를 전송해야 하며, 노드 간 데이터 업데이트가 모든 참여자에 의해 올바르게 중계되고 수신되도록 하는 것이 핵심 문제다. 일부 노드가 충돌하여 데이터 업데이트를 중계 및 수신할 수 없을 때는 문제가 발생할 수 있다. 이러한 쟁점들을 고려할 수 있는 합의 프로토콜을 장애 허용fault tolerant이라고 하며, 이는 해당 프로토콜이 일부 노드가 이러한 방식으로 결함이 있을 때 이를 견디고 여전히 동작할 수 있음을 의미한다.

분산 시스템에서 합의점을 얻는 문제는 80년대 중반부터 알려졌으며, 여러 장애 허용 프로토콜이 개발되어 사용되었다. 장애 허용 프로토콜은 본질적으로 노드가 서로에게 보내는 메시지 유형과 이러한 메시지가 데이터를 업데이트하는 데 어떻게 사용되는지 특정하는 것이다. 예를 들어, 널리 채택된 하나의 초기 솔루션은 통신 프로토콜 팍소스가 있으며, 구글과 마이크로소프트를 포함한 많은 회사들이 사용하고 있다. 높은 수준에서 팍소스 알고리즘은 다음과 같은 3단계 프로토콜을 갖는다. 예를 들어, 영희라는 노드에서 다른 노드에 브로드캐스팅을 해야 하는 새로운 데이터가 있을 때마다, 그녀는 먼저 데이터 업데이트를 제안하는 다른 노드에 연락한다. 이것이 제안 단계라고 불리는 1단계다. 다른 노드들도 다른 노드로부터 데이터 업데이트 제안을 받을 수 있으므로, 각 노드는 영희의 제안에 따라 데이터베이스를 업데이트할지 여부를 그녀에게 회신해야 한다. 이것이 수용 단계라고 불리는 2단계다. 만약 영희가 적어도 미리 정해놓은 수의 긍정적인 회신을 받는다면, 영희는 그 노드들에게 정말로 데이터베이스를 업데이트하도록 요청하는 또 다른 메시지를 다시 보낸다. 그리고 노드들이 영희에게 답신을 보내면 업데이트를 확증한다. 이것이 실행 단계라고 불리는 마지막 단계다. 영희는 2단계에서 모든 노드가 승인하기를 기다리지 않는데, 그 중 일부는 결함이 있을 수 있기 때문이다. 합의는 영희와 같은 제안에 노드들이 대응하는 방식을 통해 얻어진다. 영희는 제안을 할 때 자신의 제안에 숫자를 추가해야 한다. 다양한 제안을 받는 노드는 가장 많은 수를 기록한 제안은 수락하고 그 밖에 다른 제안들은 거부한다.

비트코인의 합의 메커니즘과 약간의 유사성이 있다는 점에 유의하기 바란다. 비트코인의 블록체인 포크, 즉 서로 다른 버전의 블록체인이 있을 때 채굴자들은 가장 긴 블록체인을 따라 채굴하는 방식을 선택한다. 따라서 팍소스의 프로토콜에서 최고 숫자 규칙은 나카모토의 설계에서 최장 체인 규칙과 약간 유사하다. 하지만 우리는 팍소스와 비트코인의 결정적인 차이점도 볼 수 있다. 팍소스 하에서는 노드 간 양방향 커뮤니케이션의 분명한 순서시퀀스가 있다. 이 점은 각 노드채굴자가 다른 채굴자의 확인을 기다리지 않고 자신의 블록체인을 업데이트하고 새로운 트랜잭션 블록을 네트워크에 브로드캐스팅하는 비트코인과 대비된다. 팍소스 하에서 영희는 시스템의 노드 수가 알려져 있기 때문에 자신의 제안에 대해 얼마나 많은 긍정적인 답변이면 충분할지 알고 있다. 반면 비트코인은 본질상 무허가기 때문에 아무도 네트워크에 얼마나 많은 노드가 있는지, 심지어 시스템에 관련된 계산 능력이 정확히 무엇인지 결코 알 수가 없다.

결함이 있는 노드의 존재는 사실 사소한 문제다. 더 중요한 것은 의도를 가진 악성 노드의 존재에 대처하는 것이다. 악성 노드의 존재를 설명할 수 있는 합의 프로토콜을 비잔틴 장애 허용Byzantine Fault Tolerant이라고 한다. 비잔틴 장애라는 이름은 1982년 레슬리 램포트Leslie Lamport와 로버트 쇼스탁Robert Shostak, 마샬 피스Marshall Pease라는 세 명의 컴퓨터 과학자가 네트워크의 노드 간 통신 문제를 설명하기 위해 만들어낸 이야기에서 유래했다. 그 이야기는 다음과 같다. 겉으로는 많은 비잔틴 장군들이 적진을 공격할 계획을 고려하고 있지만, 실제로 모든 장군들이 동의할 경우에만 그렇게 할 것이다. 설상가상으로 일부 장군들은 뒤통수를 칠 수도 있다. 따라서 완전무결하고 정확한 의사소통이 무엇보다 중요하다. 문제는 소위 비잔틴 장애, 즉 장군 중 한 명이 거치지 않는 메시지로 인한 오류 또는 악의적인 노드장군의 존재로 인한 잘못된 메시지를 참작할 수 있는 통신 프로토콜을 찾는 것이다. 우리가 방금 요약한 팍소스 프로토콜은 모든 노드가 어떤 메시지를 수신해도 그 메시지를 신뢰해야 하므로 비잔틴 장애 허용 프로토콜이라고 할 수 없다. 반면 널리 사용되는 비잔틴 장애 허용 프로토콜인 PBFT프랙티컬 비잔틴 장애 허용 프로토콜은 다르다. 이 프로토콜은 일견 팍소스와 유사한데, 노드가 제안을 실행하기 전에 다른 노드들의 최소한의 수가 동의하기를 기다린다는 점이 그러하다. 그러나 팍소스와 PBFT는 필요한 통신량과 복원력이라는 두 가지 중요한 측면에서 차이가 난다. 팍소스는 노드 간에 주고받는 메시지 수가 더 적다. 즉, 팍소스 하에서 데이터 업데이트를 제안하는 노드우리 예에서는 '영희'는 여러 노드와 통신하고 이러한 각각의 노드들은 오로지 영희와만 통신한다. 반대로 PBFT 하에서는 영희가 접촉한 각 노드가 다른 노드와도 통신할 수 있다. 따라서 합의에 도달하는 데 더 많은 메시지가 교환되기 때문에 PBFT 하에서 더 많은 시간이 걸릴 수 있다. 그러나 영희가 응답에 실패하거나 다른 노드에 다른 메시지를 보내도 영희가 접촉한 노드가 대신 업데이트를 처리할 수 있기 때문에 PBFT는 팍소스보다 복원력이 있다. 따라서 이 두 프로토콜 사이에서 무엇을 선택하느냐의 문제는 속도냐 효과냐, 그리고 오류 노드의 가능성이냐 노드 간 통신에서의 결함 가능성이냐 사이에서 절충해야 한다.

팍소스 또는 PBFT와 같은 대부분의 허가된 합의 프로토콜이 갖는 주요 특징은 그들이 투표에 의존한다는 점이다. 즉, 충분한 수의 노드가 업데이트를 유효하게 하기 전에 승인하고 이를 성공적으로 전달해야 한다. 이러한 투표의 개념은 허가형 분산 시스템과 무허가 분산 시스템 사이의 결정적인 차이를 나타내는 것이다. 허가형 분산 시스템에서 참가자의 수와 신원은 알려져 있는데, 그 이유는 정의상, 각 참가자가 네트워크의 일부가 되기 전에 누구로부터 접근 권한을 부여받아야 하기 때문이다. 따라서 투표 임계점은 합의 프로토콜에 의해 미리 고정될 수 있다. 예를 들어, 100명의 참가자가 있는 네트워크에서 신뢰할 수 있는 노드가 67개 이상 있는 즉시 비잔틴 장애 허용 합의 프로토콜을 구현할 수 있는 것으로 나타났다. 그러한 투표 메커니즘은 무허가 시스템에서는 작동이 불가능하다. 이를 보려면, 먼저 투표자 수를 사전에 알 수 없기 때문에 투표 임계점이 백분율로 표시될 수 없다는 점을 주목해야 한다. 따라서 노드가 다른 노드로부터 투표를 받을 때, 예를 들어, 노드의 10%, 50% 또는 90%에서 투표를 받은 건지 전혀 알 수 없다. 결국 투표 임계값은 노드의 절대 수를 기준으로 설정해야 한다. 이 때 시스템이 컴퓨터 과학자들이 시빌 공격이라고 부르는 것, 즉 충분히 많은 수의 노드를 생성하는 공격에 취약하기 때문에 큰 문제가 발생한다.

요약하자면, 허가형 분산 시스템과 무허가 분산 시스템의 핵심적인 차이점은 참가자들 간의 신뢰 정도에 있다. 비트코인과 같은 무허가 블록체인 프로토콜은 신뢰가 아예 없는 극단적인 경우에 잘 적응돼 있다. 대신 무허가 시스템의 경우, 강력한 금전적 인센티브를 통해 합의가 이뤄질 수 있다. 이 같은 강력한 인센티브는 플랫폼이 금전적 가치가 있는 코인을 발행할 때 자연스럽게 발생한다. 동시에 최근의 학술 연구와 앞서 기술한 비트코인 골드의 공격과 같은 실제 사례들은 컴퓨팅 파워의 대부분을 획득하는 비용과 훔칠 수 있는 거래 가치에 비해 금전적 인센티브가 너무 작을 때 보안을 달성하기가 더 어렵다는 것을 보여 주었다. 이것이 분산 시스템 내에서 허가형 블록체인이 우위를 가질 수 있는 부분이다. 금전적 인센티브를 참여자들 사이에 일정 수준의 신뢰로 대체하면 더 넓은 범위의 합의 프로토콜을 사용할 수 있는 기회가 열린다.

지금까지 분산 시스템에서 노드 간 데이터 일관성에 초점을 맞췄다. 그러나 발생할 수 있는 또 다른 문제가 있다. 바로 데이터의 신뢰성 문제다. 블록체인의 정보가 시스템 외부의 프로세스와 관련될 경우 이러한 우려가 발생한다. 부동산 거래를 관리하는 데 사용되는 블록체인은 외부 정보에 의존하는 시스템일 것이다. 블록체인이 신뢰성 있게 가치 전송을 처리할 수도 있지만, 블록체인 외부에서 처음 생성되는 부동산 소유권에 대한 초기 정보는 어쩔 수 없이 누군가 블록체인에 입력해야 하기 때문이다. 우리는 이 초기 정보를 입력할 수 있는 사람에 대한 제한이 없다면 그 정보가 쉽게 손상될 수 있다는 것을 쉽게 상상할 수 있다. 따라서 블록체인 상의 정보 신뢰성은 정보에 들어가는 신뢰할 수 있는 문지기에 달려 있다. 우리는 그것을 게이트웨이 문제라고 부른다. 이에 반해, 비트코인은 게이트웨이 문제에서 자유롭다. 왜냐하면 모든 비트코인은 블록체인 상에 직접 생성되고, 오로지 블록체인에서만 존재하며, 그 밖의 어느 것도 나타내지 않기 때문이다. 마찬가지로 이더리움에 설정된 토큰도 자체적으로 게이트웨이 문제에 취약하지 않다. 그러나 이들이 블록체인 외부의 개체나 정보이를테면, 예술품을 나타내는 NFT에 연결되는 순간, 게이트웨이 문제가 다시 수면 위로 떠오른다. 이전 장에서 논의했듯이, 완전 무허가 시스템에서 발행된 NFT가 신뢰할 수 있는 예술 재산권 관리 방법이 아닌 이유가 여기에 있다. 게이트웨이 문제는 토큰에만 국한되지 않는다. 앞 장에서 논의한 배송이나 날씨보험의 사례에서처럼, 외부 데이터에 의존하는 스마트 컨트랙트도 그런 문제가 있다. 스마트 컨트랙트를 실행하는 맥락에서, 이 장에서 논의된 오라클 리스크와 관련된 오라클 문제가 그렇다. 허가형 시스템은 시스템에 참여하는 검증자와 문지기를 검증할 수 있을 뿐만 아니라 잘못된 작업의 경우 해당 권한을 박탈할 수 있기 때문에 게이트웨이 문제를 해결할 때 무허가 시스템보다 유리하다.

따라서 무허가 블록체인과 허가형 블록체인은 서로 다른 환경과 목적에 안성맞춤이다. 비트코인과 같은 무허가 블록체인은 암호화폐나 토큰 관리에 적합하다. 자체 코인을 활용해 채굴자들을 유인함으로써 참가자들 사이에 신뢰가 없는 상황에서도 높은 수준의 보안을 달성할 수 있다. 비잔틴 장애를 처리하기 위한 값비싼 채굴 인센티브가 없다면 대신 플랫폼을 허가함으로써 보안을 확보할 수 있다. 따라서 많은 기성 조직들이 비트코인의 프로토콜을 그들의 목적에 맞추려고 하기보다는 허가형 블록체인을 선호하는 일은 그리 놀라운 일이 아니다.

기업 블록체인 솔루션

지난 몇 년간 허가형 블록체인에 특별한 관심을 가지고 기업용으로 설계된 블록체인 시스템을 제공하는 것을 목표로 하는 많은 프로젝트가 있었다. 그 프로젝트들 중 하나는 기술회사시스코, IBM, 인텔 등, 금융기관JP모건, CME 그룹, 도이치뵈르제 그룹 등, 소프트웨어회사SAP 또는 학술기관컬럼비아대학, UCLA 등로 구성된 컨소시엄이 개발한 하이퍼레저다. 이 프로젝트는 2015년 리눅스재단에 의해 시작되었다. 하이퍼레저 프로젝트의 목적은 어떠한 특정 목적에 쉽게 맞출 수 있는 블록체인 시스템을 위한 프레임워크, 즉 일반적인 아키텍처를 정의하는 것이다.

하이퍼레저에는 두 가지 중요한 측면이 있다. 먼저 하이퍼레저가 개발한 프레임워크는 기업용으로 특별히 맞춤 제작해 기존 암호화폐 기반의 블록체인에 비해 신뢰성과 확장성을 향상시키는 게 목적이다. 특히 이는 하이퍼레저가 허가형 블록체인을 허용하는 프레임워크를 갖고 있기 때문에 참여자들 사이에 일정 수준의 신뢰가 존재하는 기업 네트워크에 유용하다는 것을 의미한다. 두 번째로 하이퍼레저 프로젝트는 블록체인 플랫폼을 구축하는 것이 아니라 허가형 블록체인에 대한 가이드라인과 표준을 수립하는 것이다.

하이퍼레저 프로젝트의 일부인 여러 기업과 단체들이 하이퍼레저 프레임워크를 활용해 블록체인 솔루션을 구축해왔다. 그중 가장 발전된 것 중 하나는 IBM의 하이퍼레저 패브릭이다. IBM이 공급망 관리를 위해 독자적인 개체들이 공유하는 데이터베이스를 관리하도록 특별 적용한 플랫폼이다. 하이퍼레저 패브릭, 흔히 IBM에서 언급하는 명칭인 패브릭의 주요 기능 중 하나는 모듈식 구현이다. 구성요소나 추가기능을 원하는 대로 추가할 수 있으므로 패브릭은 다목적용으로 다양한 애플리케이션에 간편하게 적용될 수 있다. 패브릭은 하이퍼레저 프로젝트 산하에서 만들어진 다른 프로젝트와 마찬가지로 강력한 신원확인 및 기밀관리 기능을 갖고 있다. 패브릭의 핵심은 검증자라고 불리는 주체에 의해 유지되는 허가형 블록체인에 있다. 검증자가 되기 위한 자격은 권한 발급자인 제3자가 제공한다. 예를 들어, 공급망을 감시하고 통제하려는 기업이를테면, 소매업체 또는 제조업체은 허가 사용자가 되며, 검증자들은 공급망을 따라 신뢰할 수 있는 파트너글로벌 운송업체, 은행 등가 될 수 있다. 여기서 검증자의 역할은 비트코인의 채굴자와 유사한데, 거래나 데이터 업데이트의 유효성을 먼저 확인한 뒤 블록체인에 저장하는 일을 수행한다. 패브릭은 서로 다른 합의 프로토콜과 함께 작동할 수도 있다. 가장 일반적인 것은 수정된 버전의 PBFT인 시브다. 시브와 PBFT의 큰 차이점 중 하나는 시브가 필요한 경우 컴퓨터 과학자들이 말하는 비결정적 요청, 즉 주어진 입력에 대해 항상 동일한 출력을 제공하지 않는 요청스마트 컨트랙트 실행과 같은 요청을 감지하고 체처럼 걸러낼 수 있다는 점이다. 비결정적 요청도 잘못 설계된 스마트 컨트랙트의 결과일 수 있다. 우린 이전 장에서 스마트 컨트랙트가 반드시 버그가 없는 건 아니라는 점을 확인했다. 조직이 감사를 실행하려고 할 때, 이러한 요청을 피하는 것이 매우 바람직할 수 있다.

패브릭 하에서 검사자가 처리해야 하는 요청 또는 데이터 업데이트는 이용자로부터 온 것이다. 예를 들어, 그러한 개체들은 지역 농부나 생산자, 지역 운송업자 따위가 될 수 있다. 패브릭이 제시한 폭넓은 허가권 구조는 허가 발행자가 구별된 이용자에게 구별된 권리를 부여할 수 있게 한다. 예를 들어, 지역 농민은 자신의 활동작물이 수확된 상태 같은과 관련된 확인자에게 거래를 제시할 권리를 가질 수 있지만, 운송업자와 같은 다른 이용자의 활동에 대해서는 그러한 권리를 갖지 못한다. 데이터에 대한 접근도 제한될 수 있다. 여전히 공급망의 경우를 고려할 때, 중개자는 그 중개자가 취급하기 전까지는 운송 이력에 접근할 수 있지만 그 이후에는 접근할 수 없게 된다.

공급망은 두 가지 이유로 블록체인이 자연스럽게 활용되는 분야다. 첫 번째 이유는 거래나 데이터가 일단 블록체인에 추가되면 제거할 수가 없기 때문이다. 첫 번째 이유보다 너무 드물게 언급되지만 그에 못지않게 중요한 두 번째 속성은 블록체인이 데이터 구조의 일부기 때문에 블록체인 내에서 트랜잭션의 순서가 유지된다는 것이다. 이 두 번째 속성은 비트코인의 경우에 자연스럽게 나타난다. 즉, 영희는 직접 비트코인을 받기 전에는 철수에게 비트코인을 보낼 수 없다. 통화 거래와 마찬가지로, 공급망의 단계들도 시간별 구조를 가지고 있기 때문에 블록체인 애플리케이션의 자연스러운 후보가 될 수 있다.

IBM의 패브릭을 활용한 가장 유명한 용도 중 하나는 월마트의 공급망 관리다. 2018년 출범한 월마트의 이니셔티브는 채소 공급업체들이 현재 월마트의 블록체인을 사용하도록 하고 있다. 월마트에 따르면, 추적가능성은 예전처럼 며칠이 아닌 몇 초의 문제로, 대장균 발생과 같은 건강상 문제의 경우 분명한 이점이다. 월마트가 추구하는 추적가능성의 기준은 블록체인을 이용하기 때문이 아니라 본질적으로 생산자에서 매장 진열대까지 공급망 내 모든 단계를 디지털화한 것이라고 주장하면서 반대를 위한 반대를 늘어놓는 건 그리 어렵지 않다. 이러한 추론은 분명 타당하지만 패브릭이나 이와 유사한 허가형 블록체인 솔루션이 적절한 선택이라고 주장하기도 쉽다. 월마트와 같은 대형 소매업체들은 지역 농부와 중소 운송업체, 보건 당국 또는 물류 회사들로 구성된 넓고 다양한 공급망에 의존한다. 복잡한 상업적 관계에서 모든 생태계 참여자가 모든 데이터를 동등하게 공유하는 것은 바람직하지 않다. 예를 들어, 지역 농부들은 자신이 월마트 네트워크와 맺은 거래에 경쟁자들이 접근하는 것을 원치 않을 수도 있다. 이 경우, 패브릭을 사용하면 데이터에 대한 액세스 권한읽기 및 쓰기 권한을 차별화할 수 있다. 또한 공급망과 관련된 당사자들의 숫자와 다양성으로 인해 높은 수준의 신뢰성이 요구되며, 이는 하이퍼레저 패브릭을 쓰면 쉽게 달성할 수 있는 속성이기도 하다.

IBM의 패브릭이 그 중 하나인 것처럼, 하이퍼레저와 그 응용 프로그램들은 기업용 블록체인 솔루션 개발을 목적으로 하는 유일한 프로젝트가 아니다. 이미 확고하게 자리를 잡은 또 다른 제품으로는 신생 뉴욕 소재 기업인 R3가 개발한 코르다라는 블록체인이 있다. 하이퍼레저 패브릭과 마찬가지로, 코르다도 다양한 환경에 쓰일 수 있다. 은행업스페인 소재의 스푸타방카 DLT이나 항공기 부품 수리업에어로트랙스, 또는 금 거래업트레이드윈드 마켓과 같은 여러 산업에서 실제로 코르다를 구동하거나 시범적으로 시행하고 있다. 패브릭이 공급망 관리에 매우 적합하다면, 코르다의 주요 타깃은 금융시장과 은행, 거래 플랫폼 쪽이다.

전반적으로 IBM이나 R3의 블록체인 솔루션은 블록체인이 기업용으로 가치를 입증할 수 있음을 보여준다. 그 성공은 의심할 여지없이 비트코인의 설계에서 완전히 벗어났기 때문이다. 더 이상 무허가 솔루션이 아니기 때문에 기업 블록체인은 보안과 합의를 유지하기 위해 채굴자검증자를 위한 강력한 인센티브 체계를 사용할 필요가 없다. 또한 이러한 솔루션은 게이트웨이 문제를 완화하여 시스템 내 정보의 신뢰성을 향상시킬 수 있다. 그 문제에 대한 유명한 해결책은 다이아몬드 산업을 위해 에버레저가 개발한 블록체인 플랫폼이다. 월마트의 신선식품 블록체인처럼, 에버레저가 만든 블록체인은 생산과 판매 과정 전반에 걸쳐 다이아몬드를 추적할 수 있다. 다이아몬드 공정의 한 가지 중요한 단계는 원석을 자르고 광택을 낼 때인데, 이것은 각각의 보석에 다이아몬드를 독특하게 만드는 일련의 특성을 부여한다. 스캐닝, 모델링, 커팅 기계가 센서처럼 작동해 다이아몬드의 특성을 블록체인으로 직접 전송하는 등 게이트웨이 문제의 대부분이 이 단계에서 완전무결하게 해결된다.

정부 애플리케이션

허가형 블록체인은 기업에만 유용한 것이 아니라 정부에도 매력적일 수 있다. 기관 데이터의 무결성을 보장하기 위한 에스토니아의 블록체인은 여러 번 화제가 되기도 했다. 블록체인의 도입은 종종 디지털 공화국이라고 불리는 북유럽의 작은 나라 에스토니아에서 데이터 가용성과 안전성을 확보하기 위한 더 큰 노력의 일환이기도 하다.

에스토니아 정부는 2001년부터 에스토니아 국민들이 일상생활에서 사용하는 모든 공공 서비스를 디지털 영역으로 전환하는 데 주력했다. 세금과 의료 기록, 재산권, 의결권 등의 모든 서비스나 데이터는 100% 전자적으로 관리될 뿐만 아니라 쉽게 접근할 수 있도록 만들어졌다. 이 프로젝트의 장점 중 하나는 행정에 따른 비용의 절감과 효율성의 향상이다. 이제 은행이나 기관 또는 기타 서비스에서 데이터를 요청할 때 이를 신속하고 안정적으로 처리할 수 있다. 주로 변조 명부를 만들기 위해 데이터를 해시와 연동시키는 데 집중한 블록체인 설계의 요소들은 2008년부터 도입되기 시작했다. 에스토니아 사례는 사실 분산 데이터베이스나 블록체인에 대한 이야기라기보다는 우리 행정생활을 디지털화할 때의 이점에 대한 이야기에 가깝다. 물론 분산 데이터베이스가 없었다면 이런 프로젝트는 불가능했을 것이다. 에스토니아 정부가 이 프로젝트에 사용하는 기술은 엑스로드X-Road라고 불리며, 에스토니아 경제통신부의 권한 하에서 개발되었다.

대부분의 선진국들이 에스토니아와 견줄 만한 디지털화 수준에 도달했다. 오늘날 대부분의 국가에서 많은 사람들이 온라인으로 세금을 납부하고, 온라인으로 재산 증권에 대해 문의하고, 온라인으로 의료 기록에 액세스할 수 있다. 그러나 에스토니아의 경우는 중요한 측면에서 다른 나라들과 다르다. 그것은 모든 전자 서비스, 더 정확히 말하면, 이러한 서비스에 해당하는 모든 데이터베이스가 죄다 연결되어 있다는 점이다. 에스토니아에 거주하는 모든 주민과 모든 기관은, 그것이 조직이든 기업이든, 개인 또는 기업과 상호 교류할 수 있는 데이터베이스나 서비스에서 사용하는 고유한 식별 코드를 가지고 있다. 서로 다른 데이터베이스에 걸쳐 균일한 식별 코드를 보유하면 데이터 수집을 매우 효율적으로 하고 비용을 절감할 수 있다는 큰 이점이 있다. 예를 들어, 영희가 철수에게 집을 사기 위해 대출을 신청하는 경우를 생각해보자.

대부분의 나라에서 영희가 제공해야 할 정보의 양은 동일하다. 그녀는 먼저 그녀가 대출 이자를 해결할 수 있다는 걸 보여줄 필요가 있다. 이를 위해 영희는 소득이를테면, 근로계약서와 급여 통장이 있다는 것을 보여주고, 세금을 신고한 내역, 저축, 미지급 부채 정보 따위를 공개해야 한다. 모든 정보는 영희가 대출 신청서를 제출할 은행에 제공되어야 한다. 이와 동시에 영희는 철수가 정말로 자신에게 팔려는 집의 주인이며, 가능한 모든 위반 사항 목록과 철수가 팔고 있는 집에 붙어 있는 근저당권 같은 미지급 재정 부채 목록을 가지고 있는지 확인해야 한다. 우리가 에스토니아를 고려하든 다른 나라를 고려하든, 이 모든 정보들은 다 다른 출처, 다른 기관에서 나온다. 그러나 대부분의 국가에서 이 자료들은 서로 연관성이 없기 때문에 당사자인 영희가 각각의 자료들에 접속하여 그녀가 검색한 모든 정보를 종합한 뒤 이를 은행과 변호사 또는 공증인에게 보내야 한다. 다른 당사자들은행이나 부동산 중개인 등의 관점에서 볼 때, 해당 정보들이 영희가 접속한 서비스에서 직접 나온 것이 아니라 영희에게서 직접 나온 것이라는 사실부터도 의심을 불러일으킬 수 있다.

이는 이런 자료를 운영하는 데 위험하고 불필요한 비용이 들 수 있게 만든다. 에스토니아는 상황이 다르다. 영희가 해야 할 일은 거래할 은행에 그녀의 세금 환급 내역, 근로 계약서, 그리고 봉급 내역 등을 회수할 수 있는 임시 허가를 내주는 것이다. 이러한 상호 연결된 시스템은 몇 가지 이점을 제공한다. 첫째, 영희가 필요한 모든 데이터와 정보를 수집하기 위해 여기저기 뛰어다니며 처리해야 하는 일의 양이 현격하게 줄어든다. 둘째, 거래에 관련된 모든 당사자는 해당 기관으로부터 직접 신뢰할 수 있는 정보를 수집하므로 부정확한 데이터를 사용한다거나 검증 비용이 들어갈 위험이 원천적으로 제거된다. 또한 데이터를 전자적으로 처리한다는 것은 데이터를 즉시 사용할 수 있다는 것을 의미하므로 데이터 입력 시 발생할 수 있는 오류를 방지할 수 있다. 서로 연결되어 있는 동안 서로 다른 시스템은 안전하고 기밀적인 방식으로 통신된다. 이 은행의 시스템은 에스토니아 세무 당국과 영희의 고용주와 직접 소통한다. 그러나 영희는 은행과 같은 제3자가 어떤 유형의 데이터에 접근할 수 있는지 선택할 수 있고 그녀가 권한을 부여한 후에만 그렇게 할 수 있기 때문에 정보 기밀성이 보장된다.

에스토니아가 벌인 프로젝트의 전반적인 결과는 각계각층에서 모두 긍정적으로 나왔다. 엑스로드 덕분에 행정 업무가 간소화됐을 뿐만 아니라 투명성도 한층 높아졌다. 예를 들어, 에스토니아 시민이라면 누구나 정치인의 재정 정보를 얻는 것과 같은 일은 간단히 몇 번의 클릭만으로 가능하다. 기술이 일상생활의 대부분을 디지털화하는 데 핵심이었지만, 정치적 의지가 없었다면 이런 일도 벌어지지 않았을 것이라는 점에 주목할 필요가 있다. 엑스로드와 같은 시스템은 본래 데이터 액세스를 관리하기 위한 것이었을 뿐 처음부터 데이터에 액세스하기 위한 것은 아니었다. 에스토니아 프로젝트의 성공을 보여주는 한 가지 확실한 징후는 핀란드가 에스토니아와 협력하여 엑스로드를 통해 e-서비스를 연결하는 등 다른 국가들이 에스토니아 사례를 따르기 시작했다는 사실이다. 에스토니아 프로젝트는 또 다른 가치 있는 메시지를 제공한다. 즉, 특정 설계가 특정 문제를 해결하기 위한 것이라면 신기술의 구현이 그만큼 더 성공할 가능성이 높다는 사실이다. 에스토니아 프로젝트의 성공은 기술이 특정 요구를 충족시키기 위해 개발되고 구현되었기 때문에 첫 번째 자리가 아닌 두 번째에 위치했다는 사실에서 찾을 수 있다.

에스토니아의 디지털 정보 인프라는 데이터 무결성을 위해 블록체인을 사용한 분산 데이터베이스의 한 예에 불과하다. 그러나 그 목적은 서로 다른 당사자들이 데이터베이스 복사본을 호스팅하는 비트코인이나 하이퍼레저 패브릭 블록체인과 달라 다양한 복사본 간의 합의를 유지하는 문제에 직면해 있다. 에스토니아의 문제는 완전히 다르다. 에스토니아 네트워크의 주요 목적은 사용 가능한 모든 데이터를 하나의 거대한 데이터 세트로 풀링하여 참가자 전체에 배포하는 것이 아니다. 각각의 검토된 기관정부와 은행, 학교 등은 자체의 데이터를 보관할 뿐 여타 기관의 데이터를 호스팅하고 관리하는 역할은 하지 않는다. 예를 들어, 병원에 해당하는 노드에는 당연히 환자의 의료 정보가 있지만 은행 계좌나 세금 신고서 등 병원과 무관한 정보는 없다. 물론 합의는 여전히 쟁점일 수 있지만대부분의 데이터 서버는 보안상의 이유로 복제된다, 그것이 프로젝트의 주요 목적은 아니다. 에스토니아의 엑스로드 인프라가 갖는 주요 목적은 기밀성과 보안을 유지하면서 데이터의 상호운용성을 갖는 것에 있다. 데이터의 무결성은 변조된 장부를 만들기 위해 데이터와 해시를 연결하는 방식으로 뒷받침된다. 이는 도리어 1990년대 그 용어조차 만들어지기 전이었을 때 하버와 스토르네타의 블록체인과 가까운 형식이다. 따라서 에스토니아 디지털 정보 구조에서 쓰이고 있는 블록체인은 비트코인이나 패브릭에 쓰이는 블록체인과 매우 다르다.

따라서 에스토니아 프로젝트는 블록체인을 둘러싼 논쟁과 그것의 대중적 이해에 대한 흥미로운 관점을 제공한다. 블록체인이라는 개념은 비트코인과 함께 대중화되었고, 이제는 많은 사람들이 블록체인을 작업증명과 같은 합의 메커니즘이 있는 분산형, 추가 전용append-only, 무허가 데이터베이스로 정의하고 있다. 이에 따라 허가형 블록체인을 제3자로부터 허가를 받았다는 이유만으로 과연 블록체인이라고 부를 수 있는지에 대한 논란이 일고 있다. 동시에 블록체인이라는 단어의 문자적 의미, 즉 해시가 체인에 링크시킨 데이터 블록들이 디지털 문서에 타임스탬프를 찍는 데 쓰이는 하버와 스토르네타의 설계를 포함할 것이다. 사실 비트코인처럼 무허가여야 하는지, 하이퍼레저 패브릭처럼 허가받을 수 있는지 등 블록체인이 무엇인지에 대한 일반적인 정의란 따로 없다. 비트코인에서 모든 노드는 블록체인의 전체 사본을 가지고 있지만, 하이퍼레저 패브릭에서는 꼭 그렇지도 않다. 비트코인은 탈중앙화 구조인 반면, 하버와 스토르네타의 블록체인은 중앙화 구조를 띤다. 그러나 이 모든 블록체인들이 지니는 한 가지 공통점은 모든 분산 데이터 시스템이 다 가지고 있지는 않은 중요한 기능인데, 곧 데이터 엔트리를 링크하는 데 해시 포인터를 쓴다는 것뿐이다. 이는 장부를 변조시키는 데 필수적이다. 그건 블록체인을 다른 유형의 데이터 시스템과 차별화하는 핵심 기능일 것이다. 그러나 이 기능은 목적과 환경에 따라 다른 프로토콜에 의해 구현될 수 있다. 그로 인한 블록체인의 성질이 결정적으로 기본 프로토콜에 따라 달라지기 때문에, 어떤 블록체인이든 비트코인의 블록체인과 동일한 속성을 가질 것이라고 기대하는 건 다분히 오해의 소지가 있다.

EPILOGUE

21세기 정보 기술IT은 프로그래밍 가능성과 디지털 보안의 한 단계 진보된 범위를 제공했다. 이러한 새로운 환경은 새로운 화폐 설계에 전례 없는 유연성을 제공했고, 블록체인 기술을 통해 화폐를 뛰어넘는 디지털 가치 전송의 획기적인 도구를 제공하는 기술의 창조를 키웠다.

나카모토의 비트코인 구축이라는 남다른 위업은 엄청난 열정을 낳았고 수많은 혁신을 가져왔다. 비트코인은 오랫동안 풀리지 않던 문제에 최초의 실행 가능한 해결책이 되었지만, 그러한 상황에서 종종 그렇듯이, 더 나은 개선의 여지는 여전히 남아 있었다. 이 같은 제안은 여러 기술적 측면을 개선하는 것뿐만 아니라 암호화폐를 사용할 수 있는 가용 범위를 넓히는 것이 목적이었다. 이런 노력에도 불구하고 암호화폐는 여전히 결제수단으로서의 대중들의 수용이 이뤄지지 않고 있다. 대신 암호화폐와 토큰이 투자 자산으로 빠르게 채택되고 있다. 암호화폐가 제공하는 상대적인 프라이버시나 국제 송금을 위한 빠른 속도를 즐기는 소수의 사람들을 제외하면, 페이팔이나 벤모, 젤레와 같은 결제서비스의 인기가 높아지고 있는 것은 화폐의 형태나 유형의 혁신보다 화폐를 사용하는 방식의 혁신이 더 중요할 수 있음을 시사한다. 그러한 관점에서 비트코인과 초기 암호화폐는 실제적 필요에 대한 해결책이라기보다는 어떤 이상을 실현하는 것으로 보인다.

돌이켜보면, 암호업계 관계자들조차 암호화폐가 법정화폐를 대체할 가능성이 낮다는 사실을 인지하게 된 것으로 보인다. 우리가 살펴본 바와 같이, 초기 암호화폐가 더 효율적이고 사회적 비용이 적게 들거나 프라이버시를 개선하는 것을 목표로 했다면, 최근 대부분의 개발 프로젝트는 가시적인 서비스이를테면, 파일 저장이나 투표 메커니즘 등 제공에 더 초점을 맞췄다. 특정 서비스에 접근하게 되면 채택에 훨씬 더 강력한 인센티브가 주어지고, 따라서 암호화폐와 토큰의 개발은 이제 그 성격어떻게보다 목적무엇을 위해을 강조하는 쪽으로 전환되었다. 이 같은 패턴은 암호화폐가 결국 미국 달러와 같은 법정화폐보다는 아마존 코인과 같은 플랫폼 기반 화폐와 더 비슷해질 것임을 시사한다. 이러한 관점에서, 우리는 다양한 형태의 화폐가 사용되는 환경을 기대할 수 있다. 디지털 플랫폼이 발전함에 따라, 그들은 자신의 비즈니스 모델을 더 잘 제공하기 위해 디지털 화폐로 실험을 계속할 것이다. 혹자는 결국 암호화폐와 토큰이 중앙에서 관리되는 디지털 화폐를 가진 기존 플랫폼에 비해 새로움을 많이 가져다주지 못한다는 결론을 내릴지 모른다. 그러나 이러한 성급한 결론은 암호화폐가 지닌 분산적이고 탈중앙화적인 측면을 무시한다. 중앙집중화된 통제에서 자유로워짐으로써 암호화폐를 둘러싼 생태계는 더 유연해질 수 있고, 따라서 지속할 수 있는 더 큰 기회를 가질 수 있다. 탈중앙화 암호화폐를 활용한 탈중앙화 플랫폼 구축도 가능하다. 그렇긴 하지만, 우리는 특정 목적을 위해 암호화폐나 토큰을 대규모로 수용하는 시기도 아직 오지 않았다는 것을 명심해야 한다. 암호화폐는 여전히 본질적으로 투자 자산으로 인식되고 있다.

암호화폐가 발명가들이 처음에 추구했던 목표가 아직까지 되지 못했다는 사실은 암호화폐만의 예외적 사례가 아니다. 결국 어떤 발명품들은 본래 의도한 대로 사용되지 않으며 또 어떤 발명품들은 우발적으로 태어난다. 때로는 어떤 발명품 뒤에 있던 기술이 결국 자신만의 생명을 이어가기도 한다. 제2차 세계대전 중 레이더의 개발로 나온 전자레인지가 그러한 숱한 예들의 하나다. 블록체인 역시 이제는 이 클럽의 일원이라는 주장은 결코 터무니없는 말은 아니다. 오늘날 블록체인이라는 단어는 의심의 여지없이 비트코인보다 더 흔하게 어디서나 볼 수 있고 확실히 그만큼 더 많은 존중을 불러일으킨다. 마약 밀매는 블록체인이 아닌 비트코인과 관련이 있다. 사토시 나카모토는 블록체인 기술을 창작한 발명가는 아니지만 비트코인의 설계자로서 기술의 잠재력을 드러내는 데 의심할 여지없는 도움을 주었다.

블록체인의 미래가 무엇을 가져올지 예측하는 것은 5~7년 전 암호화폐가 그랬던 것만큼 어렵고 위험하다. 그러나 두 가지 사이에는 몇 가지 유사점이 있다. 복잡하고 종종 잘 이해되지 않는 기술에 대한 강한 열정, 그리고 그 기술이 중요한 쟁점들을 해결할 수 있을 거라는 믿음이 그것이다. 암호화폐의 궤적과 블록체인 기술의 궤적 사이에는 몇 가지 눈여겨 봐야할 차이점도 있다. 암호화폐나 토큰의 개발은 거의 열정적인 개인이나 젊은 스타트업이 주도했지만, 관련 블록체인 애플리케이션들은 IBM이나 구글, 오라클과 같은 기술계 거물들이 생산하고 있다는 점이다.

겉보기에, 그러한 기업들은 그것이 암호화폐의 잠재력과 관련된 것이든, 아니면 사업적인 관점에서 활용될 가치가 부족한 것과 관련된 것이든, 암호화폐에 별다른 관심을 보이지 않았다. 기성 기업들에게는 암호화폐를 넘어 블록체인 기술을 적용하는 것이 더 매력적으로 보인다. 그러나 이러한 블록체인 솔루션의 대부분은 허가형이다. 이는 업계에서 대규모로 채택될 가능성이 높은 블록체인 설계가 나카모토가 구상한 설계와 크게 다를 것임을 시사한다.

블록체인 기술의 혜택을 둘러싼 열정도 번지수를 잘못 골랐을 수 있다. 블록체인 자체보다 블록체인 도입에서 영감을 받은 프로세스에서 대부분의 이점이 발생할 수 있다. 예를 들어 찬성론자들은 블록체인 기술이 우리 데이터의 관리를 개선한다고 주장하지만 블록체인은 디지털 데이터에 대해서만 작동한다. 따라서 이러한 제안된 개선 사항을 활용하기 위해서는 디지털화 문제가 먼저 해결되어야 한다. 배송을 추적하는 것이든 미술품의 재산권을 관리하는 것이든 간에, 너무 자주 제안된 해결책은 암묵적으로 우리의 삶과 활동에 대한 사실상의 디지털화를 가정하고 있는데, 현실에서는 아직도 작업이 진행 중에 있다. 많은 산업이 여전히 종이 기반 위에 있다. 디지털화의 결핍이 어떤 경우에는 블록체인 채택으로 가는 데 하나의 병목현상이 되는 경우도 있지만, 블록체인에 대한 열정이 절실히 필요한 디지털화를 견인하는 추가적인 인센티브를 제공할 수도 있다. 블록체인 기술이 디지털 사회로 나가는 데 필요한 새로운 추진력에 불을 당기기 위한 불꽃으로 볼 수 있다는 얘기다. 이런 의미에서 비트코인, 혹은 더 일반적으로 블록체인이 하나의 혁명으로 간주될 수 있다는 것이다.